성인 숭배

피터 브라운 지음 | 정기문 옮김

새물결

The Cult of the Saints: Its Rise and Function in Latin Christianity
by Brown, Peter Robert Lamont
Copyright ⓒ 1981 the University of Chicago Press
Korean translation edition ⓒ 2002 Saemulgyul Publishing House, Seoul
Licenced by the University of Chicago Press, Chicago, Illinois, U. S. A.
through Bestun Korea Agency, Seoul
All rights reserved.

옮긴이 정기문
서울대학교 사범대학 역사교육과를 졸업하고 서울대학교 대학원 서양사학과에서 문학박사 학위를 취득했으며 현재 군산대학교 사학과 교수로 있다.
저서로는 『역사보다 재미있는 것은 없다』(2000, 신서원)
『역사를 알면 세상이 달라 보인다』(2000, 아름드리 미디어)가 있으며
역서로는 『공간과 시간의 역사』(푸른길, 1999) 외 다수가 있다.

성인 숭배

지은이 피터 브라운 | 옮긴이 정기문
펴낸이 홍미옥 | 펴낸곳 새물결출판사
첫번째 펴낸 날 2002년 11월 25일 | 등록 서울 제15-52호(1989.11.9)
주소 서울특별시 마포구 연남동 481-18 우편번호 121-868
전화 (편집부) 3141-8696 (영업부) 3141-8697 | 팩스 3141-1778
E-mail : sm3141@kornet.net
ISBN : 89-5559-112-8

이 책의 한국어판 저작권은 베스툰 코리아 에이전시를 통하여 저작권자와 독점 계약한 새물결출판사에 있습니다. 저작권법에 의해 한국 내에서 보호받는 저작물이므로 무단 전재나 무단 복제를 금합니다.

나의 부모님께

<일러두기>

1. 이 책은 피터 브라운이 지은 *The Cult of the Saints: Its Rise and Function in Latin Christianity* (University of Chicago, 1981)를 우리말로 옮긴 것이다.
2. 지은이의 원주는 모두 책의 말미에 실었고, 옮긴이 주 중에 짧은 것은 본문의 괄호 안에 넣고, 긴 것은 각주로 처리했다.
3. 도판과 지도와 연표는 편집자가 확보한 후 옮긴이의 검토를 거쳐 실었다.
4. 도판의 해설은 *The World of Late Antiquity* (Norton, 1989), *The Transformation of Roman World: AD 400~900* (University of California Press, 1997), 『사생활의 역사1』(새물결, 2002)를 참조했다.
5. 화보에 실린 도판의 해설은 읽는 이의 이해를 돕기 위해 2~3개의 도판을 묶어 제목을 달고 고딕으로 표시했다.
6. 인용은 모두 " "로 표시하고, 강조는 ' '로 표시했다.
7. 본문에서는 가급적 원어 병기를 피했으며, 가능한 한 찾아보기에 실었다.
8. 인명이나 지명 등의 고유명사는 모두 로마식 발음을 원칙으로 따랐으나 안티오크, 콘스탄티노플, 스페인, 루앙, 베드로, 바울로, 스데파노의 경우는 현대식 발음이나 우리에게 익숙한 발음을 따랐다.

contents

연표	25
소개의 말	29
서문	33
1장 신성한 자들과 그들의 무덤	37
2장 "지극히 사적인 장소"	79
3장 보이지 않는 동반자	131
4장 아주 특별한 사자	167
5장 현존	205
6장 권능	247
주요 사료	287
주	291
옮긴이 후기	335
찾아보기	339

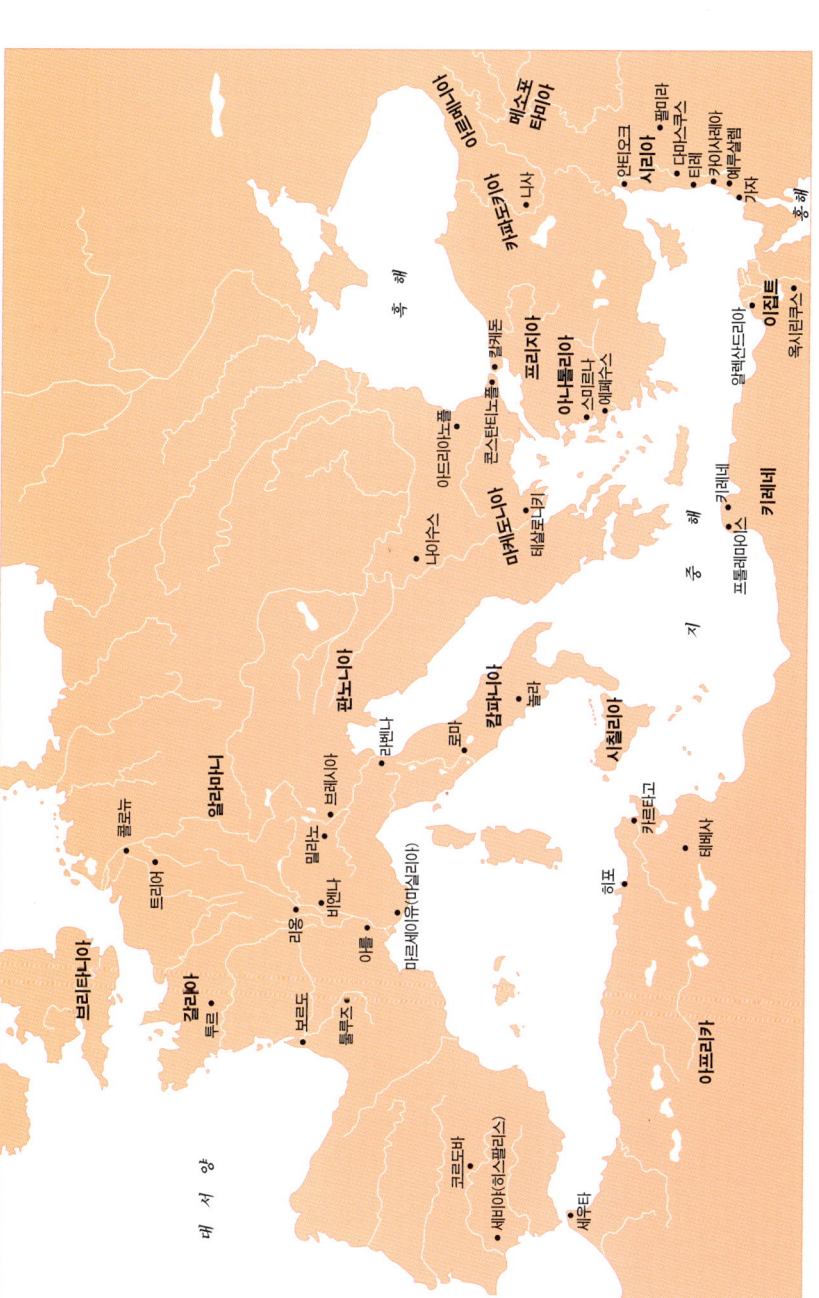

후기 고대(2~7세기경)의 지도

신성한 주검

우주에 대한 고대의 관념에서 육신이 영원한 평화를 누린다거나, 육신과 영혼이 분리되지 않은 채로 인간이 승천한다는 믿음은 불가능했다. 하지만 4세기경 그리스도교 안에서, 육체와 분리된 영혼만이 하늘로 올라가 평화를 누릴 수 있다는 고전적 관념에 배치되는 믿음과 감수성이 생겨나기 시작했다. 사람들은 죽은 성인이 그 무덤에 머물면서 자기를 따르는 자를 보호해주고 또 하느님과 중재해준다고 믿었다. 성인의 무덤이 신성했던 것은 그가 천상에서 누리는 기쁨을 자기 무덤 주변에 있는 신자들과 나누었기 때문이다. 이렇게 성인과 그들 무덤은 후기 고대라는 역동적인 시기에 새로운 심성이 출현하는 데 중요한 역할을 담당했다. 성인의 무덤에서 대조적인 범주로 여겨졌던 천상과 지상, 영혼과 육신이 결합했던 것이다.

옆: 〈선지자 엘리야의 일상을 주제로 한 22개의 작은 그림들〉, 16세기, 북부 러시아
중앙이 선지자 엘리야의 승천을 묘사한 그림이다.
위: 6세기 교외의 묘지 성 마르티누스의 소(小)수도원, 니오르, 프랑스
성인의 무덤을 중심으로 많은 무덤들이 모여 있다.

위: 라자로 바스티니, 〈사막에 있는 성 히에로니무스〉, 패널화, 15세기, 브레라 미술관, 밀라노
옆: 오세르반자의 거장, 〈유혹 받는 성 안토니우스〉, 패널화, 1440, 메트로폴리탄 미술관, 뉴욕

도시와 경합하는 사막

위: 히에로니무스 역시 사막에서 은둔하며 지내다가 사제가 되었고 평생 동안 학문을 추구하며 금욕적인 삶을 살았다. 은둔자(ermites)는 원래 사막(erémos)의 사람들이라는 뜻이다.
암브로시우스와 아우구스티누스, 히에로니무스는 금욕적이고 엄격한 성령주의자의 지적 성향을 공유하며 시대의 변화를 주도적으로 이끌어간 새로운 유형의 성직자들을 대표한다.
옆: 안토니우스는 "사막에 도시를 건설"했던 주교들 중의 하나다. 4세기 말부터 5세기 사이에 그리스도교 주교들은 사막에 자리잡은 수도원과 성골당을 중심으로 새로운 사고 방식과 생활 방식을 조직하여 유포시켰다. 아우구스티누스는 사막에서 금욕적인 생활을 했던 안토니우스의 이야기를 접하고 충격을 받아 결혼 계획을 취소했고, 새로운 길을 택해 몇 년 뒤 히포의 주교가 되었다.

위: 예수와 예수의 친구인 성인, 패널화, 이집트
옆: 사세타, 〈성 안토니우스와 성 바울로의 만남〉, 패널화, 1440, 국립미술관, 워싱턴

토마의 보호 제도와 그리스도교의 연대감
위: 성 메나스는 신임이 두터운 동료이자 조언자로 묘사되어 있다. 나란히 선 두 인물에게서 역시 고전적인 연대감의 표현을 볼 수 있다.
옆: (예수와 성인, 성인과 주교의 관계를 표현할 때처럼) 성인과 성인 사이의 관계를 표현하는 데서도 로마 시대 보호·우호 관계를 연상시키는 연대감이 강조되었다. 이렇게 연대라는 덕목은 성인 숭배의 관습에서 핵심적인 역할을 담당했다. 4세기 후반부터 지중해 사람들은 '보이지 않는 동반자', '친밀한 동반자'라는 말로 성인에 대한 애정을 표현했다. 성인은 이상적인 보호자처럼 개인적인 격려와 지원을 아끼지 않는 존재로 이해되었던 것이다. 곧 사람들은 보이지 않는 존재에게 세속 사회에서 사랑받던 위대한 인물의 특징을 그대로 부과함으로써, 성인들을 보다 친밀하게 대할 수 있었다.

디오클레티아누스 황제와 동료 무관, 반암 조각, 산마르코 베니스
황제와 부황제가 전통적인 연대의 몸짓으로 서로의 어깨에 손을 올리고 있다. 디오클레티아누스는 전통 수호의 뜻에서 옛 다신교를 회복하여 많은 신전을 세웠다. 치세 말기에 그리스도교 대박해를 강행했으나 실패하여 퇴위했다.

마르쿠스 아우렐리우스의 자선. 콘스탄티누스 황제의 홍예문에 다시 쓰인 낮은 돋을새김 기법, 로마

로마의 시민적 자선과 그리스도교적 자선

그리스도교에서 가난한 자들은 초기부터 지금까지 중요한 상징으로 존재해왔다. 특히 후기 고대에 교회의 자선은 세속적 자선과 경합하기도 했다. 로마의 시민적 자선 행위와 비교해보면 그리스도교의 자선 행위는 공동체의 연대감을 보다 강조하기 위해 신분의 위계를 드러내는 요소들을 감추려는 경향이 있었다. 또 새로운 자선의 형태로 성인들의 축일에 성골당 앞에서 열린 의식들은 갑자기 늘어난 교회의 막대한 재산이 불러올 수도 있었던 사람들의 시기심을 해소할 수 있는 중요한 장치이기도 했다.

사세타, 〈성 마르티누스의 자선〉, 패널화, 1433년경, 시기사라치니 소장품, 시에나

프라 안젤리코, 〈자선을 행하는 성 라우렌티우스〉, 프레스코화, 1445~1449, 니콜라우스 성당, 바티칸
라우렌티우스는 발레리아누스 황제의 교회 박해 때 처형당했다. 처형되기 전 3일의 유예 기간을 얻어 교회의 전 재산을 가난한 자와 맹인, 절름발이에게 주었다. 처형 직전 로마의 총독이 교회 재산을 양도하라고 하자 자기가 재산을 나누어주었던 불쌍한 사람들을 돌아보며 이들이 모두 교회의 재물이요 보화라고 답했다. 콘스탄티누스 1세 때 로마에 있는 그의 무덤 위에 교회가 세워졌다.

위: 앙리 벨쇼즈, 〈성 데니우스의 순교〉, 패널화, 15세기, 루브르 미술관, 파리
성인의 순교 장면과 십자가에 매달린 예수의 그림이 함께 겹쳐 있는 것이 인상적이다.
옆: 지오토, 〈성 바울로의 참수〉, 패널화, 1316~1320, 공공 미술관, 바티칸

선택받은 자의 순교와 죽음의 극복

성인들은 하느님으로부터 "인내"의 능력을 받아 "자유"를 향유할 수 있는 특별한 존재였다. 그런데 이렇게 성인들을 특별한 존재로 만든 것은 흔히 생각하듯 편의적이고 미신적인 신앙이 아니라 지적이고 금욕적인 주교들의 신앙이었다. 언제나 예수 위에 놓여 있던 하느님의 손이 선택된 자들, 즉 순교자들 위에도 올려졌다. 순교자의 유골이 담긴 유골함에는 면류관을 들고 있는 하느님의 손이 그려져 있다. 또 순교자들은 종종 그림 속에서 십자가에 매달려 있다. 이런 재현은 순교자가 예수의 고통을 공유한다는 것뿐 아니라 그 선택받은 자들이 승리자라는 믿음을 반영한다. 결국 순교자·성인들은 죽음을 이겨낸 존재였고, 따라서 그들의 주검은 특별히 "냉혹한 죽음"으로부터 자유로울 수 있었다.

4세기의 가족. 금 십자가 중앙의 유리 장식

위: 산피에트로 에 산마르첼리노의 카타콤 벽화, 3세기, 로마
아래: 프리쉴라 카타콤의 벽화, 3세기, 로마

가족과 공동체의 갈등

위의 두 벽화는 가족들이 친척의 무덤 곁에서 함께 식사하는 모습이다. 죽은 자를 돌보는 습속만큼이나 거기서 죽은 자의 가족들이 가장 중요한 역할을 한다는 것도 잘 변하지 않는 사실이다. 하지만 죽은 자를 돌보는 일은 첨예한 갈등을 불러오기도 했다. 죽은 자의 자손들이 장례 의식을 지나치게 성대하게 하거나 무덤에 지나친 경의를 표하는 것은 죽은 자의 이름을 빌려 살아 있는 동료들 사이에서 자신들의 지위를 높이기 위한 수단이 될 수 있기 때문이다. 곧 무덤은 "지극히 사적인 장소"였기 때문에 가족과 공동체 사이에 긴장을 가져왔다. 후기 고대에 그리스도교 내부에서도 매장 관습을 둘러싸고 공동체의 연대감을 고취시키려는 이들과 사적인 특권을 유지하려는 이들이 대립하고 있었다. 순교자들의 무덤은 당연히 일반인들의 무덤보다 더 심각한 갈등의 장이 되었다.

■ 연표

<연표 보는 법>

1. 시기는 150년에서 675년까지로 한정했고 각 면 맨 위에 가로줄로 표시했다.
2. 지역은 브리타니아·갈리아·스페인과 이탈리아·아프리카, 발칸·그리스·소아시아, 시리아·팔레스티나, 이집트·페르시아·아라비아의 5개 지역으로 구분하여 칸을 나누었으며, 첫 면의 맨 왼쪽에 고딕으로 지역 명을 표시했다.
3. 중요한 사건들은 별표로 표시했다.

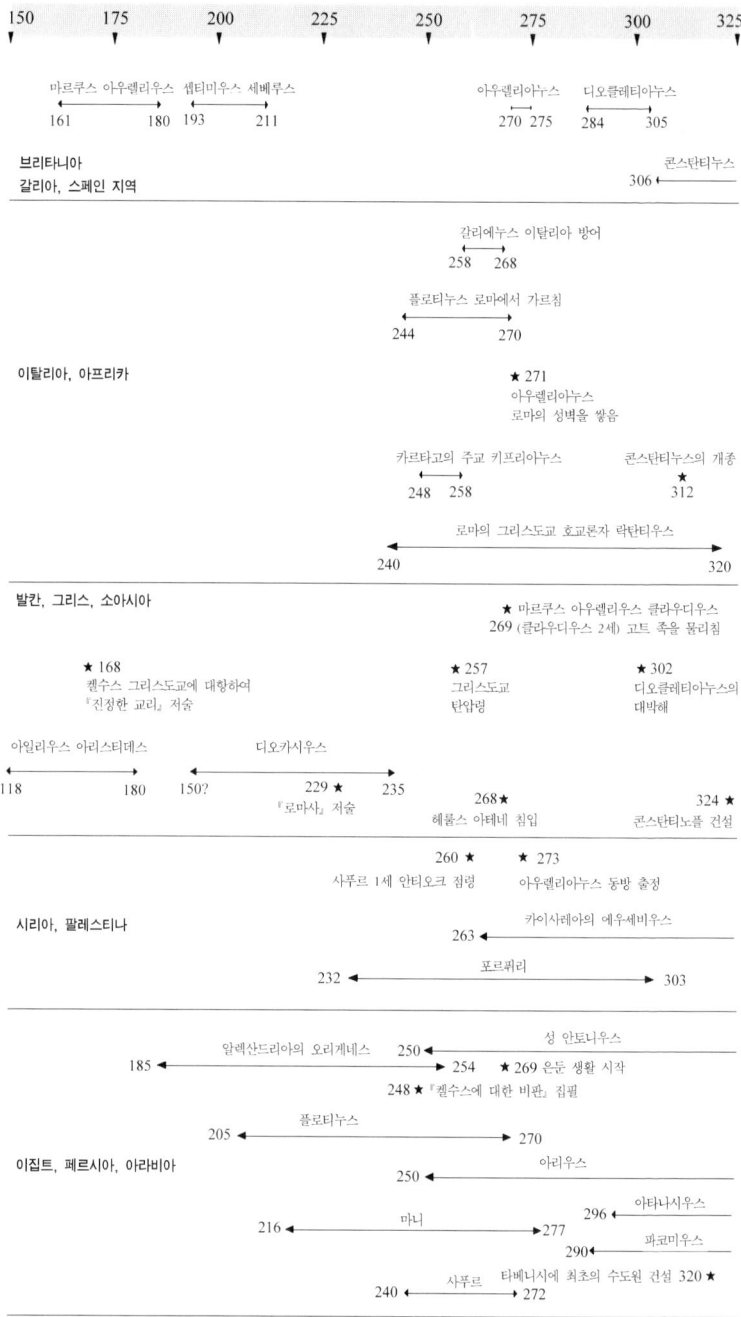

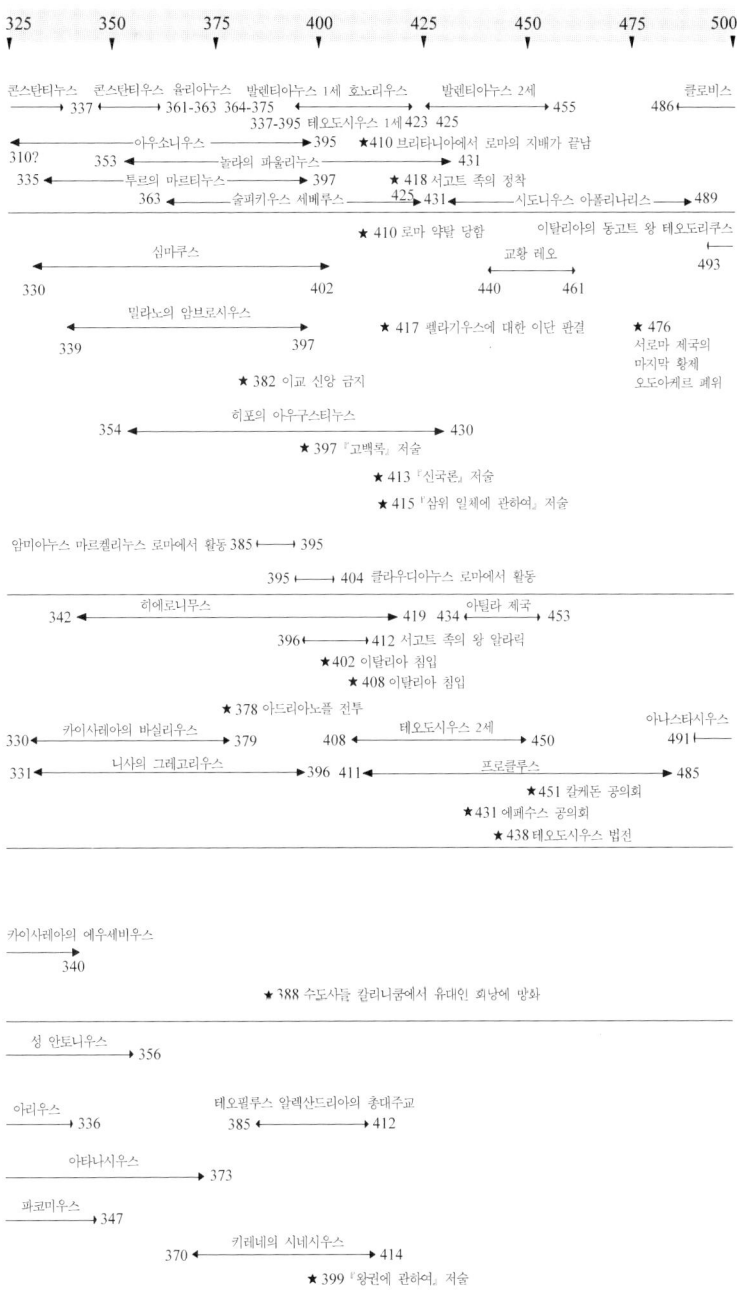

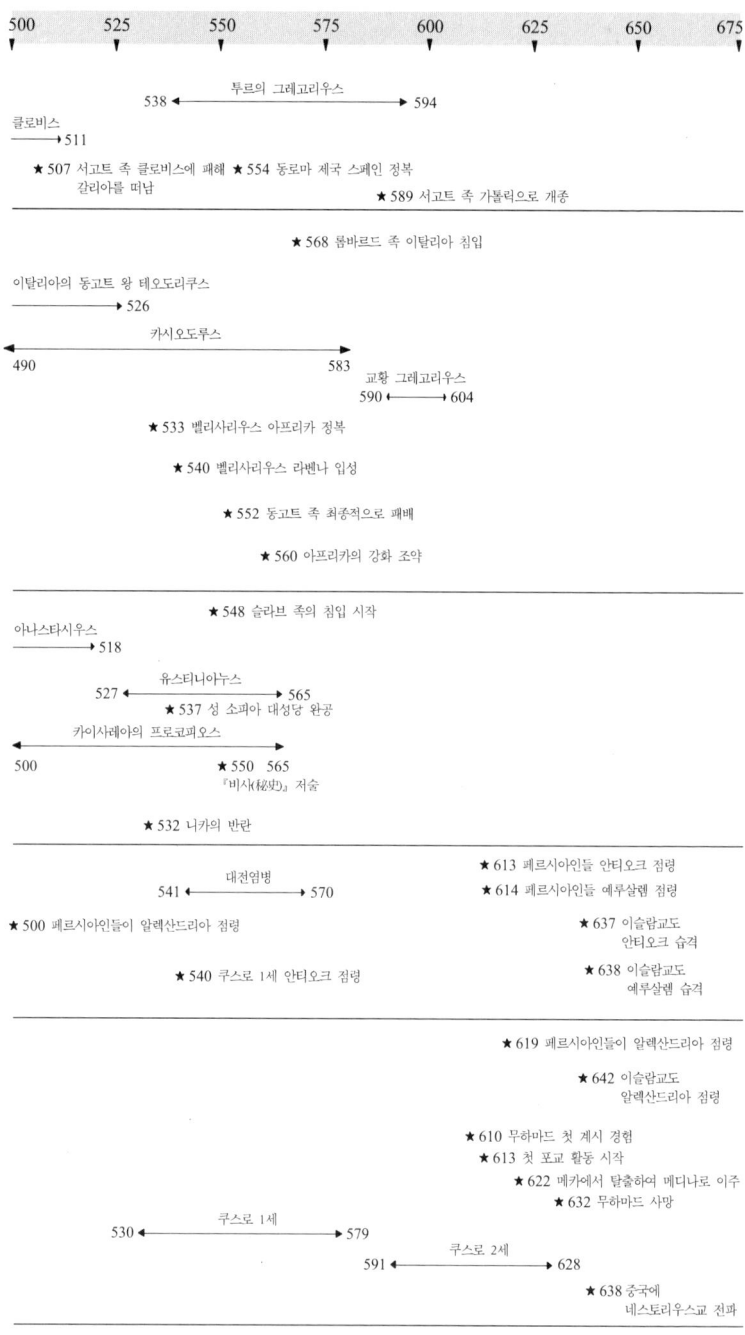

소개의 말

피터 브라운이 이 책에서 지적하고 있듯이, 엘리트와 대중의 종교 체험이 근본적으로 다르다는 생각은 흄이 『종교에 대한 자연사적 고찰』에서 이를 구체화하기 훨씬 전부터 하나의 상식으로 받아들여져왔다. 사실 이러한 "이분 모델"은 오늘날까지도 통용되고 있다. 흔히, 중요한 종교 체험은 지적인 종교 지도자들에게만 해당되는 반면 대중들의 일상적인 종교 활동은 대부분 미신의 영역에 속하는 것으로 치부되는 것을 자주 볼 수 있다.

그러나 이제 이러한 "이분 모델"은 흄과 그의 동시대인들 때보다는 훨씬 설득력이 떨어지는 듯하다. 그리하여 점점 더 많은 연구자들이 여성들, 가난한 사람들, 그리고 과거의 연구에서 간과해온 다른 집단들의 종교적 삶에 관심을 기울이고 있다. 비록 일부 연구들에서는 여전히 호교론적인 글의 흔적이 보이지만 그래도 상당히 많은 연구들이 인간의 종교 체험의 다양한 범위를 이해하는 데 크게 기여하고 있다. 이런 저작들은 그 동안 잘 알려지지 않거나 알려졌더라도 잘못 이해되고 있던 사실들을 제대로 이해할 수 있도록 해주었다. 그리고 이 중 최고의 저작들은 종교 현상 자체를 이해하는 데 도움을 줄 뿐 아니라 그러한 현상들이 어떠한 틀 안에서 어떤 식으로 발달하는지, 또 사회·경제·정치 상황에 어떤 영향을 끼쳤는지 알게 해준다.

이러한 부류의 학자 중 내가 알고 있는 최고의 사람은 시카고 대학 신학부의 1878년도 하스켈(Haskell) 강연자이다. 우리에게 정말 큰 행운을 준 강연자는 바로 피터 브라운이었다. 『히포의 아우구스티누스』의 저자에 대한 기대에 부응이라도 하듯 그는 방대한 지식과 함께 신중한 장인 같은 빼어난 솜씨와 적절한 언어 구사로 우리를 감동시켰다. 그리하여 우리 학부생들과 대학원생들, 그리고 우리 교수진들 모두는 한 주일 동안 계속된 그의 강의를 영원히 잊지 못할 것이다. 본문을 보면 금방 알 수 있겠지만 그의 강연은 몇 가지 이유에서 정말 탁월했다.

우선 그는 성인 숭배의 출현에 대해서 놀라운 이야기를 들려주었다. 비록 후기 고대 세계에서 놀랍도록 발전했던 성인 숭배의 역사를 남김없이 다루지는 않았지만 그의 설명만으로도 그토록 매혹적인 이야기의 대부분을 들은 것이나 마찬가지였다. 게다가 그는 깊이 있는 통찰들을 조리 있고 훌륭하게 설명했다. 많은 대학원생들이 5번의 강연을 처음 접했을 때 성인 숭배에 전혀 흥미를 느끼지 않았지만 점차 강연에 몰입되어 끝날 때에는 자신들의 연구 분야보다 훨씬 더 흥미를 갖게 되었다고 말했다! 이는 브라운 말대로 참으로 경이로운 이야기였다.

두번째로 강연 내내 브라운은 사회·정치·경제적인, 심지어 고고학적인 맥락에서 성인 숭배를 적절하게 짚어냈다. 그의 말대로 그러한 맥락은 역동적인 것으로서, 특히 4세기에서 6세기 사이에 근본적으로 변화했다. 이 시대의 이러한 역동성은 한편으로는 후기 고대 세계에서 이처럼 성인 숭배가 점점 더 중요해지게 된 경향을 반영하는 동시에 다른 한편으로는 이 성인 숭배가 이 세계에서 점점 더 중요한 역할을 하도록 해주는 길을 마련해주기도 했다.

마지막으로 후기 고대의 모습에 대한 이러한 설명 때문에 그의 강연은 더욱더 흥미로웠다. 문외한까지는 아니더라도 우리들 대부분은 후기 고대에 대해서 잘 알지 못했다. (최소한 "이분 모델"의 신봉자들에게는) 미신적인 단편처럼 비쳤을 것들에 대한 브라운의 설명은 후기 고대 사회 전체의 풍부한 다양성을 꼼꼼히 들여다볼 수 있는 관점을 마련해주었다. 이 점에서 우리는 그에게 큰 빚을 지고 있다.

하스켈 강연자로서 피터 브라운은 그 동안 내려오던 훌륭한 전통을 더욱 빛내주었다. 우리 대학 신학부는 1895년부터 해외의 저명한 종교 사학자들을 시카고 대학 캠퍼스에 초청하여 비교 종교 분야에 대한 강연을 듣고 있다. 이러한 강연에 피터 브라운의 이름을 추가하게 된 것은 커다란 영광이다. 그리고 널리 대중이 읽을 수 있도록 그의 강연을 책으로 발간하게 된 것 또한 하스켈 강연 위원회의 커다란 영광이다.

조지프 키타가와

서문

    6장으로 구성되어 있는 이 책은 하스켈 강연 원고를 조금 보충한 것인데, 영광스럽게도 나는 1978년 4월에 시카고 대학 신학부에서 그 강연을 할 수 있었다. 이런 자리가 통상 그렇듯이 나는 강의가 끝나갈수록, 가르치면서 배우는 사람들이 내심 느끼는 은근한 자신감을 많은 친구·동료들과 공유하는 가운데 내가 여전히 얼마나 배울 것이 많은지 새삼 깨닫게 되었다. 그처럼 귀한 기회를 준 데 대해 제일 먼저 조지프 키타가와 학장을 비롯한 신학부 교수들에게 감사드린다. 키타가와는 신중하고도 끈기 있게 나를 초대하여 따뜻한 애정으로 맞아주었다. 하지만 강연이 있기 전 해에 두 차례의 세미나를 통해 이 강연의 중요한 주제들을 솔직하고도 정열적으로 토론하고 수정할 수 없었다면, 아마도 나는 시카고 대학에서 강연할 수 없었을 것이다. 첫번째 세미나의 조직자는 미국의 가톨릭 대학에 봉직하고 있는 엘리자베스 켄난 교수로, 그녀는 초기 그리스도교 인문주의에 대한 멜론 프로그램의 일부분으로 세미나를 조직해주었다. 두번째 세미나의 조직자는 토론토 대학의 월 옥스토비 교수로, 그는 비교 종교학 프로그램의 일환으로 세미나를 조직해주었다. 두 세미나의 참가자들이 너그러이 보여준 열정적인 반응 덕분에 이 주제를 공식적인 강연에서 발표할 만하다고 생각하게 되었다.

그러나 초기 교회와 그 문화·종교적 배경을 연구해온 위대한 학자들이 1세기 이상 심혈을 기울여 연구했던 주제를 6개의 짧은 장으로, 그것도 내 이야기로 말하려니 다소 두려움이 앞선다. 다만 내 이야기가 과대해석되는 일이 없기를 바랄 뿐이다.

나는 후기 고대에 출현한 성인 숭배의 모든 영역을 다루지는 않았다. 내 이야기는 하나의 해석을 제시해보려는 작은 시도이지, 백과사전적인 해박함을 과시하며 경탄과 찬사를 받기 위한 것은 아니다. 그래서 나는 오직 내가 영향을 받고 도전 의식을 느끼고 영감을 받은 저작들만을 언급했다. 그것들이 다른 학자들에게도 비슷한 영향을 끼치기를 바라며, 그럼으로써 내가 결론을 이끌어내기 위해서 사용한 정보들을 그들도 공유할 수 있기를 바란다.

앞서 밝힌 대로 나는 탐구 범위를 아주 좁게 설정했다. 후기 고대 그리스도교의 드넓은 세계 중 고유한 문화·종교적 연속성을 가지는 지중해의 라틴어 사용 지역과 이 지역의 북쪽, 즉 갈리아 지역은 증거가 풍부하며 접근하기도 쉽고 일관성이 있어 이러한 연구를 하기에 알맞기 때문이다.

더욱이 나는 성인 숭배의 출현과 기능을 재해석하려는 학자들이 후기 고대 사회와 문화에서 어떠한 증거를 찾아내고 어떠한 영역에 노력을 집중해야 이 시기의 종교 상황을 가장 잘 밝혀낼 수 있는지 결정해야 한다고 이 책 전체에 걸쳐(특히 2장의 말미에) 충분히 밝혀놓았다. 또 나 스스로도 그렇게 하려고 노력했다. 나는 4세기 말 놀라의 파울리누스와 암브로시우스로부터 6세기 말 투르의 그레고리우스와 베난티우스 포르투나투스에 이르기까지, '보이지 않는 친구들(성인들 — 옮긴이)'의 너무나 뚜렷하고 장려하게 '눈에 띄는' 친구들과 내가 함께 하고 있다는 사실을 깨닫고는 너무 기뻤다. 이들의 동기와 여러 기대 그리고 이들의 언어에 다양한 색채를 부여하고 보이지 않는 사자(死者)에 대한 이들의 따뜻한 애정과 충성에 특별한 향기를 주었던 사회·문화적 세계는 이 주제의 다른 어떤 측면보다 더 잘 알려져 있다. 나 또한 그들이 남겨놓은 증거를 적극적으로 이용했음을 고백한다.

그러면서 나는 후기 고대의 성인 숭배에 관해 여전히 많은 책이 나와야 할 필요가 있다는 것을 깨달았다. 예를 들어 비잔티움과 근동 지역의 그리스도교를 포괄하는 책들이 나와야 할 것이다. 그리고 끊임없이 성골당(聖骨堂, 성인들의 유골이나 유품을 모시고 예배를 드리는 곳 — 옮긴이) 주위로 모여들던 비천하고 눈에 띄지 않는 사람들, 곧 가난한 사람들, 병든 사람들, 여자들, 순례자들에 대해서 나보다 더 꼼꼼하게 다룬 책들이 나와야 할 것이다. 특히 사회의 다른 집단과 구분되어 큰 영향력을 행사했던 성직자 엘리트들이 성인 숭배의 의미와 이에 대한 자신들의 해석을 정당화하기 위해 건축, 시, 역사 이야기, 의식(儀式)에서 창조해낸 현란한 성취들을 살펴보는 데 그치지 말고, 이들과는 다른 필요에 의해 때로는 매우 다른 방식으로, 하지만 엘리트들에 못지 않게 의미 있는 형태로 성인들에 대한 애정을 표현했던 그리스도교 공동체 내의 다른 집단들을 집중적으로 살펴봄으로써, 내 책에 균형을 잡아줄 책이 나와야 한다고 믿는다. 또한 다른 지역에 사는 다른 집단에게는(심지어 그리스도교 공동체 중 전혀 다른 분위기에서 살던 사람들에게는) 왜 성인 숭배가 아무런 의미도 갖지 못했는지 그 이유를 다루는 책도 나와야 할 것이다. 혹시 이 책이 이처럼 다양한 접근 방법들의 일부에 다가갈 수 있는 길을 열어줄 수 있다면 그것으로 충분할 것이며, 그러한 방법들 중 어떤 것도 배제하는 것으로 여겨져서는 안 될 것이다.

왜냐하면 내 생각에 성인 숭배를 다루는 학자는, 이제까지 얼마나 꼼꼼하고 방대한 연구가 축적되어 왔든, 맨 처음으로 되돌아갔다가 한때 친숙했던 영역의 부름을 받고 다시 탐구하기 위해 나서야 하는, 그 누구보다도 즐거운 입장에 처해 있기 때문이다. 어느 중세사 대가의 말을 빌리자면 "서서히 우리 선조들의 생각, 평범한 것들에 대한 그들의 평범한 생각은 다시 생각해볼 만한 것이 될 것이다. 물론 분명 무엇인가를 발견해내는 것도 중요하다. 하지만 동시에 어떤 습관을 형성하는 것도 이에 못지 않게 중요하다."[1]

1장 신성한 자들과 그들의 무덤

이 책은 천상과 지상의 결합에 대해, 그리고 죽은 자들이 그러한 결합에서 어떠한 역할을 했는지에 대해 다룰 것이다. 즉 일반적으로 그리스도교의 '성인 숭배'라고 알려져 있는 사실이 후기 고대에 어떻게 출현하고 편성되고 어떤 기능을 했는지를 다룰 것이다. 이러한 작업에는 3세기부터 6세기 사이에 서지중해 지역의 종교 생활과 교회 조직에서 신성한 사람들, 고백자들(고난을 받았지만 박해에 굴하지 않은 신자들 — 옮긴이), 순교자들과 깊은 관계를 가진 무덤과 유골들 그리고 물체들이 어떠한 역할을 했는지 살펴보는 작업이 포함되어 있다.

후기 고대에 출현한 성인 숭배는 이후 천 년 동안 그리스도교의 본질적인 요소가 되었기 때문에 현재는 모두들 그것을 정교하게 연구하는 것이 당연하다고 생각하기에 이르렀다. 물론 이 의식(儀式)의 기원은 이미 많은 주목을 받아왔고, 문헌상으로나 고고학적으로 감질날 정도밖에 증거가 없음에도 불구하고 그러한 연구는 앞으로도 계속될 것 같다. 그러나 죽은 자의 무덤에서 천상과 지상이 결합한다는 것이 당대인들에게 무엇을 의미했는가 하는 것은 매우 중요한 문제임에도 불구하고 아직 충분한 탐구가 이루어지지 않았다. 그것은 지중해 세계에 살던 사람들의 심성 깊은 곳에 천 년 동안 존재하던 장벽을 무너뜨리는 것이었고, 또 통상 완전히 대조된다고 여겨졌던 범주와 장소들을 결합하는 것이기도 했다.

후기 고대 지중해 지역의 종교에 대해서 한가지만은 분명하게 말할 수 있다. 그 종교가 아주 뚜렷하게 "내세 지향적"으로 변했다고 말할 수는 없지만 아주 분명하게 "천상 지향적"으로 변했다는 것이다.[1] 그 출발점은 우주의 표면을 가로지르는 거대한 단층이 있다는 믿음이었다. 사람들은 별들이 빛 바래지 않는 안정성을 누리고 있다는 사실을 통해 달 위 우주가 신성하다는 것을 알 수 있었다. 그리고 투명한 유리잔의 밑바닥에 쌓인 쓰레기들처럼 지구는 달 아래에, "세상의 가장 밑바닥"에 놓여 있었다.[2] 죽음은 바로 이러한 단층을 건너가는 것이었다. 사람이 죽으면 영혼은 지상의 쓰레기들로 만들어진 육체에서 분리되어, 지구 위 아주 가까운 곳에 빛나고 있어 손으로 만질 수도 있을 것 같은 깨끗한 빛 가운데, 은하수의 수많은 별들 속에 있는 자리로, 영혼이 원래 가진 진정한 성품에 꼭 맞는 자리로 가거나 돌아갔다.[3] 이러한 상태가 영원히 지속되든 아니면 유대인들과 그리스도교인들이 희망했듯이 죽은 자들이 모두 부활하기 전까지의 길지만 한시적인 상태이든, 죽은 자의 육체는 달 아래 세계의 불안전성 및 불투명성과 결합하는 반면 영혼은 달 위 우주의 언제나 변함없는 투명함을 향유했다.[4]

2세기 저자인 플루타르코스는 이러한 관념을 명확하게 보여준다. 플루타르코스는 로물루스(로마의 건국 전설에 나오는 로마 초대 왕 — 옮긴이)의 시체가 하늘로 사라졌다는 믿음, 즉 그의 '승천(apotheosis)'에 대한 대중들의 믿음은 그들이 "원시적인 심성"을 갖고 있음을 보여주는 슬픈 예라고 말했다. 당시 알려져 있던 우주의 구조에서는 그런 일은 일어날 수 없기 때문이다. 고결한 영혼은 신성한 별들 가운데 머무를 수 있다. 그러나 이런 일은 영혼이 육체와 분리된 후에나 가능하다. 영혼은 축축하고 밑으로 가라앉으려는 육체의 구름을 섬광처럼 빨리 떠나 하늘을 통과한 다음에야 자신에게 합당한 장소를 다시 찾을 수 있었다.[5] 죽은 자의 부활을 믿는 유대인들과 그리스도교인들은 언젠가 우주를 가로지르고 있는 장벽이 깨질 것이라고 상상해볼 수 있었다. 로물루스가 하지 못했다고 플루타르코스가 말한 것을 예수와 엘리야가 이미 했기 때문이다. 그러나 얼마 동안은 다른 후기 고대인들과 마찬가지로 평범한 그리스도교 신자들 역시, 지구와 별 사이에 확고한 상벽이 있다고 믿었다. 따라서 4세기 후반의 그리스도교 신자인 프루덴티우스는 부활을 주제로 한 글에서 전통적인 세계관을 철저하게 뒤엎는 언어로써만 자기 믿음을 표현할 수 있었는데, 그로 인해 그의 글은 전통적인 견해에 반발하고 있음을 암묵적으로 인정하는 듯이 보인다.

그러나 영혼의 불 같은 본성이 자기가 원래 우주의 높은 곳에 있었다는 것을 생각하고 삶을 마비시키는 죄를 벗어버릴 때, 그때야 비로소 영혼은 자신이 깃들여 있던 육체를 지니고 다시 별들 사이로 돌아갈 것이다.[6]

그러나 부활은 상상할 수도 없이 먼 미래의 일이며 프루덴티우스는 시대를 앞서가는 진취적인 시인이었다. 평범한 그리스도교 석공들이나 그들의 후원자들은 5~6세기 내내 전통적인 세계관을 당연하게 여기는 시를 묘비에 새겼다.[7] 가령 6세기 초 리옹의 주교는 현기증 나는 역설들을 마주하고도 혼란스러워 하지 않았다. "영혼은 하늘로 가고 육체는 자연으로 돌아갈 것이다"[8]라는 태곳적부터의 대구 하나면 충분했기 때문이다.

그러나 배교자 율리아누스 황제와 가까운 시기에 살았던 랍비 핀하스 벤 하마는 성인들의 무덤과 관련해 다음과 같은 역설이 존재한다는 것을 지적했다.

만약 세상의 조상들(족장들)이 천상에 쉴 곳을 마련하고자 했다면 그렇게 할 수 있었을 것이다. 그러나 그들은 죽어서 이 곳 지상에서 돌이 그들의 무덤을 막은 후에야 '성인'이라고 불릴 수 있다.[9]

이 랍비는 '거룩한 땅'[1]에 있는 족장들의 무덤에 대해 말하고

---

1 콘스탄티누스 시대 이후 그리스도교인들은 팔레스타인 지역을 이렇게 불렀다.

배교자 율리아누스
로마의 황제(361~363 재위) 율리아누스는 그리스도교를 적대시하고 공공연히 다신교로 개종을 선언해 '배교자'라는 별명을 얻었다. 그리스도교보다 헬레니즘을 더 선호해 그리스 신화에 나오는 태양신 헬리오스와 힌두교의 미트라 신을 결합해 '정복되지 않은 태양신'의 숭배를 받아들였다. 여기서 율리아누스는 마치 그리스 철학자들처럼 긴 수염을 휘날리고 있다.

있는 것이다. 이 무덤에 묻힌 자들은 천상에서 편히 쉬며 누리는 권세와 자비를 자기 무덤 주변에 있는 신자들이 이용할 수 있게 해주기 때문에 "신성했다": 성인들의 무덤은 — 유대 족장들의 장엄한 바위 무덤이든 아니면 그리스도교 세계의 무덤이나 유골 조각, 심지어 이 유골 조각과 접촉했던 물체이든 — 이제까지 상반되는 것으로 생각되어왔던 하늘과 땅이 만날 수 있는 특별한 장소였다. 앞으로 살펴보겠지만 후기 고대 그리스도교인들의 신앙심은 인간 심성의 근저에서 이제까지 다른 것으로 여겨졌던 범주들이 만나는 신비로운 순간에 극단적으로 집중되었다.

6세기 말 옛 서로마 제국 도시들의 성벽 밖에 있는 공동묘지에 있던 성인들의 묘소는 지역의 종교 생활의 중심지가 되었다.[10] 천상의 성인이 지상에 있는 그의 무덤에 "현존한다"고 믿었기 때문이다. 가령 성 마르티누스의 영혼은 "천상을 향해 행진하고" 있을지도 몰랐다. 그러나 투르에 있는 그의 육체가 "묘소에서 서서히 썩어가고 있다"고는 절대 생각하지 않았다. 지역의 유대인 의사라면 혹시 이렇게 의심했을 수도 있다. "지금 땅 속에 묻혀 서서히 썩어가고 있는 마르티누스는 사람들에게 결코 도움이 되지 않는다. 죽은 자는 산 자의 병을 고칠 수 없다."[11] 그러나 무덤의 비명에는 그런 의심의 흔적이 없다.

신성하게 기념해야 할 주교인 마르티누스가 여기에 누워 있다. 그의 영혼은 하느님 곁에 있지만, 그는 여전히 여기에 임하시어 모든 종류의 기적을 행하신다.[12]

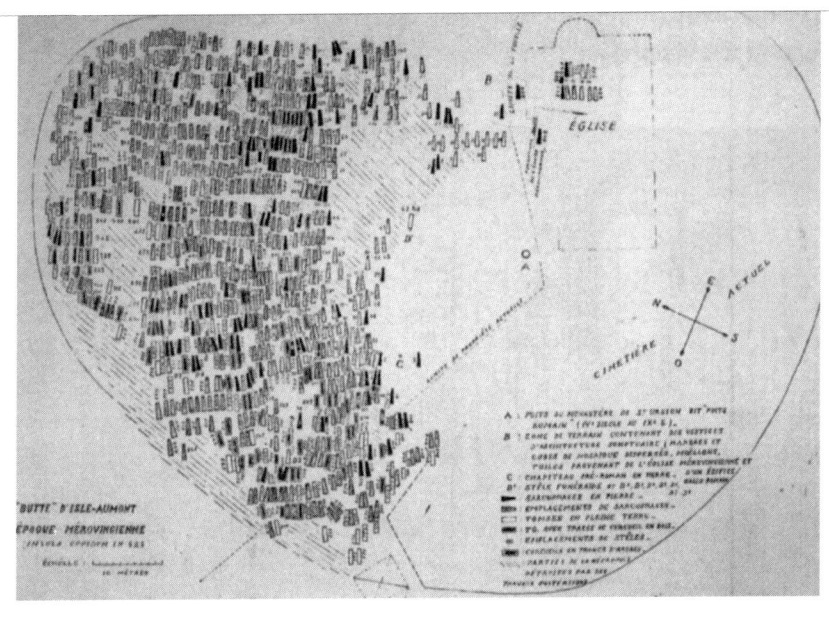

메로빙거 조(481~751) 시골의 묘지, 오몽트 섬의 언덕, 오브, 프랑스

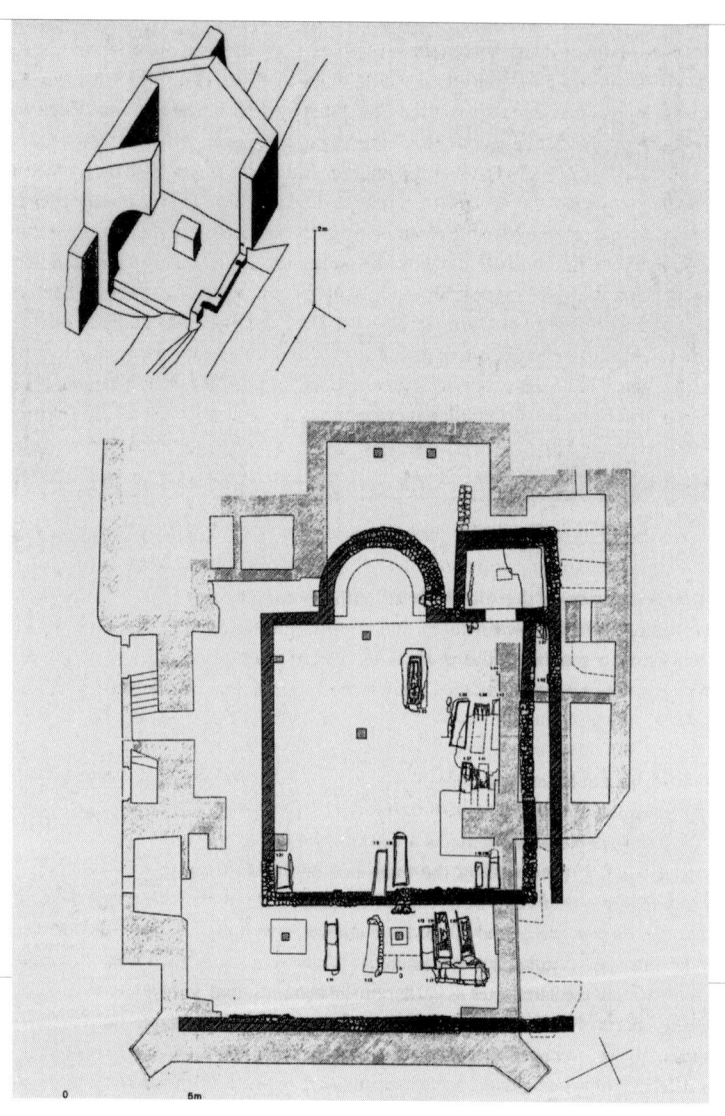

5세기의 기념 묘지 혹은 내부와 외부에 무덤들이 늘어서 있는 6세기 초 성골당의 도면, 라마들레느 성당, 제네바

이 시대 사람들이 성인들의 성골당을 설계하고 묘사하는 방법에서도 천상과 지상의 결합이 명확하게 드러난다. 큰 촛대가 촘촘히 세워져 있고, 빛나는 촛불들이 아롱거리는 모자이크에 반사되며 금박을 입힌 천장을 비추는 후기 로마의 '무덤(memoriae)'은 1~2미터 안까지 은하수의 고요한 빛을 끌어왔다.[13] 물론 지중해 사람들 중 여전히 전통을 중시하던 사람들은 성인 숭배 의식의 대부분을 주변적인 것으로 보았고, 심지어 일부 의식에 대해서는 심한 구역질도 느꼈다. 2세기 저술가 달디스의 아르테미도루스는 "당신이 무두장이가 되는 꿈은 나쁜 꿈이다. 무두장이는 죽은 자의 시체를 처리하고 도시 밖에서 살기 때문이다"[14]라고 말했다. 그리스도교의 성인 숭배는 로마 세계의 도시 바깥에 있던 커다란 공동묘지에서 생겨났다. 또 죽은 자의 시체를 다루는 문제와 관련해 볼 때 그리스도교의 성인 숭배는 열정적으로 죽은 자의 시체를 만지고 입맞춤하는 것은 말할 것도 없고, 죽은 자의 유골을 파내고 옮기고 토막내는 지경에까지 이르렀다. 뿐만 아니라 성인을 숭배하는 자들은 번번이 죽은 자를 매장할 수 없던 도시 안으로 유골을 가져왔다. 이런 식으로 그리스도교인들이 이미 확정되어 있는 우주에 관한 지도를 깨뜨리는 데에는 언제나 역설적인 요소가 들어 있었다. 그러나 성인 숭배가 로마라는 시의 지형에 큰 변화를 가져왔다는 것은 분명했다. 그것은 여태껏 산 자들의 도시의 공적 생활과 대조적인 것으로 간주되어온 장소들을 중요한 지역으로 만들었다.[15] 6세기 말이 되자 산 자들이 사는 도시와 죽은 자들이 묻히는 도시 밖을 엄격히

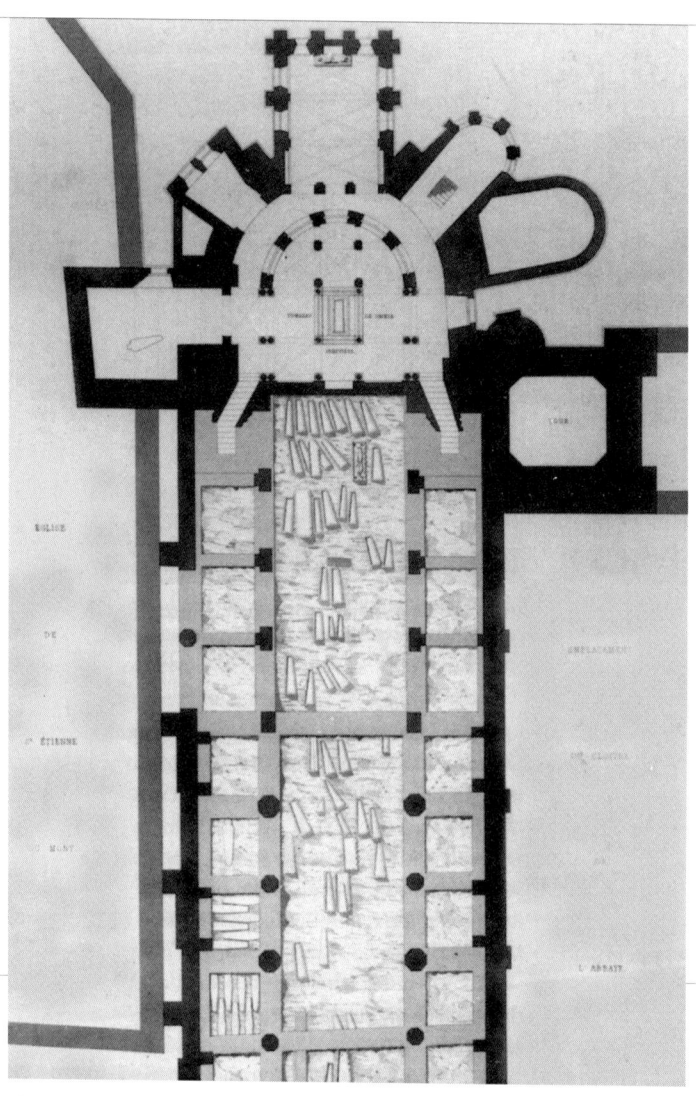

6세기 도시의 묘지, 생즈느비에브, 파리
역시 성인들의 무덤을 중심으로 많은 무덤들이 모여 있다. 결국 도시와 시골을 가르던 경계선은 희미해지고 도시 안에도 공동묘지가 생긴 것이다.

분리하던 태곳적부터의 장벽이 무너졌다. 사람들이 많은 도시들의 성벽 안으로 성유골을 가져와 안치했고 성유골 주변에 일반인들의 무덤을 만들었기 때문이다.[16] 또한 죽은 자들의 무덤이 원래대로 도시 밖에 있는 경우에도 대중들은 죽은 자들의 무덤을 공적 숭배의 일환으로 열광적으로 숭배했다. 이것은 다신교도들이나 유대인들로서는 도저히 상상할 수 없는 일이었다.[17]

후기 고대의 성인 숭배를 통해 오랜 장벽이 붕괴되고 때로 뒤집힌 사실은 죽은 자와 우주의 관계를 바라보는 관점이 바뀌고 그에 따라 지중해 사람들이 죽은 자들의 역할을, 특히 특정 가문이나 지역의 유대를 강화하는 죽은 자들의 역할을 제한했던 장벽을 옮겼음을 보여주는 것 같다.[18] 다신교를 믿는 동시대인들과 이들 조상의 관습을 살펴보면 그리스도교의 성인 숭배를 더 잘 이해할 수 있는데 이는 다신교도가 인간과 신, 산 자와 죽은 자 사이의 관계를 알려주는, 이제껏 익숙했던 지도가 미묘하게 다시 그려진 세계에서 살고 있었기 때문이다.

잘 알려진 예를 하나 살펴보자. 고대의 영웅 숭배와 그리스도교의 순교자 숭배 사이의 관계가 그것이다.[19] 헬레니즘 시대와 로마 시대에도 죽은 자를 이상화하는 것은 너무나 자연스러운 일이었다. 심지어 죽은 자에 대한 예배도, 가족적으로 행해지든 영웅이나 황제 같이 매우 중요한 위인에 대한 공적 예배의 일환으로 행해지든, 비록 엄격하게 제한된 범위에서였지만 흔히 볼 수 있었다. 이 때문에 죽은 자를 "영웅시하는" 관습, 특히 가족들이 고인을 특별히 건축된 묘소에 모시는 사적인 숭배의 관습은 초기

죽은 자의 승천, 상아로 만든 두 장 접이 서판, 5세기 초, 로마
아마도 402년 Q. 아우렐리우스 심마쿠스가 죽은 후에 그를 기념하기 위해 만든
것으로 보인다. 그는 4세기 후반 로마의 유력한 다신교도 중 한 명이었다.

그리스도교 무덤의 건축이나 양식과 관련한 몇 가지 문제를 설명하는 데 이용되기도 했다.[20] 그러나 이후 영웅 숭배와 성인 숭배의 유사성은 사라진다. 인간적 죽음에 의해 오염된 자들과 그렇지 않은 자들 사이의 경계를 나누던 아주 오래된 지도가 영웅의 위치를 제한해버렸기 때문이다. 다시 말해 영웅 숭배 형태와 불멸의 신들을 숭배하는 형태가 갈라지는 경향이 나타났다.[21] 특히 순교자들이 인간으로 죽었기 때문에, 신과 친밀한 관계를 가진다는 모든 그리스도교 저술가들의 주장은 영웅의 역할에 대한 다신교도들의 믿음에서는 전혀 보이지 않는 것 같다. 순교자들이 하느님과 친밀한 관계를 갖는 것은 하느님과 인간을 중재하고 그럼으로써 동료 인간을 보호하기 위한 필수 조건이다. 순교자는 "하느님의 친구"였다. 순교자는 중재자가 되었지만, 다신교도 영웅들은 결코 그렇게 할 수 없었다.[22]

이렇게 해서 그리스도교 신앙에서 무덤, 죽은 자에 대한 기념, 또 이를 둘러싸고 행해지는 종교 의식들은 신과 죽은 자, 그리고 산 자들의 전혀 새로운 관계 구조 안에 놓이게 되었다. 따라서 그리스도교의 성인 숭배를 다신교도 영웅 숭배의 지속으로 설명하는 것은[23] 예배당 아치에 몇몇 기둥이나 기둥 머리로 남아 있는 고전 건축물의 흔적들로 후기 고대 그리스도교 예배당들의 형식과 기능을 재구성하는 것만큼이나 도움이 되지 않는다.[24]

사실 그리스도교의 후기 고대의 모습은 에우리피데스의 『휘폴리토스』를 거꾸로 뒤집으면 제대로 제시될 수 있을 것이다. 이 비극은 신과 인간 사이의 경계는 확고하게 지켜져야 한다는 점을 분명하게 전하고 있다. 살아 있을 때 휘폴리토스가 여신 아르테미스와 얼마나 깊은 사랑을 나누었든, 일단 그에게 죽음의 사자가 다가오자 여신과 죽어가는 인간 사이에는 넘을 수 없는 간극이 생겨났다. 아르테미스는 더이상 그를 쳐다볼 수 없었다.

죽은 자를 쳐다보고 죽어가고 있는 사람의 짙은 안개로 내 눈을 더럽히는 것은 내게 합당한 일이 아니다.[25]

라틴 작가들이 순교자의 역할을 설명하기 위해 빈번히 인용했던 『시편』의 한 구절과 이 문장을 비교해보는 것만으로도 두 세계의 거리를 분명하게 확인할 수 있을 것이다. "여호와의 눈은 의인을 향하시고 여호와의 귀는 그들의 간구를 들으시도다"(『시편』 34 : 15).[26]

하지만 4세기 중엽에 어떤 종교적 감정의 물결이, 지중해 다신교도들이 죽은 자와 산 자의 경계를 긋기 위해서 그렇게 오랫동안 이용해온 장벽을 사람들이 눈치채지 못하는 사이에 완전히 쓸어내버렸다고 생각하면 큰 잘못이다. 결코 그렇지 않다. 오히려 다신교도 세계에서 그리스도교의 성장은 심각한 종교적 분노를 야기했다. 우리는 순교자 숭배에 대한 다신교도들의 반응을 살펴봄으로써 그리스도교 교회가 성장하면서 어떻게 우위를 확보해가는지 그 과정을 추적해볼 수 있을 것이다. 다신교도들은, 순교자 숭배의 발달이 자기네들이 아주 오랫동안 지켜온 장벽을 서서히 부수는 무서운 결과를 가져올 것이며, "옛 신화 속에서 이야기되어오던 암흑"을 다시 지상에 퍼뜨려 모든 옛 경계선들을 지워 버릴 것이라는 것을 분명히 알고 있었다.[27] 배교자 율리아누스는 성인 숭배를 공격하면서 이것은 복음서들에서는 전혀 근거를 찾아볼 수 없는 새로운 관습이라고 주장했다. 그러나 그가 느꼈던 극도의 종교적 혐오감은 그리스도교인들이 행했던 관습에 함축된, 산 자와 죽은 자의 관계와 연관된다. "너희들은 오래된 시체에 새로 죽은 자의 수많은 시체를 계속해서 더하고 있다. 너희들은 온 세계를 무덤과 관으로 채우고 있다."[28] 율리아누스는, 주술을 행하고 점을 치려는 사악한 목적에서 무덤과 묘지를 서성이던 자들에게 『구약성서』의 예언자들이 표명했던 혐오감을, 성인들의 무덤에서 행해지던 숭배 의식에 퍼부었다.[29] 율리아누스는 황제로서 죽은 자들을 원래 있어야 할 자리에 두어야 한다는 전통적인 로마법을 재천명함으로써 성인 숭배에 대한 극도의 불쾌감을 표시했다. 인간이 어떻게 유골을 들고 행진하는 그리스도교인들을 묵인할 수 있겠는가?

모여든 사람들을 헤치고 빽빽한 군중 사이로 죽은 자의 시체를 옮기면서 죽은 자의 불길한 모습으로 사람들의 눈을 더럽히다니. 죽음과 접촉하는 날은 얼마나 불운한 날인가? 그런 의식에 참가한 후에 어떻게 신들에게 그리고 신전에 나아갈 수 있겠는가?[30]

사르디스의 에우나피우스가 이집트 다신교의 쇠퇴에 관해 설명하는 대목에서 우리는 그리스도교의 성장이 죽음과 맞먹는 공포를 야기했음을 잘 알 수 있다.

그들은 수많은 죄를 지어서 사형당한 죄인들의 뼈와 두개골을 수집하고 (……) 그것들이 마치 신이라도 되는 듯이 말한다. 그리고 무덤에서 자신들을 더럽힘으로써 건강해진다고 생각한다. 그들은 죽은 자를 "순교자"라고, 또 인간의 기도를 하느님께 전달해주는 일종의 성직자나 대사(大使)라고 부른다.[31]

4세기 말과 5세기 사이에 성인 숭배의 성장은 후기 고대 대부분의 도시들에서 산 자들의 영역과 죽은 자들의 영역이 차지하는 비중을 눈에 띄게 변화시켰다. 공동묘지에는 거대한 건축물들이 많이 세워졌다. 한 가지 예만 들어보자. 5세기 초 북아프리카의 도시 테베사는 성 크리스피나 무덤 주위에 조성된 것으로 추정되는 공동묘지의 건축물 덕분에 거대한 순례지가 되었다. 유골을 안치한 성골당은 테오도시우스 르네상스의 공적인 양식으로 만들어졌다. 순례 길은 무려 150미터에 이르렀고, 지붕이 있는 뜰을 따라서 거대한 개선문 아래로 지나가게 되어 있었다. 마치 테베사 근교의 무덤들에 고전 도시의 주랑과 도로를 다시 세워놓은 것 같았다.[32] 같은 시기에 놀라의 파울리누스는 지금도 키미틸레² 라고 불리고 있는 한적한 공동묘지 지역, 성 펠릭스의 무덤 주변에 매우 인상적인 건축물들을 세운 것을 자축했다. 그것들이 어

---

2 키미틸레는 영어로 cemetery, 곧 공동묘지라는 뜻이다.

찌나 대단했던지 여행자들이 그 곳을 하나의 도시로 착각할 정도였다.[33]

고대인들의 문명 지도에서 중요한 곳과 중요하지 않은 곳의 균형을 깨뜨리며 후기 고대의 풍경을 바꾸는 데에 그리스도교는 천부적인 재능을 발휘했다. 4세기가 경과하면서 수도원 제도가 성장한 것은 그리스도교인들이 도시 생활의 대립체로서 선택한 공동체를 얼마나 열렬하게 후원했는가를 잘 보여준다. 성 안토니우스와 그의 수도사들에 관한 글에서 아타나시우스는 자부심을 갖고 이렇게 말했다. 수도사들은 도시가 있어서는 안 될 곳인 "사막에 도시를 건설했다".[34] 4세기 말부터 5세기 사이에 그리스도교 주교들은 사막에서 도시 성벽에 이르기까지 도시와 비도시 지역의 균형을 바꿔놓았다. 그들은 공동묘지에 도시를 건설한 것이다.[35]

더욱 놀라운 것은 이러한 변화가 가져온 결과이다. 서유럽의 주교들은 옛 로마 제국의 도시들 안에 있던 자신들의 권력을 "도시 밖에 건설된 새로운 도시"에 뿌리내리게 하는 방식으로 성인 숭배를 편성해나갔다. 주교의 거주지와 성당(basilica)은 여전히 도시 안에 있었다. 그러나 옛 로마 제국 도시들 안에 있는 주교들이 중세 초기에 우월한 지위를 차지하게 된 것은 도시로부터 상당히 떨어진 거대한 성골당들(가령 로마 밖 바티칸 언덕에 있는 성 베드로의 성골당, 투르의 성벽에서 조금 떨어져 있는 성 마르티누스의 성골당)과 지속적으로 긴밀한 관계를 유지했기 때문이다.

하지만 앞으로 우리는 성골당에 대한 주교들의 이러한 통제가 당연시되었던 것은 아니라는 것을 계속해서 살펴보게 될 것이다.

아스완 서쪽 사막에 있는 성 쉬메온 수도원, 4세기(15세기에 증축)

6세기 후반 유스티니아누스 황제에 의해 세워진 성 카타리나 수도원, 시나이
황량한 시나이 산 골짜기에 위치하고 있다. 초기 그리스도교 수도원은 엄격한 금욕주의에 입각해 있었는데, 이러한 수도원들의 성장은 그리스도교인들이 도시 생활과 대조되는 새로운 공동체를 열렬히 후원하고 있었다는 것을 보여준다.

위털루 전투에 대한 웰링턴 공의 표현을 빌리면, 주교들이 승리한 것은 "흐르는 물을 막는 댐을 쌓는 것처럼" 매우 어려운 일이었다. 그러나 일단 승리하자 그러한 승리는 서유럽 교회사에 결정적인 영향을 끼쳤다. 이 과정에서 성 히에로니무스는 특유의 수사적인 현란함을 동원하여 성유골 숭배를 비판하는 자에 맞서 싸웠다.

우리에게는 존귀한 유골이지만 당신에게는 평범한 먼지 덩어리에 지나지 않는 베드로와 바울로 위에 로마의 주교가 주님을 위한 제단을 쌓아, 그들의 무덤을 그리스도를 위한 제단으로 삼은 것을 당신은 잘못이라고 생각한다.[36]

후에 교황권이 성공적으로 확립되었지만 이것도 로마의 주교가 잘못하지 '않았음'을 입증할 뿐이었다.

이러한 우세가 확보되기까지는 고대의 장벽들이 더 많이 무너져야 했다. 이윽고 무덤과 제단이 결합되었다. 주교와 그의 보좌 사제들은 죽은 사람 근처에서 공개적으로 예배를 드렸는데, 다신교도들과 유대교들에게는 이것이 몹시 마뜩찮았다. 나아가 이러한 관습은 다른 후기 고대의 사람들뿐만 아니라 앞 세대의 그리스도교인들도 깊이 신봉하고 있던 사적 숭배와 공적 숭배 사이의 오래된 장벽을 침식했다. 다른 그리스도교인들의 무덤과 달리 성인들의 무덤은 공공의 자산이라고 선언되었다. 모든 사람들이 성인의 무덤에 갈 수 있었고, 성인의 무덤은 전체 공동체가 집단으로 행하는 의식의 중심점이 되었다. 공동묘지에 있는 가족묘보다

안토니오 드 페레다, 〈성 히에로니무스〉, 캔버스에 유채, 1643, 델프라도 미술관, 마드리드
히에로니무스는 라틴 교부들 중에서 가장 학식이 높은 인물이었다고 한다. 히에로니무스는 사막에서 은둔하며 지내다가 사제가 되었고 평생 동한 학문을 추구하며 금욕적인 삶을 살았다. 뛰어난 학자요, 견고한 전통주의자이며 훌륭한 문필가로 활약했고 그리스 사상을 서방에 전달하는 데 지대한 역할을 했다.

신성한 무덤과 유골을 더 훌륭하면서도 이용하기 쉽게 만들기 위해 건축, 예술, 의식, 문학과 같은 수많은 장치들이 동원되었다. 진실로 모든 후기 고대인들에게 무덤이라는 것은 가족들이 소유하고 돌보는 "지극히 사적인 장소"였지만, 성인의 무덤과 유골은 너무나 뚜렷하게 눈에 띄는 장소였다. 그것들은 더이상 "무덤이 아니었다".

서유럽에서 교회의 위계가 죽은 자의 무덤과 결합하면서 중세 가톨릭 교회는 비잔티움과 근동의 이웃들(그리스도교인, 유대인, 이슬람인)과 분리되었다. 서유럽에서 주교의 권력은 성골당의 권세와 합치되었지만 다른 지역에서 성골당은 홀로 제 갈 길을 가는 경향이 있었다.[37] 서방 지역과 달리 동지중해와 근동에서는(심지어 예루살렘에서도) 그리스도교의 거대한 성골당과 순례지들은 결코 교회의 권력 구조를 뒷받침하는 기반으로 동원되지 않았다.[38]

유대교에서도 역시 성스러운 무덤과 랍비 제도는 별개로 운영되었다. 랍비 핀하스 벤 하마의 생각에 천상과 지상이 만나는 장소에는 여전히 '지휘자(impresarios)'가 없었다. 유대 공동체에도 성인들의 무덤이 아주 많았고, 또 중요한 역할을 했다는 사실은 부정할 수 없다. 그러나 유대교의 학문적·영적 세계의 지도자들은 그리스도교의 주교들과 달리 무덤들에 의지하지 않았고, 그 결과 무덤들은 큰 주목을 받지 못했다. 오랫동안 이것은 당연하게 여겨졌으므로 1958년에 와서야 제레미아스가 후기 고대 유대교에서 성스러운 무덤들이 갖는 의미를 제대로 밝혀냈다는 것은 그리 놀라운 일이 아니다.[39] 이슬람의 상황은 더욱 흥미롭다. 성스러운 무덤은 이슬람의 모든 지역에서 매우 중요했지만, 정통 이슬람의 한 지역에서는 거의 존재하지 않았다.[40] 중세 초기의 서유럽을 떠올리게 하는 근대 이슬람의 성골당의 기능에 대한 민속학적 자료들은 이슬람 전통의 중심지인 건조 지역이 아니라 변두리인 비옥한 지역에서 발견된다. 가령 모로코의 산악 지대나 인도네시아와 아틀라스 산맥 사이에 펼쳐져 있는 수피 파³의 거주지가 그런 지역이다.[41] 이렇듯 성스러운 무덤은 유대교와 이슬람교 모두에 존재했다. 그러나 존재하는 것 그 자체로는 충분하지 않았다. 공적으로든 사적으로든 유대교와 이슬람의 전통적인 종교 지도자들은 서유럽 그리스도교의 지도자들만큼 죽은 성인의 힘을 이용하지 않았다. 현존하는 자료의 양도 내가 기술한 발전을 어느 정도 반영하고 있다. 성스러운 죽은 자의 등장을 서유럽 지역에서 명확하게 추적할 수 있었던 것은 마치 쌍안경의 양쪽 렌즈에 맺힌 두 개의 상처럼 성골당과 공식적인 종교 지도권이 나란히 발전했기 때문이다.

성골당이 교회의 위계와 어떤 관계를 가지고 있든 그리스도교화된 지중해와 그 세력이 뻗어나간 동쪽과 북서쪽 지방에서는 천상과 지상이 민난디고 표시된 장소들이 곳곳에 흩어져 있었다. 무덤이나 유골들을 포함하고 있는 성골당은 흔히 "그 곳" 즉 "성스러운 곳"이라고 불렸다.[42] 그 곳은 통상적인 무덤의 법칙이 중단된 곳으로 간주되었다. 사람들은 뼈만 앙상하여 냉기만 흐를

3 이슬람의 한 종파로 신비주의적이며 금욕적인 생활과 은둔 생활을 강조한다.

것 같은 유골 안에 사랑하는 사람이 숨을 쉬며 살아 있다고 믿었다. 니사의 그레고리우스는 다음과 같이 말했다.

> 유골들을 본 사람들은 생생하게 살아 있는 사람인 양 그것들을 껴안는다. 그들은 눈과 입과 귀와 모든 감각을 동원하여 유골을 숭배하고 존경과 열정의 눈물을 흘린다. 성인이 실제로 거기에 있다고 믿는 듯 유골에 대고 하느님께 자기 기도를 중재해달라고 간청한다.[43]

성인은 참으로 두려운 존재가 될 수도 있었다. 히에로니무스는 다음과 같이 썼다.

> 화가 났거나 나쁜 생각을 품었을 때 혹은 터무니없는 공상으로 잠을 이루지 못했을 때 나는 감히 성골당에 들어설 수 없었다. 내 영혼과 육체가 두려움에 떨었기 때문이다.[44]

6세기에 한 속인은 가자에 있는 영적인 아버지에게 다음과 같이 썼다.

> 성스러운 순교자들의 유골이 있는 곳에 갔을 때 저는 안으로 들어가서 그들을 숭배해야 한다는 생각에 사로 잡혔습니다. 그 앞을 지나칠 때마다 매번 고개 숙여 절해야 한다고 느꼈습니다.
>
> 연륜이 있는 영적인 아버지는 한 번의 절로도 충분하지만 계속해

야 한다는 생각이 들면 세 번 절하라고 답해주었다. 그 속인은 계속 물었다. "하느님에 대한 두려움이 나를 엄습할 때마다 들어가야 합니까?"

아니다. 두려움 때문에 들어가지는 말라. 기도하기에 적당한 때에만 들어가거라.

그러나 제가 들어가려고 할 때마다 하느님에 대한 두려움이 진정 저에게서 일어납니다!⁴⁵⁾

이보다 좀 덜 도덕적인 영혼들의 활동 역시 지중해 연안 대부분의 주거지에 성골당이 격자처럼 뻗어 있었음을 보여준다. 대략 600년경에 상이집트에서 활동하던 한 무리의 도둑들이 안티노 교외에 있던 수도사(Apa) 콜로우토스 성골당에서 출발하여, 남쪽을 몇 마일 가서는 수도회의 원장이었던 성 빅토르의 성골당으로 갔고, 나일강을 가로질러 수도사 디모테오 성골당을 들러서, 다시 강 하류 쪽으로 가서는 황혼녘에 수도사 클라우디우스의 성골딩에 도착했다. 그 동안 그들은 은으로 만든 성찬대와 비단과 아마포로 만든 커튼들, 그리고 심지어 미라 처리된 성인들의 목에서 은목걸이와 십자가까지도 약탈했다.⁴⁶⁾

중세 초기에는 그리스도교가 전파되는 곳이면 어디든지 성인의 "현존"도 따라갔다. 상상할 수도 없이 먼 북부 지역 스코틀랜드에서도 장인들은 "제단으로 쓰이는 무덤"에 후기 로마 시기 갈

쿠스로 아파르웨즈 2세의 궁전에서 나온 도금한 은 항아리, 6세기
쿠스로 아파르웨즈 2세(591~628)는 조부인 쿠스로 1세의 뒤를 이어 사산조 페르시아 제국의 전성기를 이룩했고, 아파르웨즈 궁의 세련미는 중세까지 궁정과 귀족 사회의 모델로 사랑받았다. 부인 쉬렌은 네스토리우스교도였고, 아파르웨즈 자신도 종종 성 세르기우스의 보호가 자기의 성공적인 치세를 가능하게 했다고 강조했다.

리아의 높은 마룻대를 올린 석관 모양을 본뜨려고 노력했다.[47] 성 세르기우스의 성골당은 로마와 페르시아와 아라비아 세계가 만나는 사막의 변두리 지역 레사파에 세워져 있었다. 다신교도인 페르시아 왕 쿠스로 아파르웨즈 2세조차도 성인에 대한 감사를 표현하기 위해서 이 곳에 매우 큰 은접시를 기증했다. 이 성골당은 근동의 군주가 초자연적인 존재에게 바치는 최후의 봉헌물이 있는 건축물이다(이러한 최초의 봉헌물들 중 하나는 쿠스로의 아카이메니아 선조인 키루스가 비수툰의 바위 정면 높은 곳에 새긴 것이다).[48] 그리스도교가 외부 세계에 끼친 영향을 고려해볼 때, 동쪽으로 더 멀리 나아가 이라크와 이란 그리고 중앙 아시아에 살던 네스토리우스교도[4]들에게도[49] 후기 고대의 그리스도교는 곧 성골당과 유골 '이었다'.[50]

유골 숭배는 일종의 '엄연한 현실'로서 가혹한 운명을 견뎌왔다. 유골 숭배의 존재는 항상 체념하는 투로 인정되곤 했고, 존재가 인정될 때에도 "너무나 당연"해서 오랫동안 신중하게 연구할 만한 주제는 아닌 것으로 취급되었다. 나는 그 이유가 무엇이며, 또 후기 고대를 연구하는 종교·사회사가들이 당대 그리스도교 교회에 매우 중요했던 종교 생활의 한 형태를 경멸하는 태도로

---

4 428년 콘스탄티노플의 주교였던 네스토리우스는 예수의 신성이 인성을 그릇으로 선택했을 뿐이고 따라서 마리아는 인간을 낳았을 뿐이라고 주장했다. 431년 에페수스 공의회는 네스토리우스를 이단으로 규정했다. 그러나 소아시아와 시리아에서 네스토리우스를 따르는 무리들이 계속 존재해왔고 오늘날까지도 명맥이 유지되고 있다. 그들은 대부분 이라크, 시리아, 이란에 살고 있으며 신도는 약 17만 명 정도다.

다룸으로써 어떤 오류를 범했는지 지적하면서 이 장을 마치고자 한다.

종교적 감성에 대한 특정한 모델을 설정해놓고 그에 근거해 "대중 종교"의 성격을 규정해버리는 것이 우리의 호기심을 무디게 했던 것 같다. 우리는 성인 숭배를 출현시키고 팽창시켰던 후기 고대의 사고의 흐름이나 필요성에 대해 관심을 기울일 만한 감수성을 우리 세계의 지적 전통으로부터 물려받지 못했다. 다음과 같은 한 가지 사실만 살펴봐도 우리의 문화 혈통 속에 어떤 모델이 전승되고 있는지 알 수 있다. 성인 숭배의 출현이라는 문제가 종교개혁 이후 팽배했던 고백적인 논쟁 분위기에서 자유로워 진 지 오래지만, 계파와 상관없이 모든 학자들이 여전히 후기 고대 성인 숭배의 출현과 팽창에 대해서 제대로 이해하지 못한 채 다 같이 침묵하고 있는 것이 그것이다. 우리의 머릿속 깊숙이, 온갖 것들이 들어 있는 잡동사니 방 어딘 가에 견고하고 움직일 수 없을 것 같은 문화의 가구들이 쌓여 있다. 우리가 그 중 몇 개를 확인하고 옮길 수 있다면 조금은 다른 각도에서 그리스도교의 성인 숭배에 접근할 수 있을 것이다.

후기 고대와 중세 초기의 종교사에 관한 연구는 1750년대 흄이 『종교에 대한 자연사적 고찰』에서 매우 설득력 있게 제시한 관점들로부터 여전히 많은 영향을 받고 있다. 『철학백과사전』은 다소 거만하게 이 저작을 "2차 사료에 입각해서 안락 의자에서 연구된 재미있는 인류학 저작"[51]으로 묘사하고 있다. 그러나 이 분야 연구의 주요 계승자들이 그렇듯이 흄의 논문이 후대의 연구에서 주도적인 개념을 계속해서 제시할 수 있었던 것은 바로 그 "안락의자"적인 성격 때문이다. 흄은 과거에서 현재까지 모든 교양 있는 사람들이 읽어왔고 현재도 읽고 있는 고전들에서 증거들을 찾았다. 흄이 너무나 능숙하고 훌륭하게 그러한 증거들을 이용했기 때문에 『종교에 대한 자연사적 고찰』은 명백함과 분별력이라는 저항할 수 없는 권위를 지닌 것으로 보였다. 따라서 일반적인 종교 심성의 작동을 흄이 완벽하게 제시했다는 통념에 의심을 제기하기는 어려웠다. 더욱이 흄이 명성 높은 고전 작가들에 근거했기 때문에 그가 고대 미신의 성격과 원인들을 정확하게 묘사했다는 통념에 도전하기는 거의 불가능했다.

흄은 종교 사상의 기원과 다양성을 정면으로 다루었다. 흄은 자기 시대의 정통주의자들에게 도전하면서 인간은 천성적으로 일신론자가 아니고 결코 그런 적도 없었다고 주장했다. 태초에 아담과 유대 족장들이 누리던 하느님에 대한 순수한 믿음을 인간이 죄를 짓고 상실했다는 것은 사실이 아니다. 비록 일신론이 이상적인 것으로 존재해오긴 했지만 그것은 항상 불확실한 이상에 지나지 않았다. 이는 인간에게 죄가 있기 때문이 아니라 평범한 인간에게 지적 한계가 있기 때문이다. 일신교를 위한 지적 전제 조건, 이와 연관된 사회·문화적 전제 조건은 충족되기 힘들다. 흄에 의하면 일신교가 이루어지기 위해서는 우주에 대한 조리 있는(따라서 합리적인) 견해가 있어야 한다. 그런 사고력을 통해 계몽된 심성을 가진 자들은 눈에 보이는 세계의 질서로부터 하느님의 존재와 올바른 경배 방식을 추론해낼 수 있다. 따라서 흄은 진정한 일신교는 극히 드물고, 원시적이던 먼 과거에는 사실상 불가능했다는 결론을 내렸다. 나아가 흄은 일신교적인 관점으로 사고할 수 없는 사람들이 "저속한 서민들(the vulgar)"이라는 특정한 사회적 장소와 정확히 일치한다고 생각했다.

극히 소수를 제외하고 인류의 대부분을 차지하는 저속한 서민들은 무지하고 교육받지 못했기 때문에 (……) 최고의 정신이나 태초의 섭리를 깨달을 수 있을 만큼 고양된 사고를 할 수 없다.[52]

물론 흄은 이것이 "저속한 서민들"의 지적 한계 때문만은 아니라고 힘주어 말한다. 이 한계는 합리성에 적대적인 문화·사회적 환경 전체를 반영하는 것이다. "무지하고 교육받지 못한 저급한 서민들"은 추상적인 질서에 대한 경험을 파편화해버리기 때문에 우주에 대한 조리 있는 견해를 형성할 수 없다. 즉 평범한 사람들은 교육받지 못했기 때문에 자신이 대면하고 있는 환경으로부터 보편적인 원리를 끄집어내지 못한다. 어쨌든, 가장 커다란 특권을 누리던 시대를 제외한 모든 시대에 그리고 심지어 뛰어난 엘리트들조차도, 추상적으로 사고할 수 없는 지적 무능력은 두려움과 불안에 의해 증폭되며 다시 이것은 자신들의 통제 밖에서 일어나는 일들을 의인화(擬人化)하게 만들고, 그리하여 결국은 사람들로 하여금 다신교적인 사고방식 속으로 점점 더 깊이 빨려들어가게 한다는 것이다. 그 결과 흄에게 인류의 종교사는 태초의 일신교로부터 계속 쇠퇴해오기만 하는 역사가 아니라 일신론적인 사고와 다신론적인 사고가 항상 대립하는 역사이다.

종교의 원리들이 인간의 심성에서 끊임없이 성쇠를 겪는다는 사실이나, 인간에게 본래부터 우상 숭배를 벗어나 일신교로 갔다가 다시 일신교에서 우상 숭배로 흘러 들어가는 천성적인 경향이 있다는 사실은 주목할 만하다.[53]

평범한 인간의 사고력이 갖는 한계와 함께 그러한 한계가 종교적 사유의 끊임없는 "밀물과 썰물" 속에 반영되는 방식을 참으로 냉정하고도 신중하게 평가함으로써, 흄과 그의 후계자들은 종교적 변화가 일어나기 위한 문화·사회적 전제 조건에 대해 하나의 모델을 만들었다. "인간 심성의 밀물과 썰물"에는 역사적인 배경이 있기 때문이다. 어떤 시대에 인간의 심성은 최소한 조금이라도 다른 시대보다 덜 다신교적이다. 이런 시대들은 좀더 안전하고 엘리트들은 좀더 교양을 갖추었으며 "저속한 서민"을 더 효율적으로 통제하거나 최소한 "저속한 서민"의 비합리적인 사고에 덜 물든다. 다른 시대에서는 엘리트들조차도 아무것도 하지 못하고 이런저런 형태의 우상 숭배로 빠져든다. 따라서 특정 사회에서 합리성이 고양되거나 쇠퇴하는 것은 "저속한 서민"과 계몽의 여지가 있는 소수 사이의 힘의 균형이 어떻게 이루어지는가에 따라서, 그리고 한쪽의 견해가 다른 쪽의 견해에 끼치는 영향력이 어느 정도인가에 따라서 파악될 수 있다.

그러나 『종교에 대한 자연사적 고찰』의 가장 크고 직접적인 유산은 변화에 대한 인식이 아니라 "저속한 서민들"의 종교적 습속을 이루는 관성(慣性)의 힘에 대한 주의깊은 관심이다. 흄은 다신교적인 사고 방식을 타당하고 보편에 가까우며 뿌리뽑을 수 없는 것처럼 보이게 만들었다. 기번은 흄의 저작의 이러한 측면을 즉시 간파했다. 『로마 제국 쇠망사』의 28장이 권위 있는 글이 된 것은 이런 관점에 기반하고 있기 때문이다. 한 형태의 종교가 다른 형태의 종교로 바뀌는 데서 발생하는 큰 소용돌이를 언급하지 않은 채 기번은 로마 제국 내 다신교도 종교의 성격과 소멸에 관한 설명으로부터 그리스도교인들의 성인 숭배를 기술하는 것으로 넘어갔다. "흄은 (……) 다신교와 일신교의 자연적인 성쇠를 관찰했다."[54] 기번은 흄이 다신교에서 성인 숭배로 변환하는 과정을 더없이 명확하게 설명했다고 생각했다.

'보편적인 대의'를 숙고하고 숭배하고자 하는 피나는 노력에 의해서 길러진 상상력이, 조야한 개념들과 불완전한 능력에나 어울릴 만한 열등한 대상들을 열성적으로 숭배하게 되었다. 초기 그리스도교인들의 숭고하고 순수한 신학은 점차 타락했다. 그리고 이미 난해한 형이상학에 의해서 가려져 있던 하늘의 '군주'는 다신교를 복권시키고자 하는 대중의 신화가 도입되자 자연스레 강등되었다.[55]

더욱더 놀라운 것은 19세기에 있었던 종교의 부흥이 흄 모델의 윤곽을 강화했고, 흄 견해의 한 변형을 중세 초기 그리스도교에 대한 많은 현대 해석들의 일부로 만들었다는 것이다. 밀만의 『라틴 그리스도교사』를 살펴보면 이러한 사실을 쉽게 알 수 있다. 밀만은 암흑 시대 유럽에서 성인 숭배가 확산된 것을 낭만주의적 열정에 물든 시선으로 다루었다. 그렇지만 그의 사고 속에 있는 많은 가구들 역시 흄의 모델에 따르고 있기 때문에[56] 밀만은 계몽된 소수가 믿는 일신론을 그리스도교 교회의 고상한 교리와 동일시할 수밖에 없었다. 낭만주의 이후 시대 비코의 독자인 밀만은 유럽에 정착한 야만족들의 심성 구조를 "시적"이라고 표현했지만(또 기번과는 달리 "흉포하고 문맹"이라고 묘사하지는 않았지만[57]), 그가 생각한 야만족들 역시 흄이 말한 "저속한 서민"의 속성을 온전히 가지고 있었다. 야만족들은 계몽된 교회 지도자들의 사고 방식을 따라가지 못하는 저급한 자들을 대표할 뿐이었다. 밀만은 기번이 그렸던 로마의 모습을 야만적인 서방 전체에 대입했다.

이제 합당하고도 정당하게 그리스도교의 신화 시대라 부를 법한 시대가 시작되었다. 사회의 하위 계층 속으로 침투하여, 조야하고 무지한 야만인들을 품안에 받아들이면서, 그리스도교는 자신의 고상한 수준으로 하층민들을 끌어올리는 것이 아니라 하층민들의 조야한 수준으로 자신을 떨어뜨렸다.[58]

실로, 영국 국교회와 가톨릭 교회에서 똑같이 예민하고 지적인 정신을 가진 사람들이 과거의 종교 전통에 새로 충실하게 되자 보통 사람들의 사고 과정은 더욱 동정적으로 바라볼 수 없는 것이 되었다. 정통 그리스도교의 고상한 진리들을 유지하려는 자들이 자기네 "진실한 종교"와 "저속한 서민"의 잘못된 인습을 분명히 구분하려 했기 때문이다.

신성하고 품위 있는 영혼조차도 혼란에 빠뜨릴 힘을 가진 것들이 군중들에게 강력한 영향력을 발휘한다. 군중들의 종교는 항상 저속하고 병적이다. 인간의 본성이 바뀌지 않는 한 군중들의 종교는 항상 광신주의와 미신에 물들 것이다.[59]

이번에 이 이야기는 흄이 아니라 성공회의 대주교인 헨리(1801~1890)가 말한 것이다. 바로 이 시기에 종교적 감성의 성질과 기원에 대한 모델과 특히 이 감성이 "저속한 서민들" 사이에서 "대중의 종교"로 발현되는 형태에 대한 특정한 모델이 프로테스탄트와 가톨릭 학문 연구의 거대한 전통 속에 자리잡게 되었다. 그리고 후기 고대와 중세 초기의 종교와 교회사에 대한 우리의 지식은 아직도 이러한 연구 전통에 많이 의존하고 있다.

현대 학계에서 이런 태도들은 "이분 모델"의 형태를 띠고 있다. 잠재적으로 계몽의 여지가 있는 소수의 생각이 "저속한 서민들" 사이에서 통용되는 관습적인 사고 방식으로부터 끊임없이 압력을 받는다고 생각되고 있다. 흄은, 방금 전에 살펴본 빅토리아 시대의 경건한 성직자들보다 소수의 지적·종교적 자산에 대해 훨씬 더 비관적이었다. 하지만 흄은 누가 "저속한 서민"을 구성하는 지에 대해서는 의심하지 않았다. 흄은 대중들의 지적·문화적 한계를 잔인할 정도로 단호하게 주장했다. 흄이 규정한 "저속한 서민"이라는 관념은 지금도 살아 있다. 한 예를 들어보자. 『순교자들의 업적』이 갖는 역사적 의미를 다시 평가하고자 하는 들르아에의 끈기 있는 연구는 흄과 비슷한 비관주의에 빠져 있다. 냉철한 볼랑드 학파[5]인 그가 보기에 초기 그리스도교의 역사 기록들이 후대에 전설적인 이야기들로 바뀐 것은 "계몽된 소수의 심성"의 진정한 기록이 군중들에게 얼마나 쉽게 굴복했는가를 증명한다.

실로 군중들의 지성은 어디에서나 극단적으로 편협하게 나타난다. 그들의 지성이 일반적으로 엘리트의 영향을 받는다고 생각하는 것은 오류이다. (……) 이들의 수준을 잘 보여줄 수 있는 가장 좋은 비교 대상은 어린아이들이다.[60]

"이분 모델"의 영향 때문에, 후기 고대에 발생한 종교적 변화의 성격에 관해 연구했던 역사가들은 후기 고대 사람들의 신앙심에서 성인 숭배와 연관되어 발생한 변화를 그리스도교 교회의 계몽된 소수가 오직 "저속한 서민들" 사이에서만 유행하던 사고 방식에 항복한 결과라고 생각했다. 이로 인해 후기 고대의 문화사와 종교사의 많은 부분을 엘리트와 대중 사이의 관계에서 일어난 "산사태"라는 관점에서 설명하려는 경향이 생겨났다. 이와 함께

---

5 유명한 업적록 연구가인 장 드 볼랑드(Jean de Bolland) 이후 성인들의 업적록을 집중적으로 연구하는 이들이 하나의 학파를 이루었는데 이를 볼랑드 학파라고 부른다.

"문화의 민주화", 즉 대중의 요구에 항복하는 극적인 순간들이 후기 고대와 중세 초기 그리스도교에 일련의 "변천"을 가져온 것으로 간주되어 왔다.[61] 로마 세계의 엘리트들은 3세기의 위기로 인해서 서서히 세력을 잃었고, 그리하여 그리스도교화된 제국의 새로운 통치자들이 끌어들인 미신적인 두려움과 미신적인 행위들의 홍수에 길을 내준 것으로 생각되어왔다.[62] 곧 여태까지는 많은 이들이 콘스탄티누스가 개종하고 그리스도교가 국교가 되면서 그리스도교로의 "집단 개종"이 일어났으며, 이로 인해 교회 지도자들이 다신교의 여러 습속을(특히 성인 숭배와 관련하여) 받아들일 수밖에 없었다고 생각해왔다. 또 이와 유사하게 6세기 말 비잔티움 세계에서는 엘리트들이 "원시적인 애니미즘에 근거한 대중의 사고 방식"에 굴복함으로써 성상 숭배가 성장했다고 주장해왔다.[63]

"민주화"의 매순간에 대해서 이런 말을 할 수 있을 것이다.

오, 아무도 확신하지 못하는 것에 대해
결코, 결코 의심하지 맙시다.

이러한 방식으로 적용된 "이분 모델"은 교회사에서 일찍이 제시되었던 어떤 설명보다도 더 극적인 전환점을 만들었던 것 같다.
그러면 이제 이 모델을 포기하면 어떤 이점을 얻을 수 있는지 살펴보자. 가장 쉽게 얻을 수 있고 또 가장 중요한 이점은 후기 고대와 중세 초기에 "대중 종교"라고 불려왔던 것을 좀더 역동적으로 다루면서 그에 관한 역사적인 해석을 시도해볼 수 있다는 것이다. "이분 모델"의 근본적인 약점은 엘리트 계층의 종교 변화만을 중시하고 대중들의 종교 변화를 무시하는 데 있기 때문이다. "저속한 서민"의 종교는 항상 획일적인 것으로 생각되어왔다. "저속한 서민"의 종교는 시대에 따라서 변하는 것도 아니고 뚜렷한 개성이 있는 것도 아니며, 자신들의 사고 방식을 엘리트들에게 강제함으로써 변화를 일으킬 수는 있지만 그 자체로는 변하지 않는다고 말이다.

상대적으로 단순한 사회에서조차 그 사회가 공유하는 믿음들은 집단에 따라 다양한 방식으로 체험된다는 사실, 사회의 한 집단이 다른 집단의 종교적 행위를 결점이 있거나 위협적인 것으로 간주할 수 있다는 사실을 애써 논증할 필요는 없을 것이다.[64] 그런데 특히 그리스도교의 경우는 지도자들을 제외한 신자들 대부분이 복잡한 교리를 완전히 이해하고 정확하게 체계화할 만한 수준의 교양을 갖추지 못했다고 말해져왔다.[65] 그러나 많은 시기에 "문맹"이라면 내용을 파악하기 힘든 삼위일체의 성격과 같은 정교한 교리를 정확하게 알고 있는 자들도 자기 공동체가 공유하는 종교적 습속들과 이런 습속들에 응축되어 있는 초자연적인 존재와 인간의 관계라는 문제에 맞닥뜨릴 때 자기네들이 "문맹"인 사람들과 거의 구별되지 않는다고 느꼈다.[66] (고대인들에게 종교적 행위들로 이루어진 삶의 영역은 현대인들이 느끼는 것보다 한결 넓고 친숙했다.[67]) 또 이러한 삶의 영역에서 계층이나 교육의 차이는 별로 중요한 역할을 하지 못했다. 특유의 현명하고 단호한 태도로 모밀리아노는 이렇게 썼다.

따라서 후기 로마의 역사가들이 대중 신앙을 다루었는가에 대한 나의 연구는 결코 그렇지 않았다고 보고하는 것으로 끝난다. 20세기의 역사가들이 대중 신앙이라고 부르는 것에 대한 증거가 4~5세기에도 풍부하게 있었지만, 당대 역사가들은 대중들이 믿었고 따라서 엘리트들은 불신했던 어떤 신앙도 취급하지 않았다. 대중 신앙과 후기 로마 시대 역사가들의 관계에 대한 강의들은 철저하게 중단되어야 한다.[68]

후기 고대를 연구하는 역사가들이 일반적으로 제시하는 모델에는 "대중 종교"는 엘리트의 관점을 기준으로 해야만 이해될 수 있다고 전제하는 약점이 있다. "대중 종교"는 "비대중 종교"의 축소판이거나 오해거나 오염이라고 여겨졌다.[69] "대중적인 미신"으로 제시되든 "신앙의 낮은 형태"로 범주화되든,[70] "대중 종교"는 무언가 고상한 것이 되지 못해 실패한 것으로 가장 잘 이해될 수 있는 사고나 예배 방식을 의미했다. 연구자들은 줄곧 이러한 실패는 "대중" 신앙이 어떤 타당성이나 의미 있는 성질을 전혀 갖고 있지 않기 때문이라고 주장했다. 그리고 그러한 실패의 원인은 곧 "저속한 서민"의 한계였다. 따라서 대중 신앙은 아무런 변화도 없는 연속체로 보였다. 대중 신앙은 "소수를 제외한 모든 인간"인 "무지하고 교육받지 못한 자들" 가운데서 유행하는, 변화도 없고 저급하기까지 한 신앙의 찌꺼기를 상징했다.

기번은 이러한 주장들이 함축하는 바를 잘 알고 있었고 가톨릭의 성인 숭배가 다신교도 관습의 직접적인 복제인가 아닌가 하는, 아직까지도 논란이 되고 있는 문제를 다루면서 대단히 문학적인 수사로 그러한 주장들을 이용하고 있다.

언제나 변함 없이 존재해온 미신의 망령이 그렇게 먼 후대에도 똑같은 방법으로 아둔한 사람들의 마음을 속이고 지각을 흐린다.[71]

현재까지도 지중해 세계의 보통 '신자들(homo religiosus)', 특히 보통 여자 신자들은 종종 곰돌이 푸처럼 "아주 작은 두뇌를 가진 곰"에 비유된다.[72] 그들의 종교적 관념들은 천진난만하고 옛부터 내려오는 습속과 잘못된 생각들에 사로잡혀 있다고 생각되어왔다.[73] 연구자들은 그 동안 "저속한 서민"에 대한 계몽주의 시대의 노골적인 경멸을 다소 완화된 형태로 발전시켜왔다. 즉 지중해 지역의 농촌 사람들이 태곳적부터 지니고 있던 습관으로 가정한 것들에 대해 낭만적인 향수를 발달시켰다. 이 때문에 모든 "대중적인" 종교 습속들은 고전적인 다신주의의 화신으로 여겨졌다.[74] 그 밖에, 다신주의와 그리스도교가 인간들이 처한 상황에 똑같이 반응하는 부분들을 추적하는 데에도 많은 연구자들이 관심을 보이게 되었다.[75] 이러한 현대적 관심에 힘입어 후기 고대 세계 "대중" 그리스도교의 다신교적 배경이 인간적인 온정과 정밀함, 그리고 방대한 박학을 갖춘 연구의 대상이 되기도 했다. 그 결과 될거의 연구와 연관되어 있는 '고대와 그리스도교'라는 관념은 아직까지도 유효하다.[76] 그리스도교 성인 숭배의 출현과 확립에는 다른 어떤 분야의 연구보다 방대하고 풍부한 지식이 동원되어 왔다.[7] 하지만 교회 지도자들에 대한 견해가 아무리 새로워졌다고 해도, 후기 고대 "대중 종교"에 대한 연구는 여전히 변화가 아니라 지속의 관점에서 연구되어야 한다고 생각된다. 연구자들은 대중 종교에 대한 연구를 그리스도교를 배태한 불변하는 하층토에 대한 연구로 생각하기 때문이다. 이런 관점이 유지되는 한, 우리는 기번이 학구적인 초연함을 가장하며 성인 숭배의 등장이 하등 놀라운 일이 아니라고 주장하기 위해 이용했던 안이한 도식들에서 한 발짝도 더 나아갈 수가 없다.

이제 후기 고대를 연구하는 역사가들이 그렇게 정적이고 획일적인 모델에 계속 만족하고 있을 수 있는지 물을 차례가 된 것 같다. 이 모델은 후기 고대를 연구하는 역사가를 진퇴유곡에 빠뜨렸기 때문이다. 그들은 후기 고대의 정치 · 사회 · 경제적 흐름이 세속의 일상 생활에서 돌이킬 수 없는 거대한 변화를 가져왔다는 것을 알고 있다. 서유럽에서는 제국이 멸망했고, 지중해 지역 전역에 지속적으로 나타났던 사회 관계의 새로운 구조가 고전 시대의 구조를 대체했다. 물론 이러한 변화는 지역별로 다르게 나타났다. 또한 새로운 구조는 엘리트들뿐 아니라 지중해 지역의 모든 계층의 사람들과 모든 문화 영역으로 서서히 침투해 들어갔다. 그러나 후기 고대의 종교사를 연구하는 역사가들은 후기 고대 세계 대다수의 사람들에게 흐트러지지 않을 것 같은 지속성이 있었다고 생각해왔다. "변화하면 할수록 원래의 것으로 돌아간다"는 생각이 후기 고대의 "대중 종교" 연구의 장구하고도 장려한 전통 속에서 중요한 지침으로 작용해온 것이다.

그러나 이 장의 서두에서 살펴본 대로 후기 고대인들은 성인 숭배의 성장이 자신들의 심성 깊은 곳에 있는 경계선 대부분을 무너뜨렸다고 느꼈다. 그것은 고대 인간들이 천상과 지상, 신과 인간, 산 자와 죽은 자, 도시와 묘지 사이에 설정한 상상의 경계선을 무너뜨렸다. 성인 숭배와 관련된 명백한 장벽 붕괴 현상을 언제까지 "대중 신앙"이라는 잔잔하고 거대한 대양 표면에 일었던 몇 방울의 거품으로만 다룰 수 있을 것인가. 성인 숭배가 후기 로마 사회 전반에 걸쳐 인간 관계의 변화와 맞물린 '심성 구조의 변화(imaginative changes)'를 가져왔는데도 말이다. 성인 숭배는 죽은 자를 존경의 대상으로 만들었고, 죽어서 더이상 볼 수 없는 자를 너무나 눈에 띄고 잘 보이는 장소와 연결시켰고, 또 그들을 많은 지역에서 살아 있는 대리인들과 연결시켰다. 이러한 사실들은 적지 않은 변화가 있었음을 암시한다. 그러한 변화의 세목들을 모두 이해하기 위해서는 "이분 모델"을 포기해야 한다. 그리고 성인 숭배의 출현을 소수와 다수 사이의 대화라는 관점에서 제시하기보다는 더 큰 전체의 일부분으로서 고찰해보자. 후기 고대 사회에서 점점 더 많은 사람들이 새로운 경배의 형태를 급격히 추구하게 되었다. 경배의 대상은 새로운 장소에 안치된 새로운 것이었고 새로운 지도자들이 편성한 것이었다. 변화하는 세계에서 소수와 "저속한 서민들" 모두가 권력 행사와 인간 유대의 새로운 형태를 추구하고 보호와 정의를 간절히 희망했던 것이 바로 이 변화의 동력이었다.

2장 "지극히 사적인 장소"

우리 모두는 훌륭한 무덤에 걸맞는 비품들을 갖추었다.
우리의 어머니 세쿤둘라의 무덤을 표시하는 제단에
석판을 놓을 수 있어서 기뻤다.
우리들은 어머니의 많은 선행을
떠올리며 무덤 주위에 둘러앉았다.
음식과 음료수 잔을 놓고 받침대들을 쌓아올린 후에야
우리의 마음을 갈기갈기 찢어놓은
비통이 가라앉기 시작했다.
이렇게 해서 우리는 그 밤의 시간들을
즐거운 이야기를 나누며 보냈다.
우리의 선한 어머니를 칭송하면서.
노부인은 잠들었다. 우리 모두를 먹이고 키우신 어머니
언제나처럼 평안하게 여기 조용히 누워계신다.

성 베드로 성골당에는, 정문에 조금 못 미쳐 현관 왼쪽으로 들어가 그 정문을 마주하고 볼 때 두번째 기둥에 루킬루스와 그의 아내였던 귀부인 야누아리아가 있다.

지하로 내려가서 비상 통로와 문을 통해 넓은 방 모양의 묘지로 들어간 후, 문을 통과하여 벽을 따라가다보면 오른 편에 그 무덤이 있다. 그녀의 무덤을 보면서 그녀가 우리에게 했던 모든 선행을 반드시 기억해야 하기 때문에, 또 그녀의 유골이 거룩한 향기 속에 묻혀 있는 곳이 바로 그 곳이기 때문에, 나는 무덤의 위치를 매우 명확하게 밝히고자 했다. 나는 또 모든 후손들이 관습을 따라 최소한 그녀가 임종한 날에는 무덤에 가서 참배하기를 간절히 바란다.

이 세 인용문은 모두 무덤에 있는 비문들이다. 첫번째는 마우레타니아에 있는 3세기 후반의 다신교도 비문이고,[1] 두번째는 로마의 성 베드로 성골당에 있는 5세기 그리스도교도 비문이며,[2] 세번째는 피렌체에 있는 15세기 초의 비문으로 지오바니 디 파골로 모렐리의 가족에 대한 '기념록(Ricordi)'에서 발췌한 것이다.[3] 이 비문들을 통해 지중해 사람들이 오랜 세월 동안 죽은 자들을 변함없이 기념해왔다는 사실을 알 수 있다. 매장 관습은 대부분의 문화에서 가장 변하지 않는 것에 속한다. 또한 한 사회의 종교 생활을 구성하는 매장 관습은 특정 종교의 습속으로 분류하기 어려워서, 1장에서 언급한 종교사 연구의 전통조차도 특정 매장 습속에 쉽게 꼬리표를 붙이지 못하고 있다. 곧 매장 습속들은 "다신교적인 것" 혹은 "그리스도교적인 것", "대중적인 것" 혹은 "미신적인 것"이라는 단정적인 범주로 묶일 수 없다. 현대의 학자들이 그것의 기원을 어떻게 추정하든 죽은 자를 배려하는 습속은 그저 인간사에 너무나 당연한 일부분이기 때문이다. 6세기 이집트의 한 여자가 표현했듯이 "죽은 자를 돌보는 것은 인간으로서 그녀가 해야만 하는 본분"이었다.[4]

죽은 자를 돌보는 습속만큼이나 잘 변하지 않는 것은 죽은 자를 배려하는 데서 가족들이 가장 중요한 역할을 한다는 것이다. 하지만 갈등이 생길 수도 있다. 친족들이 전체 공동체가 인정하는 것 이상으로 또는 다른 방식으로 죽은 자에 대한 관심을 표현할 수 있기 때문이다. 죽은 자의 자손들이 장례 의식을 지나치게 성대하게 치르거나 사자나 무덤에 지나친 경의를 표하는 것은 죽은 자의 이름을 빌려 살아 있는 동료들 사이에서 자신들의 지위를 높이기 위한 수단이 될 수 있기 때문이다. 즉 무덤은 "지극히 사적인 장소"였기 때문에 가족과 공동체 사이에 긴장을 가져올 수 있었다. 따라서 지중해 세계의 역사에서 죽은 자를 기리는 관습은 끊임없이 부침을 거듭하게 되었고, 그러한 기복은 장례식, 매장 의식, 정기적인 추도 의식에 가까운 유족이나 친구들을 넘어선 범위의 사람들이 얼마나 많이 참석했는가를 통해 확연하게 드러났다. 관습이 이렇게 계속해서 변동한 것은, 어떤 사회는 더 이상 죽은 자가 산 자들의 사회 생활과 정치 생활에 영향력을 행사하지 못하도록 했고, 반면 어떤 사회들은 최소한 죽은 자의 일부가 산 자들의 세계에서 중요한 지위를 계속 차지하고 또한 누

로마 시대 콜로뉴 지방의 시골 길. 1950년 메이슬 1세에 의해 복원된 그림
다신교도들의 화려한 무덤과 기념물들이 늘어선 모습이 인상적이다.

구보다 먼저 가족들이 그러한 지위를 계속 유지할 수 있도록 허락해주었기 때문이다.

이 때문에 아테네 민주주의 체제는 유족들이 장례식을 성대하게 치르는 것을 매우 엄격하게 규제했고, 반면에 로마의 전통 귀족들은 장례식을 가문의 자부심과 가세(家勢)를 과시하는 수단으로 적극 이용했다.[5] 후일의 이슬람 세계에서는 장례 습속이 매우 다양했는데 그것은 유족들과 공동체 사이에 장례식을 두고 긴장이 있었기 때문이다. 정통 이슬람교가 지배적인, 관개 시설이 부족한 건조 지역에서는 신속히 장례를 치르고 죽은 자를 "비석" 아래 묻는데, 비문조차도 새기지 않는 것을 가장 이상적으로 여긴다. 이렇게 정통 이슬람교도들은 죽은 자가 눈에 띄는 것을 철저히 막았는데, 이는 모든 신자들이 신 앞에서 평등하고 모든 사회적 차별이 부활의 날이 오기 전에 없어질 것이라는 궁극적이고 통절한 인식 때문이다. 이와 대조적으로 카이로의 "죽은 자들의 도시"라는 대영묘(mausoleum)들에는 벽으로 둘러싼 정원이 있고 그 안에 무덤들이 있다. 이것은 "옛사람 아담"(죄 많은 인간, 원죄를 짊어지고 있는 인간을 상징 — 옮긴이) 이 신도 공동체 안에 사회적 차별을 그대로 유지시키고 있다는 것을 보여준다. 이 곳에서는 도시의 유력한 가문들이 산 자들 사이에 존재하는 사회적 차별을 묘지에 그대로 복원함으로써 엄격한 정통 교리에 계속해서 도전해왔다.[6] 매우 다른 환경이지만 묘지만큼 미국 민주주의의 기원을 가장 인상적으로 설명해주는 것도 없을 것이다. 영국 국교회를 믿는 젠트리들의 무덤은 눈부시게 화려했지만, 메사추

장례 의식을 치르는 가족, 서부 유럽 무덤의 벽화, 테살로니키, 4세기

할리카르나소스의 마우솔로스 무덤에 있는 마우솔로스 상, 대리석 조각, 기원전 359~351, 대영 박물관, 런던
마우솔레움, 즉 대영묘란 말은 카리아의 왕 마우솔로스의 이름을 딴 것으로 죽은 왕을 기리기 위해 왕비 아르테미시아가 기원전 359~350년경에 할리카르나소스에 화려하게 무덤을 세운 데서 유래하여, 거대하고 인상적인 무덤 기념물을 이르는 말이 되었다.

세츠 주의 케임브리지에 있는 18세기의 공동묘지에는 아무런 장식도 하지 않은 침묵하는 돌들만 있을 뿐이다.[7]

이 모든 경우 나는 내세관의 내용, 매장과 추도 관습에 나타난 산 자와 죽은 자 사이의 관계가 어떤 것인가 하는 명백히 종교적인 문제들로부터 가족과 공동체의 관계처럼 그보다는 훨씬 다루기가 쉽지 않은 문제들로 이동해왔다. 변화의 시기에 무덤을 어떻게 만들고 산 자들이 그 무덤 주위에서 무엇을 할 수 있는가 하는 문제를 둘러싸고 가족과 공동체의 관계에 대한 서로 대립적인 견해들이 투쟁하는 훌륭한 격투가 벌어질 수 있기 때문이다.[8] 후대의 이슬람 세계에서처럼 이 문제를 둘러싸고 당대 그리스도교 세계에서 발생했던 긴장은, 한편으로는 죽은 자의 운명에 관한 올바른 가르침과 다른 한편으로는 "진정한" 가르침에 대한 오해를 대변한다고 생각되거나 흔히 그리스도교나 이슬람 이전 시대의 유산 때문에 "진정한" 관습을 "미신"으로 오염시켰다고 낙인찍혀온 믿음과 실천들 사이의 갈등이라는 관점에서 제기되어왔다. 그러나 쉽게 드러나지 않는 긴장의 영역, 즉 가족과 공동체 간의 긴장을 염두에 두면 그러한 갈등의 순간들이 발생하고 해소되는 과정을 좀더 잘 이해할 수 있을 것이다.

이는 특히 4세기 말과 5세기 초 라틴어를 사용하는 세계의 그리스도교 교회의 경우에 잘 들어맞는 것 같다. 그리스도교 교회 내에서 한 세대에 걸쳐 지중해 지역의 공동묘지를 둘러싸고 "미신"에 대한 활발한 논쟁이 벌어졌던 것이다. 380년대에는 밀라노에서 암브로시우스가[9], 390년대에는 히포에서 아우구스티누스가 몇몇 전통적인 장례 관습에 그리스도교 신자들이 참가하는 것을 금하려고 시도했다. 특히 가족 묘지든 순교자의 무덤이든 죽은 자의 무덤 앞에서 축제를 벌이는 것을 막기 위해 노력했다. 아우구스티누스는 그러한 관행들이 그리스도교를 오염시키는 다신교도 신앙의 유산이라고 명확히 표현하기도 한다.

교회에 평화가 찾아오고 많은 다신교도 무리들이 그리스도교로 개종하고 싶어했지만, 축제일에 우상물을 숭배하며 마음껏 먹고 마셨기 때문에 그렇게 할 수 없었다.[10]

이제 다신교도가 교회로 들어왔고 그들의 사악한 습속 역시 함께 가지고 왔다.[11]

십 년 후 '거룩한 땅'에 있던 히에로니무스는 에르보 계곡 상류에 있던 칼라구리스 출신의 사제 비길란티우스에 대항하여 그리스도교의 유골 숭배를 옹호하는 글을 쓰기로 마음먹었다. "이 불쾌한 종이 조각"[12]에 대한 계산된 분노 이면에는 갈리아 지방 북부와 스페인 북부의 유골과 순교자 숭배 예식에 대해 극심한 혼동을 느꼈던 무리들이 있었음을 알 수 있다. 비길란티우스가 "우리는 종교적인 의식이라는 핑계로 교회 안으로 침투한 다신교 숭배 의식을 보고 있다"[13]고 말했기 때문이다.

시간이 흘러 421년에 놀라의 파울리누스[1]는 귀족 그리스도교

---

1 로마의 부유한 상원 의원 가문에서 태어나 보르도의 학교에서 그리스-라틴 문화를 접했고 로마 황제의 스승이었던 아우소니우스에게서 수사학과 시를 배웠다. 세련되고

도였던 키네기우스를 그의 어머니 플로라의 요청에 따라 놀라에 있던 성 펠리스 무덤 가까이에 묻는 것을 허락했다. 그때 파울리누스는 자신이 허락한 일이 신학적으로 옳은가, 그른가 하는 문제에 대한 진술을 아우구스티누스로부터 이끌어냈다. '성인 곁에 매장하는(depositio ad sanctos)' 관습은 이 시기에 결코 보기 드문 일이 아니었다. 파울리누스도 자기의 어린 아들을 알카라에 있는 성인들 옆에 묻었다.[14] 하지만 그는 이것을 아우구스티누스에게 하나의 문제로 제기하는 것이 옳다고 생각했다. 아우구스티누스는 이 문제가 일반적으로는 그리스도교의 장례의 본질에 대한, 구체적으로는 성인 숭배에 대한 심원한 논쟁을 불러일으켜 왔기 때문에 길고도 명확하게 대답해야 한다고 생각했다. 그래서 결국 아우구스티누스는 『죽은 자들에게 행해야 할 배려에 대하여』를 썼다.[15]

매혹적인 시적 재능을 지녔던 그는 30세 때에 캄파니아 지방의 집정관이 되었고 이로 인해 놀라에 와서 이 마을의 수호 성인 성 펠릭스의 영성과 삶을 알게 되었다. 383~384년 스페인 상류 가문의 테라시아와 결혼했다. 보르도에서 아내와 함께 상속받은 막대한 영토를 관할하면서 그 지방 명사들과 친교를 나누는 가운데 밀라노의 파울리누스를 통하여 성 암브로시우스를 만나게 되었고 이 만남을 계기로 그들 부부는 389년 세례를 받았다. 그들은 390년 바르셀로나에서 첫 아들을 낳았으나 태어난 지 8일 만에 사망하자 막대한 재산을 팔아 교회와 가난한 이들을 위해 희사한 후 본격적인 금욕 생활을 시작하였다. 주민들의 요청을 받은 그는 394년 성탄절에 바르셀로나의 주교로부터 사제 서품을 받고 놀라 지방으로 돌아가기 위해 남은 재산 대부분을 팔아 놀라의 성 펠릭스의 성당 근처로 아내와 함께 이주하여 작은 수도 공동체를 설립하였다. 409년에 놀라의 주교로 서품되어 22년 동안 주교직을 수행하는 중에 고트 족의 침입으로 고통을 겪는 사람들을 돌보았다. 431년 6월 22일 놀라에서 저녁 기도 중 사망하여 성 펠릭스의 무덤 곁에 묻혔다. 브라운은 이 책의 3장에서 성 펠릭스와의 관계가 파울리누스의 삶에 어떤 의미와 효과를 가져다 주었는지에 관하여 흥미로운 분석을 하고 있다.

이로부터 무덤에 대한 토론이 시작되었다. 이 토론은 명백히 내가 1장에서 언급한 바 있는 종교사에서의 "이분 모델"에 무게를 더해주는 용어들로 다루어져왔다. 이러한 관점에 따르면, 그리스도교 교회의 교양 있고 논리 정연한 지도자들은 "그리스도교 이전의" 습속에 젖어 있는 회중에 반대했던 것처럼 보이며, 이런 습속의 비중은 다신교도 무리들이 그리스도교로 개종함에 따라 눈에 띄게 증가한 것처럼 보였기 때문이다. 또한 순교자에 대한 새로운 숭배에 사용되는 의식용 장식들과 신앙 그 자체에서 다신교도의 사고 및 숭배 방식의 압력이 작용하는 것처럼 보이기도 했다. 이러한 관점에서 본다면 이 세대 말에 교회 지도자들은 피로스의 승리[2]를 거둔 셈이다. 속인들이 사적인 무덤에서 가졌던 그리스도교 이전의 습속은 통제되었고 좀더 난폭했던 습속들은 순교자들의 무덤 앞에서 벌어지는 축제들에서 완전히 금지되었다. 그럼에도 불구하고 여론의 압도적인 힘으로 인해 불평하는 소수를 제외한 모든 사람들이 유골과 성인 무덤의 숭배에 있어서 무덤에 영혼이 존재한다는, "미신적"일 수도 있는 생각과 다신교 의식들을 거리낌없이 받아들였다. 따라서 4세기 말과 5세기 초에 성인 숭배가 갑자기 우위를 점했던 상황의 근저에는 "저속한 서민"에 속하는 속인들의 승리 — 그리고 이것은 수많은 문헌을 통해 입증되고 있다 — 가 놓여 있었다. 그러한 승리의 위력을 아우구스티누스의 『신국론』의 아주 놀라운 마지막 권에서도 볼 수

---

[2] 기원전 279년 에피루스의 왕 피로스가 로마인들에게 거둔 승리를 말한다. 피로스는 이 전투에서 많은 피해를 입고 간신히 이겼다.

있다. 이 책에서 내내 육체와 영혼의 관계와 육체의 부활 가능성에 대한 플라톤, 키케로, 포르퓌리의 견해와 의기양양하게 싸우던 아우구스티누스는 갑자기 히포와 우잘리스에 있는 성 스테파노의 지역 성골당들에서 최근에 일어났던 기적들을 장황하게 늘어놓는다.[16] 현대의 거의 모든 연구자들은 그렇게 갑작스러운 어조의 변화에 당황했다. 그들은 그러한 어조의 변화가 "저속한 서민들"의 믿음이 위로 강력하게 압박을 가하여 수십 년만에 그리스도교 세계에서 가장 품위 있는 자의 심성조차 더럽혔다는 최악의 의혹을 뒷받침하는 증거라고 생각하는 것 같다. 『후기 로마 제국사』에서 존즈는 이렇게 쓰고 있다.

> 서민의 무리들이 그런 어리석은 이야기들을 늘 믿어온 것은 당연하지만, 아우구스티누스와 같이 지적으로 탁월한 사람도 이런 이야기들에 중요성을 부여했다는 사실이야말로 이 시대의 상황을 잘 보여준다.[17]

고대 시기 내내, 자기네 사회의 종교적 변화를 흄과 그 뒤를 잇는 학자들이 개괄했던 것과 유사하게 경험하는 엘리트들이 폭넓게 형성되었던 것은 "이분 모델"의 강력한 힘을 보여준다. 그런 엘리트들에게 "미신"은 무엇보다도 잘못된 믿음이고, 잘못된 믿음은 "저속한 서민"이라는 명백한 사회적 장소에서 발생하는 것이었다. "소심하고 신앙심 깊은 성(性)"의 일원으로서 모든 여자들은 자동적으로 이러한 "저속한 서민들"에 속했다.[18] 실제로 히에로니무스는 그런 과도한 신앙은 "속인들 그리고 확실히 보다 종교적인 여자들의 단순함"에서 유래하는 것이 틀림없다고 말함으로써 순교자 숭배에 담긴 "미신적인" 함의들에 대한 책임을 간단히 부정해버린다.[19] 히에로니무스와 그의 동료 성직자들은 매우 자의식이 강하고 "엄격한" 세대의 사람들이었다. 그들은 4세기 후반 그리스도교 교회의 새로운 성직자 엘리트를 형성했다. 암브로시우스와 아우구스티누스, 히에로니무스는 금욕적인 배경과 함께 엄격한 성령주의자의 지적 성향을 가진 성직자들로 대다수 동료들의 종교적인 습관에 대해서 깔보는 듯한 방식으로 대응했다. 이는 "이분 모델"의 전통 위에서 연구하는 현대의 학자들이 "대중 종교"의 모든 표현에 대해서 엘리트들에게 기대하는 반응 방식과 거의 흡사한 것이었다.[20] 이러한 현대의 학자들에게 아우구스티누스의 분명한 설명과 비길란티우스의 비판에 대한 히에로니무스의 다소 즉각적인 듯한 대답에 암시되어 있는 설명이 너무나 만족스럽기 때문에 전혀 다른 해석을 찾을 필요가 없는 것처럼 보인다.

하지만 내가 보기에 무엇보다 먼저, 그리스도교 내부에서 다신교 습속이 증가한 것은 집단 개종 때문이라는 아우구스티누스의 확신에 찬 설명은 실은 대단히 충동적인 것이라는 사실은 제대로 인식되지 않고 있다. 그러한 설명은 성직자적인 에우헤메로스 설[3]의 한 부분을 이루고 있다. 그러나 그것은 기원이 언제까지 거스

3 신화가 뛰어난 업적을 이룬 태고의 왕이나 영웅을 신격화한 데서 유래했으며, 신들이 바로 그러한 실존 인물들이라고 해석한 에우헤메로스(기원전 300년경)의 학설.

러 올라가는지 몰라도 모두 이전 세대들에서 정통 그리스도교적인 것으로 받아들여지던 관행들을 언급하고 있었다.[21] 무덤에서 축제를 행하는 자들이 반드시 반(半)다신교도적인 개종자였던 것은 아니다. 오히려 존경할 만한 그리스도교 집안 사람들일 가능성이 더 크다. 아우구스티누스는 그들의 습속에 대해 이런 식으로 달가워 하지 않은 투로 설명함으로써 그들이 부끄러움을 느끼고 자기의 개혁에 동참하도록 유도하려고 했던 것이다. 게다가 아우구스티누스의 진술은 외견상 너무 분명해 보이기 때문에 그의 말에 내포된 핵심적 주장을 당연한 것으로 받아들이도록 만들기도 한다. 하지만 우리는 그러한 함정에 빠져서는 안 된다. 4세기 내내 그리고 후기 고대 어느 시대에도 "집단 개종"에 대한 증거는 우리가 생각해왔던 것보다 박약하다.[22] 특히 히포와 관련된 현재의 고고학 증거들은 그리스도교 회중의 팽창에 대한 아우구스티누스의 묘사를 전혀 지지하지 않는 것 같다. 지금까지 발굴된 교회들은 4세기 어느 때에도 그리스도교 회중이 신참 개종자들에 의해서 "산사태"처럼 불어났다는 인상을 주지 않는다.[23] 후기 고대의 상황은 후일 신대륙의 가톨릭 사제들이나 아시아와 아프리카의 선교사들이 갑자기 늘어난 신자들을 수용하기 위해서 애써야 했던 상황과는 전혀 달랐다. "복음화"나 "개종"은 후대의 그리스도교 선교사들이 맞닥뜨렸던 것만큼 대량으로 이루어지지 않았다. 오히려 우리가 다루고 있는 그리스도교 공동체들은 당시 이미 놀라울 정도로 안정되었고 또 내면을 응시하고 있었다. 훨씬 뒤인 6세기 아를르와 안티오크와 같은 지중해 도시들에서는 숫자의 압력이 아마 한층 거셌을 것이다. 그러나 초기 그리스도교 시대에 세례받기 전에 교리 학습자들이 해야 하는 수련과 관련된 의식 절차들이나, 주일 미사에서 세례 지원자들의 목록을 장엄하게 읽는 것 등은 조금 느리게 움직이는 시대에서 유래한 습속들로 당시에 그것은 당연시되었다.[24] "이분 모델"은 결코 일어나지 않았던 산사태를 가정했다. "저속한 서민들"이 산사태를 이루어 그리스도교 교회로 들어왔다는 가정만이, 분명히 "대중적"인 종교적 감성이 새로운 형태로 교회 안에서 일어나는 것에 대한 자신들의 설명 체계의 요구를 합리화시켜주기 때문이다.

따라서 이제는 이러한 설명 방식에서 벗어나 4세기 후반 이 종교 습속이 "미신"인지 아닌지 격론을 야기했던 갈등 상황을 더 넓은 배경에 비추어 해석해야 한다. 우리는 좀더 넓은 범위의 그리스도교 공동체에서 증거를 끌어와야 한다. 죽은 자에 대한 배려와 순교자 숭배에 대한 그리스도교인들의 태도에 관해서도 보다 넓은 범위에서 살펴보아야 한다. 또한 성골당 탄생의 경우 단면적이고 매우 명료한 설명을 넘어서 라틴 서방의 그리스도교 공동체들에서 성골당이 중요한 위치를 차지하게 되는 마지막 단계까지 살펴보아야 한다. 그렇게 함으로써 우리는 후기 로마 사회에서 발견할 수 있는 성인 숭배의 더 깊은 뿌리까지 살펴볼 수 있고, 성인 숭배의 지휘자로 활동했던 그리스도교 지도자들이 화려하게 등장하며 방출했던 에너지를 더 가까이 느껴볼 수 있을 것이다.

켄트는 역작 『르네상스기 피렌체에서의 가정과 혈통』에서 "친족 관계로 윤색된 안경을 통하여 감성과 경험의 영역을 바라보는 경향 — 이러한 경향은 중세에 만연해 있었다 — 의 중요성"에 대하여 언급했다.[25] 여기서 잠시 멈춰 서서 "친족 관계로 윤색된 안경"을 통해 후기 고대의 그리스도교 교회를 살펴보자. 이 시기를 다루는 역사가들은 개별화된 개인을 거의 만날 수 없을 것이다. 종교 습속이 가족 내에서, 가족을 위해서 행해졌기 때문이다.

(한 순례자가 이렇게 썼다) 그리고 우리는 가나에 도착했다. 이 곳은 우리 주님이 결혼 잔치에 참석했던 곳이다. 우리는 잔치가 열렸던 바로 그 긴 의자에 앉았다. 혼자로는 보잘것없는 나는 거기에 친척들의 이름을 모두 적었다.[26]

언뜻 매우 동질적인 것으로 보일 수도 있는 그리스도교 공동체의 발전 과정은 급속하게 느슨하게 묶여져 있는 가족들의 이야기들로 해소되어 들어간다. 가령 역사가 소조메노스[4]에게 아스칼론과

---

[4] 콘스탄티노플에서 5세기에 활동한 그리스도교도 법률가이다. 그가 쓴 교회사는 고전적 문체, 수도원 주의에 대한 선호, 서유럽 자료들의 방대한 사용 등으로 유명하다. 당시 세력을 떨치던 동로마 제국의 황제 테오도시우스 2세 때 교회사 저술 작업에 헌신한 그는 324~439년의 시기를 다룬 9권의 책을 편집했다. 그러나 현존하는 본문은 425년에서 끝나는데, 마지막 부분이 테오도시우스 2세의 탄압으로 삭제되었는지, 아니면 그냥 분실되었는지 의문을 남겼다. 브라운은 이 책의 5장에서 이러한 결말이 삭제되거나 분실된 것이 아니라 소조메노스가 의도한 것이라고 해석하고 있다. 소조메노스는 성직자들뿐 아니라 교양 있는 평신도들을 위해서 기존의 역사책을 뛰어난 문체로 개정하려 했던 것으로 보인다. 그는 그때까지 유례가 없던 독특한 자료를 삽입함으로써 연대기를 가치 있게 만들었다. 이 연대기들은 초기 그리스도교에 대한 정보를 중세 교회에 제공했다.

가자에서의 그리스도교 이야기는 곧 자기 가족과 이웃 가족의 이야기였다.

그 지역에서 처음으로 세워진 교회와 수도원들은 이 가족의 성원들이 만든 것이다. 그리고 이들의 힘과 낯선 자나 궁핍한 자들에 선행을 베풀려는 이들의 뜻에 따라 유지되었다. 이 가족에 속하는 착한 사람들 중 몇몇은 심지어 우리 시대에도 활약하고 있었다. 나는 어릴 적에 그들을 직접 보기도 했는데, 그때 이미 그들은 매우 나이가 많았다.[27]

동시에 우리는, 그리스도교 교회가 우위를 점할 수 있게 된 것은 주로 핵심적인 전례 의식과 점차 집중화되는 조직 그리고 재정 관리가 다신교도 세계에 이상적인 공동체— 혈연 관계를 수정하고 재조직하고 심지어 제한할 것을 요구할 수 있는 공동체—를 제공해줄 수 있었기 때문이라는 점을 기억해야 한다.[28] 교회는 인위적인 친족 집단이었다. 교회는 예전에 친가족에게 느꼈던 유대감, 충성심, 의무감의 상당 부분을 새로운 공동체에 바칠 것을 신도들에게 요구했다. 이것은 죽은 자를 돌보는 일에서 가장 명확하게 드러난다. 3세기 초 로마의 공동체(교회 — 옮긴이)는 사체의 공동묘지를 가지고 있었고 이 공동묘지는 부제(deacon)였던 칼리스투스가 로마 교회 내에서 영향력을 확보하는 데 매우 중요한 역할을 했다.[29] 때때로 가난한 자나 심지어 비그리스도 신자를 여기에 매장했는데, 이것은 혈연의 장벽을 깨뜨린다는 의의를 강조하려는 것이었다.[30] 그러나 보통은 새로운 친족 집단과 그 외부에 있는 사람들 사이를 가르는 경계선이 엄격하게 그어졌다. 이 공동체는 자기네 성원들만을 기념했고, 불신자, 배교자, 파문 당한 자는 제외했다.[31] 순교자와 주교들의 서거일을 주의 깊게 기록하는 일은 그리스도교 공동체에 교회의 영웅과 지도자들을 영원히 기억해야 한다는 책임을 부여했다.[32]

이렇게 4세기의 주교들은 잠재적 갈등이 충만한 상황을 물려받았다. 그들은 이미 불규칙하게 퍼져 나가고 있던 도시들 안에 있던 공동체들의 유일한 지도자로 등장했다.[33] 교회의 전례와 거기에서 죽은 자라는 특권적인 범주가 갖는 특별한 지위는 그리스도교 교회의 구심력을 강화했다. 하지만 여전히 그러한 구심력의 효과는 전례 의식들과 관련해서만 발휘되었다. 즉 그리스도교는 평범한 자들의 무덤은 건드리려고 하지 않았다. 그리스도교 회중의 절대 다수에게 가족묘는 여전히 "지극히 사적인 장소"였다. 그리고 그리스도교 성직자들은 자신들이 실제로 바라는 바가 무엇이었든 그러한 무덤들을 소유한 속인들의 지지에 의존하고 있었다. 따라서 그리스도교 의식(儀式)에 의해서 유지되어온 강한 공동체 의식(意識)은 부유한 그리스도교 가문들이라는 잘 부스러지는 케이크 위에 입힌 설탕 옷과 꼭 같았다.[34] 4세기 내내 분명해진 사실은 순교자들의 무덤은 물론이고 가족들의 무덤도 구심적 요소와 원심력 사이의 갈등의 장이 될 수 있었다는 것이다. 구심적 요소들은 신자 공동체의 이상을 호소력 있는 의식(儀式)으로 표현하는 방법을 알아냈다. 반면에 가족에 대한 헌신은 가족 무덤 앞에서 과시적인 의식을 갖추는 방법으로든 아니면 사적인 가족에 대한 충성심을 표현하는 습속을 순교자들의 무덤에까지 연장시키는 방법으로든 종교적 습속을 "사유화"하는 쪽으로 나아갈 수 있었다.

여러 모로, 4세기 말과 5세기 초에 있었다고 이미 서술한 바 있는 "미신"에 대한 논쟁은 바로 사적인 것과 공동체적인 것 사이의 긴장에서 촉발되었다. 아우구스티누스는 처음에는 히포에 있는 자신의 회중과 관련하여 그리고 후에는 '성인 곁에 매장하는 관습'에 직면해 그러한 긴장을 다루게 된다. 마찬가지로 비길란티우스가 유골 숭배를 공격했던 방식은 그 자신도 그와 비슷한 긴장에 직면했다는 것을 보여준다. 비길란티우스는 성스러운 죽은 자에 대해 과시적이고 유별난 충성심을 보이는 행위가 신자들의 이상적인 공동체를 깨뜨린다고 보는 입장을 대변했다.[35] 이 습속은 성인을 만인에게 열려 있지 않은 특정 무덤에 국한시킴으로써 로마 세계에 종교적으로 특권적인 지형을 만들고 또 주변의 그리스도교 공동체들로 하여금 소외감을 느끼게 한다는 것이었다.[36] 남부 갈리아와 스페인의 지역 성직자들은 이처럼 새로운 습속이 예루살렘과 성스러운 장소들에는 이로운 데 반해 지방 교회에는 불리하지 않을까,[37] 또 새로운 축일들이 전 교회가 공동으로 지내는 최고의 날인 부활절의 가치를 절하시키지나 않을까 걱정했다.[38] 그들의 걱정은 현실적이고 이해할 만한 것이었다.[39]

이러한 긴장들은 "이분 모델"이 상정했던 것과 전혀 다른 방향에서 유래했다. 앞에서 살펴보았듯이 '대량 개종'으로 인해 압력이 증가했다는 것을 보여주는 증거들은 과장된 것이다. 미신적인 습속의 사회적 장소가 "저속한 서민"에 속하는 속인들이었다는 증거도 없다. 실제로 상황은 다른 방식으로 진행되었다. 자료로 남아 있는 것에 미루어 볼 때 신흥 엘리트들인 부유한 그리스도교 속인들의 요구가 종종 같은 부류 출신이었고 역시 신흥 엘리트들인 주교들의 요구와 충돌하면서 긴장이 야기되었다. 그들은 각각 자기네만이 공개적으로 확립된 그리스도교 공동체의 '보호자(patronus)'[5]가 되어야 한다고 생각했다. 따라서 우리는 미신을 비난한 "소수"와 "평범한 무리" 사이의 "미신"에 관한 대화가 아니라 후기 로마인들에게서 나타났을 법한 좀더 그럴듯한 갈등, 즉 서로 보호자가 되려고 경쟁하는 가운데 생기는 갈등에서 시작해야 한다.

이런 사실들을 고려해보면 순교자 숭배의 출현을 좀더 넓은 관점에서 볼 수 있을 것이고, 그 결과 각각의 발전 단계들이 좀더 명확해질 것이다. 우리가 편의적으로 "성인 숭배의 출현"이라고

---

[5] 로마는 건국 초기부터 보호 제도라는 특이한 제도를 가지고 있었다. 이는 유력자가 보호자로서 피보호자인 힘 없는 평민을 보호하는 제도이다. 법이 아니라 신의가 이 제도의 기반이었다. 보호자는 재판이나 빈곤과 같은 여러 면에서 피보호자를 도와야 했다. 피보호자는 보호자를 존경하며 그가 원할 경우 주로 정치적인 일들을 통해 그를 도와야 했다. 유력한 귀족들은 많은 피보호자들을 거느렸고 때때로 그들을 이용해 거대한 도당을 만들기도 했다. 그런데 로마의 보호 제도는 개인 대 개인 사이의 관계만은 아니었다. 유력자들은 특정 공동체나 도시, 왕국의 보호자가 될 수도 있었다. 공화정 말이나 제정 초에 로마의 귀족들은 복속된 도시와 왕국의 보호자가 되었다. 이 경우 피보호자가 된 도시나 왕국들은 물질적으로 보호자를 도왔고, 보호자가 된 로마의 귀족들은 정치적으로 그들을 도왔다. 이 책에서 새로운 공동체의 보호자가 된다는 것은 공동체 성원들의 존경을 받고 공동체를 주도할 수 있는 최고 지도자가 된다는 것을 의미한다.

불러온 4세기 후반의 현상이 주교들과 후기 로마 제국의 지배 계급 사이의 격렬한 갈등 이상의 어떤 것이라는 것은 결코 확실하지 않기 때문이다. 성인 숭배 자체는 훨씬 깊은 뿌리를 가지고 있다. 성스러운 인물과 순교자들에 대한 강렬한 감정들은 후기 유대교 시절로까지 거슬러 올라간다. 그것들은 신앙의 연속성을 인상적으로 보여주는 것이었다.[40] 그러나 정말 확실하지 않았던 것은 그리스도교 공동체 내에서 누가 그런 믿음을 표현하고 지휘하는 일을 독점할 수 있는가 하는 문제였다. 4세기 초에는 이에 대한 명확한 답이 없었다. 우선 영향력 있는 보호자가 되면 큰 이익을 차지할 수 있었다. 그런 보호자는 남자든 여자든 별 저항을 받지 않고 순교자의 시신을 획득할 수 있었고, 그 시신을 자기 마음에 드는 곳에 안치할 수 있었다. 그래서 295년 상류층 여자인 폼페이아나도 젊은 순교자 막시밀리아누스의 시신을 차지할 수 있었다.

그녀는 관리들로부터 그 시신을 얻어서 자신의 방에 놓았다가 후에 카르타고로 옮겼다. 그녀는 총독 관저 가까이에 있는 언덕 기슭에 있는 순교자 키프리아누스의 시체 옆에 그를 묻었다. 13일 후에 그녀가 죽었고 같은 장소에 묻혔다. 그러나 막시밀리아누스의 아버지인 빅토르는 크게 기뻐하며 집으로 돌아갔다.[41]

폼페이아나는 친족들을 제치고 당국으로부터 시신을 얻을 수 있었고 그 시신을 성 키프리아누스의 무덤을 둘러싸고 있는 특별한 무덤들 가운데 묻었다. 그리고 그처럼 특별한 무덤들에는 그녀의 무덤도 있었다. 살로나 지역 최초의 그리스도교 묘지는 부유한 귀부인인 아스클레피아가 304년에 만든 것이다. 그것은 그녀 자신과 가족들의 무덤을 포함하는 건축물 안에, 그리고 순교자 아나스타시우스의 무덤 위에 마련되었다.[42] 이렇게 영향력 있는 속인들은 늘 "지극히 사적인 장소"인 무덤을 이용해서 순교자를 독점하고, 그럼으로써 직접적으로든 상징적으로든 성스러운 무덤을 그리스도교 공동체라는 전체 집단에서 끌어내어 한 가정의 범위 안으로 가져올 수 있었다.[43]

따라서 3세기에서 4세기로의 전환기에 그리스도교 교회의 전개 방향을 예측해볼 때 부유한 그리스도교 가족들이 "성스러운 자들을 사유화"할 가능성은 상당히 높아 보였다. 종종 쟁점은 너무나 쉽게 드러나곤 했다. 카르타고에 거주하고 있는 스페인 귀족 부인인 루킬라는 311~312년 절묘한 보시 행위를 통해 카르타고라는 거대한 교구의 선거에서 자신을 따르는 사람을 당선시킬 수 있었다.[44] 한 순교자의 유골을 갖고 있던 그녀는 성찬식에 참가하기 전에 그 유골에 키스하는 버릇이 있었다. 루킬라의 이러한 행위는 신성한 것(유골)에 대한 "사유화"된 접근과 신성한 것(성찬식)에 공동체 전체가 다함께 참여하는 것 사이의 첨예한 갈등을 의식(儀式)으로 드러내주는 것이었다. 한번은 부제가 그녀의 행위를 비판한 일이 있었는데, 능력 있고 단호한 입장을 가졌던 루킬라는 그러한 비난을 결코 용서하지 않았다.[45] 루킬라는 시대의 상징이었다. 그리스도교가 콘스탄티누스 치하에서 확립된 사실이야말로 이 황제로부터 신하들에 이르기까지 강력한 세속 보호자들이 계속 영향력을 유지한 것이라는 것을 분명하게 보여주는 것이었다.

이러한 사건들을 염두에 두어야만 비로소 우리는 4세기 말과 5세기 초에 무덤들을 둘러싼 첨예한 이해관계의 대립들을 가장 잘 살펴볼 수 있을 것이다. 가령 '성인 곁에 매장하는 관습'은 성스러운 무덤들에 가족들이 어떻게 영향력을 행사했는지 분명하게 보여준다. 그것은 한 비문에 쓰여 있는 대로 "많은 사람들이 바라지만 소수만이 얻을 수 있는" 특권이었다.[46] 일단 그러한 특권이 획득되고 나면 성인과의 근접함이라는 측면에서 그리스도교 공동체 내의 사회적 힘의 차이가 상당히 노골적으로 드러났다. 죽은 자를 공유하는 것과 사적인 지위에 대한 요구 사이의 긴장은 늘 조금은 장난스러운 역설로 표현되었다.

나는 여기 예배당 문 앞에 누워 있다.
나는 가난하기 때문에 여기 누워 있다.
돈을 더 많이 내면 낼수록 안으로 더 들어갈 수 있다.
너는 비록 여기 누워 있지만 그들만큼 따뜻하다.[47]

그러나 이러한 긴장은 동시에 좀더 심각한 논란을 불러일으키기도 했다. 죽은 자의 영혼을 공동으로 관리하는 것과 사적으로 관리하는 것 사이에서 문제가 생겼던 것이다. 아우구스티누스가 『죽은 자들에게 행해야 할 배려에 대하여』를 썼을 때, 이 문제가 그의 관심의 중심에 있었다. 최후의 날은 "만인의 고결한 어머니"인 교회 공동체의 공동 관심사였는데, 자기 아들을 누구보다도 성 펠릭스 가까이 묻은 플로라의 사적인 주도권은 그러한 최후의 날에 모든 그리스도교인이 성인 가까이 머무는 기쁨을 향유할 수 있다는 믿음을 약화시키는 것으로 보일 수 있었다.[48] 교회만이 기도로써 모든 그리스도교인들에게 얻어 줄 수 있는 특권을 플로라가 과감하게 자기 아들을 위하여 차지한 것으로 보였을 수도 있다. 그런데 가톨릭 교회의 이상적인 통합성을 유창하게 웅변하고, 재능도 있고(의심하는 사람도 있겠지만), 작은 자치시 시민의 아들인 주교 아우구스티누스는 '성인 곁에 매장하는 관습'에 대한 논쟁에서 그러한 관습을 마지못해 받아들이는 태도를 취했다. 한미한 자치시 출신인 주교 아우구스티누스는 자신이 받은 교육과 나중의 성직자 경력 덕분에 라틴 서방의 귀족적인 구조로부터 어느 정도 벗어날 수 있었기 때문이다. 그는 그러한 습속을 받아들였지만, 성 펠릭스 무덤과의 관계를 부드럽고 연한 농도로 그렸다. 파울리누스와 그의 귀족 친구들이 한 세대가 지나도록 화려한 색채로 그린 것을 말이다.[49]

가족 무덤 앞에서 축제를 벌이는 습속에 대해서도 아우구스티누스는 똑같이 대응했다. 궁극적으로 아우구스티누스에게는 "미신"보다는 "사유화"가 더 큰 위험으로 보였다. 그 축제의 기원을 어떻게 설명했든 대응책을 마련해야 할 때에 그는 축제의 당면한 사회적 기능에 대해 더 주의를 기울였다. 과시적인 축제는 사회를 분열시킬 수 있었다.[50] 특히 상류층이 가톨릭과 도나투스 파[6]

로 균등하게 나누어져 있는 곳에서는 더욱 그러했다. 이 시기에 아우구스티누스는 쉽게 분열할 수 있는 회중 속에서 가족에 대한 충성심이 갖는 원심력에 사로잡혀 있었다.[51] 따라서 아우구스티누스는 경쟁적이거나 배타적이지 않고 가족 구성원들의 세력을 과시하기 위한 기회로 이용되지 않는다면 기꺼이 축제의 일부 형태를 받아들일 수 있었다.

그리스도교 세계의 다른 지역을 살펴보면 공동체의 통제와 가족 감정 사이에 힘의 균형이 다를 수 있고, 따라서 그에 대한 태도도 다르게 나타날 수 있다는 것을 쉽게 알 수 있다. 가령 로마에서는 부유한 속인 보호자들이 서서히 밀려들어 오고 있는 사이에 그리스도교 교회가 주도권을 확보했다. 피에트리는 세목(細目)을 충실하게 챙기고 역사적으로 더 할 수 없는 정교함을 구사해 가면서 4세기 말과 5세기 초의 증거들을 수집했다. 이 시기는 "위대한 그리스도교 자선의 시기(la grande époque de l' évergétisme chrétien)"다.[52] 이 시기는 한 순간도 "미신"에 대한 언급에 의해서 괴롭힘을 당하지 않은 "위대한 시기"다. 원로원 의원

6 키르타고의 주교였던 도나투스가 주도했던 교파로, 이들은 배교했던 주교가 행한 서품과 성사가 모두 무효라고 주장했다. 이에 반해 가톨릭 교회는 배교했던 주교라고 해도 회개를 했으므로 복권되었다고 주장했다. 이들은 교회 문제에 대한 국가의 간섭을 반대했고, 내부에 일단의 농민 전사들이 있어서 종말론적인 희망과 결합된 사회 혁명의 계획을 가지고 있었다. 철저히 종교적이었던 이들의 목표는 참회의 삶과 거기에 뒤따르는 순교였다. 초기에 키프리아누스의 지지를 받았지만, 아우구스티누스는 이들의 사상이 보편주의적 교회라는 이상과 배치된다며 비판했다. 도나투스 파는 4세기에 북아프리카에서 강력한 세력을 구축했으나 결국 아우구스티누스가 이끄는 반대파들의 세력에 밀려 405년 파문당한 후 점차 쇠락했다. 하지만 도나투스 파는 세상으로부터의 적대를 순리의 일부로 받아들이며 7세기까지도 존속했다.

팜마키우스는 자기 부인의 추도 기념일에 다름 아닌 성 베드로 대성당에서 가난한 자들에게 잔치를 베풀었다. 파울리누스는 기뻤다. 그는 모든 원로원 의원들이 그런 식으로 과시한다면 로마는 계시록의 위협을 두려워할 필요가 없을 것이라고 썼다.[53] 이러한 관행과 그에 대한 대중의 환호는 아우구스티누스가 보았던 것과는 전혀 다른 분위기로 우리를 이끈다.[54] 이런 분위기는 로마의 주교들이 후기 로마 시대에 협상을 통해서 아무 잡음 없이 결정적인 승리를 거두었음을 보여준다. 교황은 너무나 쉽게 통제망을 빠져나가버리는 거대한 공동묘지에 직면하고 있었고(4세기 내내 이 공동묘지에는 몇몇 기묘한 일들이 벌어졌다[55]), 그러면서도 사치스러운 소비를 통하여 자기 가문의 위신을 유지하는 데 익숙한 이들이 주도하는 속인 집단에 의존하고 있었다. 그럼에도 불구하고 교황들은 영향력 있는 속인들의 보호 제도와 자신들의 보호 제도를 조화시킬 수 있었다. 카타콤의 위대한 후원자인 다마수스는 적들이 자기에게 지어 준 "귀부인들의 귀를 즐겁게 해주는 사람"[56]이라는 별명을 매우 자랑스러워했다. 주교들과 부제 집단의 지속적이고도 은밀한 노력이 없었다면, 로마에서 그리스도교의 성인 숭배는 별로 공들이는 것 같지 않으면서도 라틴 서방의 동시대인들을 놀라게 할 만큼 그렇게 풍요롭게 번성할 수 없었을 것이다. 성 히에로니무스가 로마 귀족 집안과의 대화에서 로마 성직자들의 이러한 성취를 매우 신랄하게 비꼰 것만 보아도 이를 알 수 있다.[57]

우리는 이제 성인 숭배를 후원하면서 몇몇 주교들이 발휘했던 주도권의 유형들을 좀더 자세히 살펴보아야 한다. 지금 우리는 이제까지 우리가 기대해온 바와는 완전히 다른 상황을 마주하고 있기 때문이다. 여기서는 종교가 점점 더 "대중적"으로 되어가는 형식을 띠어가는 것을 마지못해 혹은 정치적으로 수용했던 사실도 없고, "미신"이라는 동종 요법[7]을 동원해 지도자가 없는 다신교 "대중"을 흡수하려고 했던 일도 없었다. 오히려 우리는 그리스도교 공동체 안에 지도력의 질적인 변화가 있었음을 명확하게 보여주는 성인 숭배 내부의 변화를 다루고 있는 것이다.

최근에 다스만이 연구한 바에 따르면 암브로시우스의 경우는 이를 더없이 명확하게 보여준다.[58] 밀라노에서 385년에 성 게르바시우스와 성 프로타시우스의 유골이 발견된 것은 굉장한 흥분을 일으키는 사건이었다. 물론 밀라노에서 유골이 발견되거나 다른 곳에서 밀라노로 유골을 옮겨온 것은 그때가 처음이 아니었다. 그리스도교의 공동묘지에는 이미 상당히 많은 순교자 무덤들이 있었다. 새로웠던 것은 유골들을 신속하고도 확실하게 독점했던 암브로우스의 능력이다. 그는 유골들이 발견된 성 펠릭스와 성 나보르의 성골당에서 자신을 위하여 세운 새로운 성당으로 단이틀만에 유골들을 가져왔다. 그리고 자신의 석관이 놓이기로 되어 있던 제단 밑에 유골들을 놓았다. 이렇게 해서 게르바시우스와 프로타시우스는 암브로시우스가 세운 교회에서 그가 주재하

---

[7] 건강한 사람에게 투여할 경우 그 질병과 비슷한 증상을 초래할 수 있는 약물을 환자에게 복용시켜 치료하는 방법을 말한다. 가령 화상 환자에게 뜨거운 찜질을 하는 것 역시 일종의 동종 요법이다.

게 될 공동 미사와 떼어놓을 수 없는 존재가 되었다. 이런 방식으로 공동체 전체가 그 유골들을 이용할 수 있게 되었다. 암브로시우스는 "모든 사람들에게 유용한" 발견을 한 것이다.[59]

암브로시우스의 목표는 순교자들을 부활시키는 것이었다. 이제 주교가 주재하는 성찬식과 연계된 몇 개의 무덤들이 묘지에서 "두드러지기" 시작했다. 전에도 묘지에 성스러운 무덤들이 있기는 했지만 확실한 주목을 받지는 못했었다.[60] 동시에 암브로시우스는 다른 무덤에서는 흔하게 행해졌고 다신교 가족들의 제사와 너무나 닮은꼴이었던 무분별한 축제를 제한했다.[61] 부유한 밀라노 속인들이 이 방식에 말없이 따랐다는 사실은 얼마 안 있어 주교가 만든 새로운 성스러운 장소로 정교하고 격식을 갖춘 석관들이 비집고 들어온 것을 통해 명확히 알 수 있다. "저명한 가문에 매우 부자였고 가난한 자들의 어머니였으며" 다름 아닌 만리우스 테오도루스의 누이였던 만릴리아 다이달리아의 석관도 그 중에 하나였다. 만리우스 테오도루스는 귀족인 동시에 궁정인이자 문장가였으며 아우구스티누스의 후원자였으며 장차 이탈리아 총독이었다.[62]

암브로시우스가 순교자 숭배를 밀라노에 '도입' 했다거나 단순히 이전의 습속을 수동적으로 묵인했다고는 볼 수 없다. 그의 주도권은 확고했으며 여러 모로 특출한 것이었다. 그는 유골들을 옮겨서 새로운 교회의 제단과 결정적으로 연계시킬 준비가 되어 있었다. 그는 낡아빠진 배선 시스템에 전기선을 새로 까는 전기 기사 같은 사람이었다. 더 강력한 전기가 더 강력하고 절연도 잘

되는 전선을 통해서 공동체의 지도자인 주교에게 흘러오게 되었다. 주교들은 다른 곳에서도 비슷한 주도권을 장악했다. 테베사 지역에서는 "옛날의 정의로운 자들"이 주교 알렉산데르가 건설한 새로운 성골당의 중심부에서 이제 "아름다운 자리"를 차지했다.

> 오랫동안 버려져서 사람들의 관심을 끌지 못하던 그들의 묘소가 이제 합당한 주춧돌 위에 놓여서 밝게 빛나고, 무덤들이 모여서 만들어 낸 꼭대기에는 기쁨이 넘친다. (……) 사방에서 젊은이와 늙은이의 구별 없이 그리스도교인들이 묘소들을 보기 위해 모여들어서, 찬송을 하고 손을 뻗어 그리스도교 신앙을 환호하며 행복한 마음으로 성스러운 문지방을 밟는다.[63]

히포와 우잘리스에 있는 성 스데파노의 성골당들에서 유행했던 기적 이야기들도 아우구스티누스와 그의 동료들이 비슷한 결단을 내렸음을 보여준다. 이 성골당들에서 기적을 통한 치료를 받았던 환자들은 예전에는 그러한 기적들을 사적인 사건, 개인적인 체험으로 여겨 함부로 말하지 않았다. 그러나 이제 주교들은 의도적으로 그러한 사건들을 공개했다.[64] 우잘리스에서는 목록을 만들어 기록을 보관했고,[65] 치료받은 사람들을 회중 앞에 세워 보여주었다. 더위와 피로에 지친 군중들은 극적인 치료담을 듣고 새로운 힘을 얻었다.[66]

"배선을 새로 까는" 이러한 과정에서 순교자 자체의 형상도 변했다. 다음 장에서 우리는 숭배의 '지휘자'로 활동했던 사람들이 성인들을 자신의 보이지 않는 친구이자 보호자로 만들어서 긴밀한 개인적인 유대를 확립했다는 것을 살펴볼 것이다. 그것은 복잡하고도 감성적으로 절박한 이야기지만 그 결과는 명백하다. 순교자가 독특한 후기 로마적인 얼굴을 가지게 된 것이다. 곧 순교자는, 땅 위에서 주교가 눈에 띄게 행사하는 보호자의 권리를 하늘에서 보증해주는, 눈에 보이지 않는 보호자가 되었다. 따라서 순교자의 축일을 기념하는 방식도 변했다. 아우구스티누스와 암브로시우스가 순교자의 성골당에서 몰아내려고 했던 축제들(laetitae)에는 물론 과시와 경쟁심을 자극하여 분열을 조장할 정도로 위험한 가족묘 습속의 영향이 남아 있었기는 했지만, 그래도 여전히 이상적인 친족 집단의 직접적인 친밀감 같은 것을 제공해줄 수 있었던 것 같다. 초기 그리스도교 예술에서 죽은 자를 기념하는 식사는 거의 변함없이 가족적인 친밀함을 나눌 수 있는 사건으로 묘사된다. 하나의 예외를 제외하면 축제를 주도하는 자의 모습은 어떤 작품에서도 보이지 않는다. 로마의 총독이었던 귀족 유니우스 바수스의 경우가 그러한 예외에 해당된다.[67] 무엇보다도 인상적인 것은 제국의 모든 지역에서 쏟아졌던 능변의 홍수다. 이 능변들을 통해 새로운 세대의 주교들은 이제 순교자들의 축제를 가족의 축제가 아니라 보이지 않는 보호자들이 지상의 피보호자들에게 베푸는 것이기에 정장을 하고 참석해야 하는 공공 연회로 만들었다. 후기 로마 시대의 따름(dependence)과 베풂(munificence)의 관계를 상기시키는 엄격한 격식이 주교들의

말에 위엄의 무게를 더하게 된 것이다.[68]

하지만 모든 주교들이 말로만 그쳐야 한다고 느꼈던 것은 아니다. 놀라의 파울리누스는 성 펠릭스의 축제에서 의식을 갖춘 음주가 아브루지의 농민들과 몰이꾼들의 모진 생활에 잠시 동안의 순전한 기쁨이 될 수 있다는 것을 알았다. 먼 옛날 하느님의 위대한 행적들을 보여주는 값비싼 새로운 그림이 장식된 회당 안에서,[69] 파울리누스는 겨울의 추위를 뚫고 거기까지 걸어오느라 지친 사람들에게 기쁨(술)의 온기를 즐기도록 허락했다.[70] 이 관습은 계속되었다. 후에 투르의 그레고리우스는 순교자의 축일에 나누어준 포도주의 기적적인 향기에 대해서 스무 줄에 이르는 열광적인 글을 썼다.[71] 그와 그의 회중이 방종했기 때문에 이런 일이 일어났던 것은 아니다. 오히려 주교가 보이지 않는 보호자 밑에 있는 보이는 보호자로서 자신의 역할에 대해 좀더 큰 확신을 가졌기 때문이다. 일단 보호 제도의 선이 명확하게 중심에까지 그려지자 축제는 다시 시작되었다.

가난한 자들에게 우리는 이렇게 말했다. 하느님께서 주교를 세우신 것은 그가 가난한 자들에게 새로운 활력을 주는 축제를 열도록 하기 위해서였다.[72]

무엇이 이러한 변동을 야기했는가? 무엇보다도 전혀 다른 종류의 주교 즉, 대영주로서의 역할에 좀더 익숙한 가문 출신인 주교들이 그리스도교 공동체의 주도권을 넘겨받고 있었다는 사실을

순교자 성인 데메트리오스(가운데)와 총독 레온티우스(왼쪽)와 주교 요하네스, 돔에 그려진 모자이크, 629-643, 데메트리오스 성당, 테살로니키

로마 교황들은 협상 능력을 발휘하여 영향력 있는 속인들의 보호 제도와 자신들의 보호 제도를 조화시켰고 그렇게 함으로써 자신들의 주도권을 강화했다.

주목할 필요가 있다.[73] 아우구스티누스가 작은 도시의 학교 교사에게 매맞지 않게 해달라고 간절히 기도하던 시절에, 암브로시우스는 주교 놀이를 하면서 심지어 어머니를 맞이할 때에도 손을 내밀어 입맞춤을 받고 있었다. 그는 주교의 권위를 충분히 발휘하면서 세계에 대응하는 방법을 아는 사람이었다.[74] 라틴 성직자들의 작은 세계에서 암브로시우스는 북부 이탈리아 전체에 새로운 풍조를 만들어내었고, 그의 개인적인 영향력은 멀리 히포와 루앙에까지 미쳤다.[75] 유골들을 발견하고 편입하는 그의 "스타일"은 라틴 서방 지역에 모델이 되었다.[76]

그러나 왜 출신이나 활동 지역이 너무나도 다른 그토록 많은 주교들이 암브로시우스의 사례를 따르기를 원했을까? 여기서 우리는 교회의 부가 점점 더 커졌다는 요인을 잊어서는 안 된다.[77] 당시 재산이 다른 어떤 수단보다도 상속에 의해서 손에서 손으로 무겁게 전해지던 사회에서 한 세기 동안 별 방해 없이 기증물이 쌓이자 라틴 교회 주교들은 이전 세대에서는 꿈도 꿀 수 없었던 막대한 부를 갖게 되었다.[78] 가장 무겁게 주교들을 압박했던 것은 다수의 새로운 개종자들이 아니라 다량의 새로운 부였다. 412년 주교로서 아우구스티누스는 자신이 일찍이 가졌던 재산의 20배나 되는 재산을 관리하고 있었다.[79] 426년 원칙적으로는 재산을 가질 수 없었던 성직자로 구성된 아우구스티누스의 공동체는 교회에 위탁해 놓았던 돈으로 사들일 물건이 충분하지 않아서 골치를 썩이고 있었다.[80] 그리스도교 공동체의 지도자들은 여러 형태의 세금을 면제받고 있었고[81] 또한 세속의 지도자들과는 달리 주기적으로 큰 지출을 할 일이 없었기 때문에 곤란한 상황에 처해 있었다. 그들은 사회적 지배 수단은 모두 가지고 있었지만 누구나 수용할 수 있는 형태로 그것을 과시할 수단은 가지고 있지 않았다.[82] 고대 세계에서는 나누지 않는 부에 대해서는 강렬한 질투가 끊이질 않았고 주교들도 다른 세속 유력자들만큼이나 이 점을 잘 느끼고 있었다. 그러나 세속의 유력자들이 경쟁적인 공공 기부를 함으로써 파산할 것처럼 과장함으로써 질투를 잠재운 반면, 성직자들은 정상적인 배출구를 갖고 있지 못했다. 그리스도교가 행하던 전통적인 범주의 기부들이 그렇게 많은 부를 소모하지 못했기 때문이다. 가난한 자와 이방인, 병자, 그 밖의 보호받지 못하는 사람들이 여전히 상징적인 범주로 중요하게 남아 있었지만 그들이 라틴 서방에서 남아도는 부를 소비하는 데는 한계가 있었다. 파틀라장은 최근의 한 연구에서 이 시기에 동부 지중해 지역의 많은 속주들이 한정된 자원에 비해 너무나 급격히 증가했던 인구 때문에 비참한 생활을 했음을 잘 보여주었다. 그러나 이탈리아, 북아프리카, 갈리아 지역에는 이런 일이 없었던 것 같다.[83] 여기에서는 교회의 부를 분배하는 데에 있어 우선권이 치열한 논쟁거리가 될 만큼 문제가 심각한 도시들이 거의 없었다. 알렉산드리아에서 주교는 가난한 자들을 위해서 옷을 줄 것인지, 건축물을 세우고 싶은 욕구를 충족시킬 것인지만 고민하면 되었다.[84] 반면에 서방의 주교들은 돈을 사용할 새로운 방법을 고안해내야 했다.

결국 건축과 예배의 새로운 중심점과 관련된 의식을 증가시키는 것이 유일한 해결책이었다. 그렇다면 순교자의 무덤보다 더 좋은 장소가 어디 있겠는가? 도시의 성벽 안에 건축물을 세우면 발생할 수도 있을 실질적이고 사회적인 문제는 피해야 했다.[85] 알렉산데르가 테베사 근교에 세웠고 파울리누스가 놀라 근교에 세웠던 것과 같은 큰 규모의 성골당들은 오직 공동묘지 구역에서만 수용될 수 있었다.[86] 더욱이 그러한 건축물들과 성골당 앞에서의 의식들은 사적인 것이 아니고, 따라서 주교들이 차지한 부를 "재산 아닌 재산"으로 만들어주었기 때문에 그러한 모순을 해결하기에 가장 적절했다.[87] 이렇게 주교들의 부는 "지극히 사적인 장소들" 가운데 서 있는 "무덤 아닌 무덤"에 사용되었다. 뿐만 아니라 그렇게 부와 의식은 후기 로마 보호자의 특성을 그대로 지닌 보이지는 않지만 항상 함께 하고 있는 존재를 드러내는 데 사용되었다. 성인은 훌륭한 보호자였다. 즉 성인은 중재를 잘하고 모든 사람과 부를 나누며 폭력 없이 '권능(potentia)'을 행사하고 또 누구의 충성이든 제한 없이 받아들이는 그런 보호자였다. 주교는 그의 대변자였다. 성골당에서 볼 수 있는 사치스러운 건축, 화려한 의식, 또 축제들은 거기로부터 멀지 않은 산 자들의 도시에서 주교들이 실질적으로 행하고 있던 부의 축적과 보호 제도라는 부정할 수 없는 사실을 말끔히 씻어냈다.[88] 주교들은 성인 숭배에 초점을 맞춤으로써 질투받지 않고 부를 사용하고 아무런 의무 없이 보호자의 권리를 행사할 수 있었다.[89] 성인 숭배는 고대 세계의 시민 생활에서 부와 권력의 배출구로 사용되었던 어떤 방법보다도 더 명쾌하고 부작용도 없는 해결책이었다. 따라서 4세기 후반에 갑자기 성인들이 "눈에 띄기" 시작한 것은 놀라운 일이 아니다. 주교 알렉산데르는 테베사에 있는 자신의 비문에 이렇게 썼다.

> 당신이 빛나는 지붕들로 덮인 벽들을 보고 있는 여기
> 높은 천장이 반짝이고 성스러운 제단이 있는 여기
> 이 비문은 귀족의 업적을 다룬 것은 아니지만
> 주교 알렉산데르의 영광을 위해서 영원히 서 있을 것이다.[90]

나아가 주교들이 성인 숭배를 통해 많은 재산을 쏟아붓고 있었던 그리스도교 공동체들에게도 꼭 성인 숭배를 해야 할 나름의 이유가 있었다. 이제 로마 세계에서 그리스도교 회중은 거대한 각 도시들의 주민 대다수와 거의 일치했기 때문에, 교회는 도시 공동체에 그에 걸맞는 정체성을 명확하게 부여할 수 있는 의식(儀式)까지 제공해야 한다는 부담을 안고 있었다. 그리스도교가 도시 공동체에게 제공하는 정체성은 고전 도시들의 정체성과는 현저하게 달랐다. 그것은 익숙하지 않고 잠재적으로 분열을 조장할 가능성이 있는 두 범주인 여성과 가난한 자들을 포함하고 있었다. 성인 숭배는 다름 아니라 바로 이 두 범주를 주교의 보호 아래 통합시킴으로써 후기 고대 도시의 결속을 위한 새로운 기반을 제공했다.

먼저 기존의 도시 공동체와 관련해서 성골당 자체의 역할과 지위를 살펴보자. 앞서 살펴보았듯이 분명히 성인들의 무덤이 있는

묘지 지역은 산 자들의 도시 변두리 지역에 있었다.[91] 히에로니무스는 성인 숭배로 인해서 "도시의 주소가 바뀌고 있다"고 말했다.[92] 이러한 변화로부터 얻어지는 것들이 많았다. 4세기가 경과하면서 행사들이 더 명확하게 규정되고 또 더 빈번해지자 이를 위해 무리지어 나갔던 그리스도교인들은[93] 세금을 내지 않고도 보이지 않는 경계를 통과하는 전율을 느낄 수 있었다. 그들은 "경계선 위에 있는 상태(liminal state)"를 향하여 확고한 구조를 갖춘 세계를 떠났다. 터너가 지적했듯이, 안정된 사회에서 친숙한 구조를 포기하고 이처럼 구조가 없는 새로운 상황을 추구하는 것과 그 과정에서 자연스럽게 생겨나는 모종의 연대감은 순례의 경험이 지속적인 호소력을 가질 수 있게 해준다.[94] 도시 밖으로 조금만 나가더라도 익숙한 사회는 매우 다르게 보이기 때문이다. 크리스천은 스페인 북부에서 성인들의 성골당으로 향하는 행렬의 효과를 다음과 같이 묘사했다.

사회적 일체성의 상징으로서 행렬은 또다른 중요성을 가지고 있다. 마을 사람들은 일 년에 한 번 지리적 단위로서 마을을 구성하는 건축물과 장소들로부터 눈을 돌려 그것의 추상화된 형태인 사회적 단위로서 마을을 볼 수 있다.[95]

프루덴티우스가 성 히폴리투스의 성골당을 향해 교외로 무리 지어 나간 군중들에 관해서 쓸 때 감명을 받았던 것도 바로 그런 장면이었다. 여기에 '진정한' 로마가 있었다. 진정한 로마는 축복받은 날에 평소의 뚜렷한 사회 · 지리적 차별을 벗어버렸다.

종교에 대한 사랑은 라틴인들과 이방인들을 하나로 묶는다. (……) 그 장엄한 도시는 로마인들을 하나의 물결 속으로 토해낸다. 똑같은 열정으로 귀족들과 평민들이 어깨를 나란히 하고 함께 뒤섞인다. 믿음이 신분의 차별을 없앴기 때문이다.[96]

도시에서 교외로 가는 길 위에 늘어선 행렬은 도시 사람들을 하나로 묶어주었을 뿐만 아니라 도시에 식량을 조달해주면서도 멸시받고 이방인 취급당했던 농촌 사람들을 도시 사람들과 연결하는 역할을 했다.[97] 키미틸레에 있는 성 펠릭스 성골당의 경우, 순례의 중심지는 캄파니아 지역에서 도시와 농촌 사이의 불균형을 시정할 수 있었다. 이 곳은 전통적으로 이 지역의 중심 도시였던 놀라를 대신하여 4세기 내내 점점 중요해진 언덕 마을들의 느슨한 연합체가 모이는 장소가 되었다.[98]
더불어 이러한 행사를 통해 후기 고대의 도시 사회에 존재했던 가장 큰 분열에도 다리가 놓여졌다. 공적 생활에서 성별을 나누던 구획들이 기쁘고 모험적인 순간에는 붕괴되는 것이다. 여자들이 남자들과 실제로 군중 속에 섞여 있지는 않았지만, 후기 고대 도시 상황에 비추어볼 때 매우 이례적으로 여자들이 공공의 시선을 받을 수 있었다.[99] 한 성자의 전기 작가는 그 성자가 비록 젊은 남자로서 순교자들의 축제에 자주 참가했음에도 불구하고 놀랍게도 일생 동안 순결했다고 기록했다![100] 충격을 받은 성직자들의 잦은 비난과 그처럼 고양된 순간에 시작된 사랑의 성공담들은 우리가 아주 강력한 마법의 약을 다루고 있음을 알려준다.[101] 아우구스티누스가 젊었을 때 카르타고의 작은 교회당에 있던 시절부터 북이라크에서 혈기 왕성한 젊은 이슬람교도가 대종려 주일 행렬 속의 예쁜 그리스도교 소녀들을 보려고 나섰던 중세 초까지 그런 고양된 순간들은 계속되었다. 또한 11세기에도 튀니스의 한 왕족은 700년 전의 그 뜨거운 밤에 아우구스티누스가 했듯이 "당신을 사랑하기 위해서 그리스도교의 축제를 사랑하고 찬송가의 달콤한 멜로디를 음미하는 법을" 배웠다. 그것은 "규제받지 않는 교제"였다.[102] 그리스도교 도덕주의자들은 순례와 성인을 기념하는 축제를 이 "규제받지 않는 교제"와 연결시키며 계속해서 비난했다. 하지만 이렇게 조직화되지 않은 만남의 순간들은 잃어버린 연대감을 회복하고, 지중해 세계의 그리스도교 도시 공동체를 늘 따라다녔던 사회적인 장벽을 낮추리라는 따뜻한 희망의 숨결을 가져다주었다.[103]

하지만 이처럼 흥분되는 순간들이 매일같이 존재했던 것은 아니다. 성인 기념 축제는 확고한 사회 구조로부터의 일시적인 해방의 순간들을 보다 전통적인 방식으로 제공했던 세속 축제들의 강력한 전통과 늘 경쟁해야 했다. 따라서 후기 고대에 널리 퍼져 있던 비그리스도교적인 의식 생활의 종교성이 계속 활력을 유지하고 중요한 역할을 했다는 것을 과소평가해서는 안 된다.[104] 그러나 성인들의 성골당은 독특한 위치와 독특한 피보호자를 차지하고 있다는 점에서 유리했다.

고대 세계 여성들에게 묘지 지역은 항상 "덜 엄숙한" 지대였다. 그 곳에서 여성들은 남성들의 감시나 가족의 통제를 덜 받으면서 이동하고 동행을 선택할 수 있었다.[105] 새로운 성골당은 축제날이 지나 사람들이 붐비지 않으면, 흐르는 물과 살랑살랑 흔들리는 나무들이 있고 하얀 비둘기의 구구하는 울음소리가 가득한 평화와 아름다움의 오아시스였다.[106] 우잘리스에 있는 성 스데파노의 성골당에서 우리는 성골당의 엄청난 고요가 어떻게 경직된 도시 환경에 얽매인 여성을 흡수하여 치료할 수 있었는지 살펴볼 수 있다.

메게티아는 카르타고 출신의 귀족 여성이었다. 그녀는 임신 4개월 째 심하게 토하다가 턱이 탈골되어버렸는데, 이로 인해 보기 흉해졌을 뿐만 아니라 쇠약해졌다. 계속해서 격식 있는 방문과 존경의 키스를 받아야 하는 귀족 여성에게 그것은 끊임없는 수치심을 불러일으켰다.[107] 설상가상으로 7개월 째에 아이는 뱃속에서 죽고 말았다.[108] 도시의 환경이 계속해서 수치와 굴욕감을 주었기 때문에 메게티아는 도시를 떠나기로 했다. 그녀의 남자 친척들이 어머니와 함께 근처의 우잘리스로 여행하는 것을 허락해주었다.[109] 그 곳에서 그녀는 높은 신분에도 불구하고 전혀 부끄럼 없이 성골당 앞에 비탄에 젖어 누워 있을 수 있었다.[110] 그 동안에 그녀와 동행하며 충고해준 이들은 모두 여자들이었다.[111] 성 스데파노가 꿈에 나타났을 때 그녀는 무의식적으로 그가 남자 의사처럼 검사를 위해 턱을 위로 들어올리라고 할 것이라고 생각했다.[112] 그러나 성 스데파노는 그렇게 하지 않고 다만 그녀가 고백하지 않았던 죄를 상기시켰다. 유산을 하고 흉하게 변한 귀족 여자의 부끄러움이 자비롭게도 그저 사사로운 죄로 바뀌었고, 그녀는 이 죄를 성공적으로 이겨냈다.[113] 우잘리스에 있는 성 스데파노와 카르타고에 있는 성 키프리아누스의 성골당을 방문하고 그녀는 회복되기 시작했다. 불확실한 세계에서는 보호와 통제를 제공하는 친족 집단이 개개인을 심하게 규제하는 경향이 있다.[114] 암브로시우스가 지적했듯이 이런 사회에서 여자들이 자유롭게 선택할 수 있는 유일한 인척은 성인이었다.[115] 성인들의 성골당은 후기 로마 시대 모든 도시 거주자들의 절반, 즉 여성들에게 다른 곳에서 자유롭게 구할 수 없는 휴식과 보호를 제공했다.[116]

여성들뿐만 아니라 가난한 자들도 합류했다. 연대의 분위기나 성인 숭배 의식에 포함된 이상적인 선물 증여는 성인의 성골당을 가난한 자들이 모이기에 좋은 장소로 만들었다.[117] 물론 가난한 자들은 도시 안에 있는 그리스도교도의 집 앞에서도 도움을 얻을 수 있었다.[118] 하지만 묘지 지역에서 행해지는 자선은 성 밖 변두리라는 위치 때문에 또다른 의미를 가질 수 있었다. 곧 성골당들은 그리스도교 교회에 4세기에서 5세기로 넘어가는 전환기에 정점에 달하는 토론에 개입할 수 있는 유리한 지점을 제공해주었다. 누가 도시 공동체의 완전한 구성원인가 하는 문제에 관한 토론이 그것이었다.

파틀라장은 고전 고대 사회에서 이후의 사회로 바뀌는 데서 일어난 가장 중요한 변화 중의 하나는 사회에 대한 특정한 정치적 모델이, 즉 도시를 기본 단위로 하며 다시 이 도시는 시민과 비시민으로 구성된 것으로 생각하던 모델이 이보다 훨씬 더 포괄적인 경제적 모델로 바뀐 데서 찾을 수 있음을 빼어나게 보여주었다. 이러한 모델에서는 도시든 농촌이든, 모든 사회는 가난한 자와 부자로 나누어진다고 생각되었고 부자에게는 가난한 자를 도울 의무가 주어졌다.[119] 그리고 이것은 엄격히 종교적인 용어인 '자선(almsgiving)'으로 표현되었다. 그리고 다른 어떤 곳보다 로마에서 이러한 변화가 가장 뚜렷하게 드러났다.

로마에서 옛 도시 구조는 여전히 상징적인 활력을 온전히 유지하고 있었다. 로마의 성벽 안에서 로마 평민들은 계속해서 전통적인 분배 장소에서 음식물을 분배받았고[120] 전통적인 장소와 연관된 전통적인 도시 축제의 절차에 따라 선물을 받았다.[121] 그들은 가난했기 때문이 아니라 단지 로마 시민으로서 그 자리에 있었기 때문에 그런 선물을 받았다. 그들은 로마 평민들이었다. 로마 시민들이 이런 선물을 받고 있을 때 로마의 인구는 대단히 많았는데, 소도시나 빈곤해진 농장들에서 많은 사람들이 도시 로마로 이주했기 때문이다. 또 동시에 로마는 바로 그 농촌이 생산한 식량으로 살아가고 있었다.[122] 이 때문에 로마의 평민들은 비록 자신들만이 로마 공동체의 온전한 성원들이었지만 거지들, 방랑자들, 이주자들과 어깨를 부딪히며 살아야 했는데, 이들은 신분을 제외한 모든 면에서 로마의 평민들과 동등했다. 그러나 기근이 찾아오자마자, 모든 이방인들은 언덕 지역의 파산한 농민들이든 혹은 존경받는 이국인 암미아누스 마르켈리누스든 도시로부터 쫓겨나야 했다.[123] 로마의 세속 지도자들은 자기네 세계 안에

오직 전통적인 피보호자들, 즉 로마 평민들을 위한 여지만을 남겨두었다.[124]

공동체에 속한다는 사실이 보호-피보호 관계라는 관점에서 가장 명확하게 표현되고, 선물의 증여가 그러한 관계의 전통적인 상징이던 사회에서[125] 성인 숭배와 연관된 자선은 빈곤 구제라는 칭찬받을 만한 행위 이상의 의미를 가지고 있었다. 그것은 바로 그리스도교 교회의 새로운 지도자들이 도시 공동체의 태곳적부터의 경계선을 새로 그리도록 요구하는 것이었다. 이렇게 해서 4세기 중엽 바티칸 언덕에 있던 성 베드로 성골당은 가난한 자들에게 그다지 많지 않은 금액을 쓰고 있었음에도 불구하고 키르쿠스 막시무스(대경기장 ― 옮긴이)나 콜로세움과 대립하는 상징적인 중요성을 획득했다.

> 365년 도시의 총독이었던 람파디우스는 침을 뱉으면서도 그 누구보다도 좋은 기술로 침을 뱉었다고 칭찬받지 않으면 매우 기분 나빠하는 사람이었다. 이 사람이 법무관직 재직 시에 그럴 가치가 없는 자들에게 많은 것들을 주어야 한다고 주장하는 평민들의 성화에 못 이겨 큰 경기를 열고 많은 선물을 나누어주었다. 그는 자신의 관대함과 동시에 군중들에 대한 경멸을 보여주기 위해서 바티칸에 있는 거지들을 불러다가 값비싼 선물을 주었다.[126]

이것은 옛 로마가 변두리에 있는 그리스도교 성골당 주변에서 발전하고 있던 새로운 공동체 의식(意識)에 보내는 조롱 섞인 찬사

마르쿠스 아우렐리우스의 자선, 콘스탄티누스 황제의 홍예문에 다시 쓰인 낮은 돋을새김 기법, 로마
마르쿠스 아우렐리우스가 가난한 시민들에게 가족 수당을 나눠주고 있다. 이는 시민들을 존속시키기
위한 방편이었다. 그러나 시민과 비시민이 아니라 이제는 상류 계급과 하층민 사이에 골이 생기기 시작했다
여기에는 자유민이건 아니건 평민들이라고 쓰여 있다. 하지만 이들은 모두 로마 도시의 시민들이다.

『비엔나 제네시스』 수서본의 연회 장면. 6세기
귀족들은 연회를 통해서도 부를 분배했다.

였다.

그리스도교 교회는 전적으로 새로운 계급들을 수혜자로 받아들임으로써 공동체의 경계를 다시 규정했을 뿐만 아니라 기부자들의 계급도 새로 정했다. 고전 도시의 지도에서 표시되지 않았던 또다른 집단은 바로 여성들이었다. 선물 증여가 자비 행위가 아니라 정치적인 행위로 여겨졌고, 정치적인 행위는 오직 남성들만이 할 수 있었기 때문이다. 이와 반대로 그리스도교 교회는 초기부터 여자들에게 가난한 자들과 관련해서 공적인 역할을 하도록 격려했다.[127] 여자들은 직접 보시를 베풀었고, 아픈 자들을 방문했으며, 자기 이름으로 성골당과 구빈원을 세웠고, 성골당의 의식에 참석할 때는 공공의 눈에 잘 보이는 자리에 앉도록 요청받았다.[128]

4세기 말 로마의 상류 사회에서 여성의 지위에 대한 전통적인 견해는 압력을 받게 된다. 로마에 거주하는 원로원 의원들의 핵심 그룹에서 소규모의 여자 상속자들이 계속해서 부와 위신을 축적하고 강화해가는 경향이 있었다.『황제열전』은 신분 상승을 꾀하는 정치가들과 결혼하도록 주위에서 강요했을 때 원로원 가계의 여자들이 신분을 지키기 위해 어떻게 "여자들의 작은 원로원 가계"를 구축했는지 말해주고 있다.[129] 하지만 이들은 질투를 살 정도로 개인적인 신분은 잘 보존했음에도 불구하고 공적인 역할을 담당하지는 못했다. 370년의 법은 남편이 죽었을 경우 남편이 약속한 경기 개최 경비를 아들을 대신하여 여자가 지불할 수 있도록 했다. 그러나 동시에 그 법은 그러한 경우에 여자들이 법무

경기를 주재하는 로마의 귀족, 상아로 만든 두 장 접이 서판, 5세기 초
귀족들은 이렇게 성대한 경기를 열어 시민들에게 자신들의 부를 분배했고, 그렇게 함으로써 자신들의 지배권을 유지했다. 하지만 귀족들과 달리 그러한 경기를 열 수 없었던 주교들은 자신들의 주도권을 형성하고 유지할 수 있는 다른 방법을 고안해내야 했다.

관 표장을 완전히 갖추고 공중에 나타나는 것은 "매우 부적절할 뿐만 아니라 수치스러운 일"이라고 규정해놓았다.[130] 두꺼운 비단 옷을 걸치고 로마 평민들의 환호를 받기 위해서 원형경기장의 단상에 나타나는 것은 오직 남자들만이 체험할 수 있는 장엄한 순간이었다.[131] 반면에 원로원 가계의 여자들은 본래의 자기 자리가 어디인지 확실히 기억해야만 했다.

고트 족이 로마를 포위하고 약탈한 것은 도시 공동체의 전통적인 이미지가 깨지기 시작했다는 것을 상징한다.[132] 따라서 이 사건 이후에 주요한 그리스도교 가문의 여자들이 성인 숭배와 연계된 자선이나 교회 건축에 참여함으로써 새로이 명망을 떨쳤다는 사실은 매우 중요하다. 보호자이자 충고자인 주교들과 성직자들은 여자들이 자신들의 이름으로 그렇게 하도록 격려했다.[133] 데메트리아스는 아니키우스 씨족의 원로인 페트로니우스 프로부스의 손녀였다.[134] 412년에 그녀는 카르타고의 주교로부터 베일을 받고 순결을 지키겠다고 공개적으로 선언했다.[135] 이 일은 로마의 전통적인 유대감을 깨뜨렸다고 여겨지던[136] 한 가문의 성원이자 피난자들이었던 아니키우스 씨족의 여자들이 신분이 낮은 사람들과의 정략 결혼을 통해서 가족의 재산을 구하도록 강요당했던 시절에 일어났던 것 같다. 성 히에로니무스가 축하 편지에서 지적했듯이 데메트리아스가 한 남자의 신부였다면 오직 한 속주에서만 알려졌을 것이다. 그러나 이제 그녀는 온 그리스도교 세계의 환호를 받게 되었다.[137] 로마에 다시 정착한 데메트리아스는 성 스데파노 성골당의 건축자가 되었다. 성골당의 비문은 의심할 바

없이 처녀 데메트리아스에게 찬사를 보내고 있다.[138] 성 스데파노의 헌신적인 피보호자로서 데메트리아스는 고난의 시대에 귀족 신분에 조금도 상처를 입지 않고 아니키우스 씨족의 여자로 남을 수 있는 길을 찾았다. 성인 숭배가 그녀로 하여금 그리스도교화된 도시에서 공적인 역할을 할 수 있도록 보장했던 것이다.

로마의 경우가 가장 생생하게 기록되어 있지만 결코 로마에만 한정되지 않는 이러한 발전들에서 우리는 전체적으로 도시 공동체의 압력이 성인 숭배를 점점 더 전면에 드러나도록 강요했다는 것을 감지할 수 있다. 성인들의 묘지에서 행해지는 부의 지출과 의식들은 다신교적인 과거로 회귀하려는 태도가 아니라 긴급한 당면 과제로 여겨졌다. 서지중해 도시민들이 4세기와 5세기의 전환기에 자신들이 처해 있던 혼란스러운 상황을 설명하고 통제할 수 있는 새로운 관용구를 바로 성인 숭배에서 발견했기 때문이다.

내밀한 종교적 감성으로 충만한 복잡한 발전 과정을 내가 다소 도식적으로 또 의도적으로 단순하게 분석했다는 것을 독자들께서 양해해주기 바란다. 그러나 만약 "이분 모델"을 우리 마음에서 떨쳐버리고자 한다면 다른 대안을 준비해야 한다. 만약 내가 제시한 대안이 어떤 장점을 가지고 있다면, 그것은 이 대안이 우리의 관심을 후기 로마 시대의 다른 영역으로 인도한다는 데 있다. 가령 우리는 신앙을 정확히 사회적인 맥락에서 다뤄야 한다. 특정한 형태로 편성되지 않았다면 성인의 묘지를 둘러싸고 나타났던 신앙들은 수세대 동안 전혀 정체 불명의 상태로 남아 있었을 것이라는 아주 단순한 이유에서라도 그렇게 해야 한다. 지금까지 우리가 살펴본 것은 그리스도교 공동체 내에서의 새로운 신앙의 출현이 아니라 오래된 믿음이 재구조화되는 과정이었고, 또 그러한 과정을 통해 그처럼 오래된 신앙은 한층 심오한 공적 함의를 갖게 되었다는 사실이다. 우리는 또한 "대중적"이라는 말을 재정의해야 한다. 우리는 이 말이 후기 로마에서 어떤 의미를 가졌는지를 진지하게 고려해야 한다. 다수의 후원을 동원할 수 있는 소수의 능력이 그것이었다. 우리는 위대한 자들이 예술 작품에 등장할 때에 항상 환호하는 군중을 동반하고 있었던 시대를 다루고 있다.[139] 후기 고대의 가장 흥미로운 특징들 중의 하나는 이 시대의 엘리트들이 고전 로마 제국 시기보다도 더 낮은 곳으로 내려가서 대중 속에 뿌리내리는 능력을 가지고 있었다는 것이다. 따라서 우리가 후기 고대 "문화의 민주화"라고 부르는 것들의 대부분은 위로부터의 민주화이다.[140]

마지막으로 우리는 대안적 모델이 주목할 만한 한 세대의 정신과 가슴 속으로 우리를 이끌어갈 수 있다는 것을 깨달을 수 있을 것이다. 카파도키아와 루앙과 같이 멀리 떨어져 있는 곳에서도 사람들은 후기 로마 시대 상류층 문화의 모든 자원들을, 성인 숭배를 명료화하기 위해 사용할 준비가 되어 있었다. 우리는 결코 "평범한 무리들" 사이에 형성되어 있던 습관의 무분별한 힘에의 마지못한 혹은 정치적인 양보를 다루고 있는 것이 아니다. 우리는 주도권을 장악하고 선택하고 그러면서 서유럽에서 멀리 중세까지 계속될 공적인 언어를 만들어낸 한 무리의 지휘자들을 다루었다. 이제 다음 두 장에서는 당분간 군중들을 떠나, 다양한 방법으로 묘지 주변에서 천상과 지상 사이의 관계를 새로이 구조화했던 사람들의 심성 속으로 들어가보는 시도를 할 것이다.

3장 보이지 않는 동반자

철학자들이나 웅변가들의 이름은 세상에서 잊혀졌다. 심지어 대중들은 황제와 장군들의 이름조차도 알지 못한다. 하지만 이제 사람들은 누구나 가장 친한 친구들의 이름보다 순교자들의 이름을 더 잘 안다.[1]

키루스의 주교 테오도레투스는 이 말로 그리스도교의 승리가 얼마나 확실한 것이었는가를 알리려고 했다. 5세기 중반이 되면 성인 숭배는 눈에 보이지 않는 친밀한 친구를 제공하며 지중해 사람들의 심금을 울렸다. '보이지 않는 동반자',[2] '친밀한 동반자'.[3] 테오도레투스와 당대인들이 성인들을 애정을 담아 이렇게 불렀다. 이 장에서 우리는 이들 보이지 않는 새로운 동반자들이 어떻게 후기 고대와 중세 초기의 사람들 사이로 물밀듯이 밀려오게 되었는가를 살펴볼 것이다. 그렇게 하는 동안 우리는 아주 오래된 신앙의 형식이나 의미가 미묘하게 변화하는 과정 역시 다루게 될 것이다. 지중해 사람들은 4세기 후반부터 현세의 삶과 무덤 너머의 세계에서 보이지 않는 존재가 친교와 격려 그리고 보호를 제공해주리라는 것을 점점 더 확신하면서 성인에게 의지하게 되었다. 과거에 이들 보이지 않는 존재는 동료 인간이었다. 그리고 지중해 사람들은 보이지 않는 존재에게 사회에서 사랑받았던 유력자의 모습과 똑같은 이미지를 누구의 손에나 잡힐 듯한 모습으로 부여했다.

신이든 다이몬[1]이든 수호 천사든 성인이든 보이지 않는 매개 인물과의 개별적인 관계를 "통속적인 믿음"이라는 미심쩍은 범주로 처리해버리곤 하는 학문적 전통에서는 이러한 변화의 함의가 충분히 파악될 수 없었다. 그러한 관계들은 모두 다신주의로 "회귀하는 인간의 심성"을 일관되게 보여주는 것처럼 보였기 때문에 그 안의 편차들은 충분히 주목받지 못했다. 그러나 이전 세대가 형체가 없는 힘의 희미한 존재를 찾던 곳에서 동료 인간의 얼굴을 찾는 것은 결코 작은 변화가 아니다. 보이지 않는 새로운 동반자와의 친밀한 관계를 표현한 그리스도교 저술가들이 새로운 환경에서도 여전히 감각적 호소력을 갖고 있던 고대의 관념들에 의존할 수밖에 없었던 것을 보면 이러한 변화의 정도를 알 수 있을 것이다. 이를 통해 우리는 시대의 느린 변화를 얼마간 정확하게 추적할 수 있을 것이다.

---

[1] 다이몬(daimon)은 희랍어로 땅의 수호신이나 사람의 수호신과 같이 하위의 신들을 말한다. genius는 라틴어로 개인이나 집단의 수호신을 의미한다. 이 책에서는 daimon을 다이몬으로 genius를 수호신으로 옮겼다.

인간과 신성한 존재의 관계를 보여주는 고대의 지도에서 시작해보자. 2~3세기의 사람들은 자아의 복수(複數)성과 함께 자아로부터 절대자에 이르는 일련의 중간 단계들에 대하여 섬세한 감각을 가지고 있었다. 플루타르코스는 이 문제에 단호한 입장을 취했다. 그는 대중적인 믿음과 달리 영혼은 단순하고 균질적인 실체가 아니라 여러 층으로 구성된 복합체라고 썼다. 개인들이 직접 인식할 수 있는 층 위에는 "진정한" 영혼이라는 또다른 층이 있고 마치 영혼이 육체보다 우월한 것처럼 그 진정한 영혼은 우리가 알고 있는 영혼보다 한없이 우월하다.[4] 이렇게 자아들은 위계를 구성하고 있고, 이러한 위계의 맨 꼭대기는 신 바로 아래에 닿아 있다. 바로 그 꼭대기에 후기 고대인들은 보이지 않는 수호자를 놓았다. 이 수호자가 개인적인 다이몬이든 수호신이든 수호천사든 그 기능은 같았다. 이들 보이지 않는 수호자는 개인들을 돌볼 책임을 맡고 있던 것이다. 이들 수호자가 개인들을 돌보는 방식은 너무나 친밀해서, 보호자는 개인의 영원한 동반자였을 뿐만 아니라 개인 영혼의 맨 꼭대기와 거의 일치했다.[5] 개인들은 태어날 때부터 그들에게 맡겨지고 사후에도 그의 보호를 받기 때문이다. 자아의 정체성이 지속되는 것은 그들의 보호 아래 있기 때문이었다. 따라서 후기 고대의 에티켓에서 간단히 "당신의 천사"라는 말로 인사를 대신하는 것은 결코 이상한 일이 아니었다.[6] 암미아누스 마르켈리누스는 이렇게 썼다.

신학자들은 사람은 누구나 태어나자마자 행동의 지도자로서의 신성한 존재와 관련을 맺는다고 주장한다. 그러나 매우 소수의 사람들만이 신성한 존재를 보았으며 신성한 존재의 많은 공적을 통해 고귀해졌다.[7]

3세기에 위대한 사람이란, 환영들(visions)을 통해 보이지 않는 수호자들과 이례적인 친밀함을 누리고 있음을 명확하게 보여주는 자였다. 240년에 젊은 마니는 자기 수호자와 접촉한 경험을 갖고 설교자로서 일하기 시작했다. 수호자와 마니의 접촉은 너무나 친밀한 것이어서 그의 주체적 정체성과 하늘에 있는 그의 쌍둥이인 좀더 높은 자아가 융합하는 지경에 이르렀다.

> 그 영혼(하늘의 쌍둥이)이 내게로 오셔서 나를 선택했다. 그는 내가 자신에게 적합하다고 판단하고 나를 끌어내어 내가 자라난 영역에서 나를 분리했다. 나는 그를 나의 것으로, 나 자신만의 것으로 만들었다.[8]

310년 콘스탄티누스는 '자기의 수호자인' 아폴로 신의 환영과 함께 신중하게 정복을 준비했다. "당신은 그를 보았고 그 안에서 젊고 활기차며, 구원과 놀라운 아름다움을 가져오는 (……) 당신을 알아보았다."[9]

그런데 이러한 친밀한 보살핌은 오직 위대한 사람들만을 위한 것은 아니었다. 오리게네스에 의하면 자비로운 존재는 평범한 그리스도교인들 속으로 밀려들어왔다. 수호 천사들은 "친척이나 친

중국 투르판의 벽화에 그려진 마니, 8~10세기
메소포타미아에서 출생한 이 종교 지도자는 시리아에서 로마 제국, 중앙 아시아와 중국에까지 신자들을 배출했다.

구들"로 볼 수 있으며, "기도하는 사람들에게 그들의 존재는 아주 친밀하게 느껴졌다."[10] 우리는 오리게네스의 제자이며 추종자인 그레고리우스 타우마투르구스가 234년에 쓴 자전적 저작 『오리게네스에 대한 감사와 찬양의 말』에서 이것이 무엇을 의미하는지 살펴볼 수 있다. 그레고리우스는 사연이 많은 사람이다. 그는 조국에서 추방당했다. 그는 친척들과 함께 제국의 행정력이 거의 미치지 않는 흑해 연안의 폰투스의 시골 구석으로부터 베이루트에 있는 로마법 학교들을 통과하여, '거룩한 땅'으로 이주했다. 그는 명백히 그리스도교적인 배경을 가진 열정적이고 야심 찬 젊은이였다. 그의 이력은 젊은 아우구스티누스의 이력과 매우 비슷하다. 우연히 카이사레아에서 오리게네스의 학습 모임과 마주치게 되었을 때 그는 마침내 자신이 안전한 항구로 진로를 잡았다고 안도했다. 자기 자신과 다른 사람들에게 자기의 개종이 의미하는 바를 명백하게 설명하기 위해서 그레고리우스는 자연스럽게 수호 천사 개념에 의존했다.

> 사실 나와 우리 친척들 중 누구도 나를 위한 최상의 길을 알지 못했다. (……) 오랫동안 그 천사의 존재는 나를 길러왔고 나를 형성해왔으며 내 손을 잡아끌어와다. 무엇보다도 그는 전에는 나와 아무런 관계가 없었고, 나의 친척이나 이웃도 아니었으며, 내 고향 출신도 아니었고, 우리 가정과 안면도 없었던 저 위대한 존재와 나를 연결시켰다.[11]

이런 식으로 위기의 시기든 아니면 보호와 영감을 구하는 매일의 기도를 통해서든 후기 고대인들의 종교적 감수성은 보이지 않는 동반자와의 깊은 대화에 의해 서서히 형성되었다. 4세기 말에 시네시우스의 『찬송』은 매우 정교하면서도 전통적인 언어로 그러한 관계의 따뜻함을 찬양했다.

> 그리고 오 왕이시여, 저에게 동료, 파트너, 신성한 힘의 신성한 전달자, 신의 뜻에 의해 빛나는 기도의 전달자, 친구, 고귀한 선물의 분배자, 내 영혼의 보호자, 내 삶의 보호자, 행위의 보호자를 주십시오.[12]

철학자인 시네시우스가 이런 종류의 글을 쓰는 동안, 가족과 아내 소유의 토지가 보르도에서 바르셀로나까지 흩어져 있던 귀족 파울리누스는 놀라에 성직자로 정착함으로써 10년의 은거 생활에 종지부를 찍었다. 놀라에는 그의 가족의 재산이 있었고 그는 381년에 시장으로 복무했다. 그의 조상 중의 한 명은 그 도시에서 '최초의 보호자(patronus ex origine)'로 칭송받았다. 394년에 그는 가족의 재산을 대부분 포기하고 금욕적인 생활을 선택함으로써 대가문의 이름을 단절시켜 원로원 사람들을 놀라게 했다. 그의 과거 행적은 본인에게나 다른 이들에게 보다 자세히 설명되어야 한다. 389년경에 막시무스 황제의 찬탈에 따른 탄압의 물결 속에서 형제가 암살당하고 재산이 몰수당할 위협이 나타나자 그는 "오지로" 불안하게 숨어들어갔다. 게다가 새로 태어난 아들마저 죽었다. 394년에 그가 놀라를 최종적인 은거지로 삼은 직후에 바르셀로나에서 회중은 그에게 성직 서품을 받을 것을 강요했다.[13] 그가 갈리아-로마 귀족 사회와 결별하는 과정은 그와 스승 아우소니우스가 공개적으로 교환하였던 시들에 기록되어 있다. 당시 60세가 넘었던 스승 아우소니우스는 남부 갈리아의 교양 있는 무리들의 원로였고 한창 때에는 전통적인 토지 보유 가문의 성원들이 들어갈 수 있는 고문단을 주도했던 사람이었다. 파울리누스도 한때 이 고문단의 아주 잘 나가는 의원이었다.[14] 파울리누스는 평생 일종의 전시품 비슷한 역할을 했다. 아우구스티누스는 『신국론』에서 부에 대한 초연함이라는 주제를 다루면서 그를 '우리의 파울리누스'라고 불렀다.[15]

아우구스티누스 본인을 제외하면, 라틴 서방에서 호기심 많은 신도들로부터 자기 운명을 이야기하도록 그렇게 끊임없이 시달렸던 그리스도교 저술가도 드물었다. 파울리누스만큼 더 자주 그리고 더 뛰어난 시적 기교로 보이지 않는 동반자와의 관계를 통해 운명을 노래한 사람은 없었다. 놀라에 정착한 후에 파울리누스는 처음에는 성직자로서, 후에는 놀라의 주교로서 펠릭스의 성골당에 깊은 관심을 보이면서 성 펠릭스를 찬양하는 시를 썼다.

> 이제 펠릭스 당신에게 감사하면서 기도를 드립니다. 존경받는 아버지이고 영원한 보호자이며 나의 유모이고 예수의 친한 친구인 펠릭스 당신을 위하여 이 시인의 재주를 사용하게 하소서.[16]

보이지 않는 인물과 파울리누스의 관계는 2세기의 수사학자인 아일리우스 아리스티데스와 그를 치유해준 신 아스클레피우스 사이의, 무성한 소문을 뿌렸던 관계와 비교될 수 있다.[17] 그러나 아리스티데스의 『성스러운 이야기들』을 그토록 당혹스러우면서도 매혹적인 것으로 만드는 자기 중심주의나 우울증이 파울리누스의 이야기에서는 전혀 보이지 않는다. 하지만 파울리누스의 "굉장한 온건함"[18]이 오히려 그에게 불리하게 작용하기도 했다. 아리스티데스가, 사람들이 아스클레피우스와 자기의 관계를 자연스럽게 여기지 못하리라고 확신했던 것만큼이나 분명하게 우리는 파울리누스와 성 펠릭스의 관계를 자연스럽고 당연한 것으로 생각해왔다. 그 결과 놀라에서 파울리누스가 했던 일들은 간과되는 경향이 있다. 그것들은 목가적인 것으로, 작은 소동으로, 그리고 특히나 별로 놀랍지 않은 일로 간주되어왔다.[19] 서지중해 전역에 성인 숭배가 땅안개처럼 자욱하게 퍼지고 있었다고 여겨지는 시기에[20] 파울리누스의 행동은 유별난 귀족이 원로원 계층의 막대한 부와 여가를 색다르게 즐겨보고자 한 일일 뿐이라고 평가되었다.[21] 다시 말해 사람들은 신학자 파울리누스가 아니라 단아한 고대의 시인 파울리누스가 성 펠릭스와 그의 성골당에서 편안하게 쉴 자리, 새로운 시적 소재, 도시의 옛 신들의 모습을 찾았다고 생각한다.[22]

그러나 우리는 파울리누스가 저 유명한 『마르티누스의 생애』를 쓴 술피키우스 세베루스와 동시대인이자 가까운 친구였다는 사실을 잊어서는 안 된다.[23] 두 사람에게는 공통점이 많다. 그들은 세기의 전환기에 평범한 사람과 신성한 보호자가 맺을 수 있

시몬느 마르티니, 〈성 마르티누스〉, 프레스코화, 1317년경, 아시시
성 마르티누스는 살아 있을 때도 귀신 쫓는 성인으로 명성이 높았고, 죽어서도 그랬다.

는 새로운 관계를 표현하려고 노력했다. 이 영적인 보호자가 성 마르티누스의 경우처럼 최근까지도 같이 살았고 직접 볼 수 있었던 인물이든, 아니면 성 펠릭스의 경우처럼 오래 전에 죽은 인물이든(혹은 같은 시대에 살았다고 해도 '볼 수 없었던' 인물이든) 술피키우스와 파울리누스는 인간을 라틴 그리스도교 문학의 확고한 중심에 놓았다. 두 사람의 이러한 노력 이후에 성인에 대한 서구 그리스도교의 태도가 안정된 궤도 위에 올랐다는 사실을 고려해보건대 이들이 수행한 작업의 독창성이나 영웅(성인)들이 새로이 부각될 수 있도록 지중해의 종교 사상의 오랜 주제들을 재배열한 두 사람의 수완과 독창성을 과소평가해서는 안 될 것이다.[24] 만약 "대개 기원의 발명가는 또한 이름의 창시자이기도 하다"[25]라는 니체의 말을 따른다면, 의도한 것 같지는 않지만 파울리누스가 성 펠릭스라는 평생 그림자 같은 존재에게 꼭 맞는 이름을 붙여 주었다는 이유만으로도 우리는 파울리누스를 저 위대한 아우구스티누스와 나란히 라틴 그리스도교 신앙의 창시자라고 불러야 할 것이다.

한편 파울리누스를 살펴보면서 우리는 많은 옛 이정표들의 매력적인 광경을 다른 각도에서 봄으로써 고대의 풍경이 좀더 뚜렷하게 변하고 있었다는 사실을 알 수 있다. 즉 성 펠릭스와의 관계를 묘사할 때 파울리누스는 보이지 않는 동반자와 맺을 수 있는 모든 친밀한 연대감을 애정어린 마음으로 죽은 인간에게로 옮겨 놓았다. 이전 세대 사람들이 다이몬이나 천사 등 '비' 인간적인 신의 형상들 속에서 찾았던 것을 말이다. 그러나 파울리누스는 펠릭스와 자신의 관계에서 고대의 큰 틀을 상당 부분 그대로 따르고 있는데, 바로 여기에서 우리는 보호 성인이 후기 고대인들에게 얼마나 친밀한 인물이었는가를 알 수 있다. 동시에 그러한 관계가 두 인간 사이의 관계로 표현될 수 있었다는 것은 우정과 신뢰로 짜여져 있던 후기 로마 사회의 풍부한 핏줄이 이제 보이지 않는 세계의 조직으로까지 흘러들어가게 되었다는 것을 의미한다. 펠릭스는 인간의 얼굴을 하고 있다. 따라서 펠릭스와의 관계는 인간의 경험에 기반한 여러 기대치들을 모델로 삼고 있었다. 더욱 중요한 사실은 이런 인간적인 경험이 4세기 말과 5세기 초 사람들의 일상적인 삶의 고유한 향취를 그대로 풍기고 있었다는 것이다. 펠릭스는 시간을 초월하여 이상화된 인물이 아니었다. 로마의 귀족들과 그들의 피보호자들이 긴밀한 유대를 이루며 사는 세계에서 펠릭스는 보호자이자 '친구(amicus)'였는데 파울리누스와 그의 독자들은 그러한 존재를 이미 너무나 잘 알고 있었다.

그러나 먼저 이전의 오래된 배경을 통해서 펠릭스가 보이지 않는 동반자로서 어떻게 자기 역할을 찾아가는지 살펴보자. 파울리누스는 의도적으로 자신의 정체성을 펠릭스와의 관계를 통해서 찾았고, 그럼으로써 이전에는 다이몬, 수호신, 수호 천사에게 쓰이던 많은 용어들을 인간인 성인에 대해 사용했다. 여러 층으로 이루어진 자아가 비인간 중재자들의 촘촘한 사슬을 통해서 신적인 존재와 연결된다는 오랜 믿음의 무게 때문에 펠릭스는 파울리누스의 삶과 성품(personality) 깊은 곳으로 스며들게 되었다. 펠릭스는 신의 권좌 앞에 서 있는, 즉 인간과는 멀리 떨어져 있는 중재자가 아니었다. 펠릭스는 파울리누스의 정체성의 수호자였고, 때로는 그런 정체성의 체현이기도 했다. 파울리누스의 시는 후기 고대와 중세 초기의 사람들에게 보호 성인은 여전히 의식할 수 없는 자아의 층이라는 고대적 특징을 그대로 갖고 있었다는 것을 분명하게 보여준다.

따라서 우리는 촘촘히 연결된 존재들의 사슬을 계속해서 염두에 두어야 한다. 다이몬들도 자기 수호 영혼으로서 신들을 택할 수 있었다.[26] 특별히 뛰어난 사람은 다이몬과 똑같은 특권, 즉 신이나 하느님을 자신의 직접적이고 개인적인 보호자로 취할 수 있는 특권을 누릴 수 있다는 생각이 점점 열광적인 호응을 얻었다.[27] 평범한 사람들에게는 하느님이 다이몬이나 수호 천사를 정해주신다.[28] 점성술적인 신앙은 개인이 태어나면서 수호 천사와 연결되는 순간을 정확하게 지정해주었다. 태어나는 순간에 수호 천사가 개인과 결합하는 것을 천궁도가 보여주기 때문이었다.[29]

우리는 파울리누스의 시에서 이와 똑같이 긴밀하게 상호 의존적인 존재들의 구조를 발견할 수 있다. 일생 동안 예수와 친밀한 보호 관계를 누렸던[30] 펠릭스는 무덤에 묻힌 후 예수와 더 긴밀하게 연결되었다.[31] 펠릭스가 천상에서 누리는 이 긴밀한 유대의 풍요로움이 지상에서 그의 보호를 받고 있는 파울리누스에게로 고스란히 전해졌다. "이제 당신에 대해 노래하게 하소서. (……) 예수가 다정한 친구인 당신에게 나를 맡기셨으니 나는 지상에 태어난 순간부터 당신에게 속하게 되었습니다."[32] 파울리누스는 친교의 시인이었다. 그에게 "세상에 대한 경멸"은 항상 "예수와의 동반 관계" 속으로 더 깊이 침식할 수 있는 기회였다.[33] 그는 탁월한 이미지들의 조합을 통해, 예수의 가슴에 머리를 묻기 위해서 사다리를 타고 별에 오르는 죽은 자에 대한 시를 썼다.[34] 그러나 펠릭스를 묘사하기 위해 그가 사용한 언어들은 단순히 인간의 우정이나 보호 제도와 관련된 것만은 아니었다. 거기에는 오래된 어떤 (관계의) 고리가 여전히 존재했다. 파울리누스는 펠릭스에 대한 친밀함을 우주의 고요한 구조 속에 내재된 필연적인 인연으로 느꼈다. 파울리누스에게 펠릭스는 중재의 행위를 통해 보살펴주는 보호자 이상이었다. 어떻게 보면 펠릭스의 중재 행위라는 것은 바로 안정되고 감추어져 있는 유대를 드러내주는 것이다.[35] 파울리누스는 펠릭스와 함께 태어났다. 그러나 세례를 받고 금욕적인 은둔 생활을 함으로써 그는 펠릭스와 함께 "다시 태어났다". 펠릭스가 땅에서 죽고 하늘로 가서 "태어난" 날인 펠릭스의 축제일이 파울리누스의 진정한 생일이다.

> 나는 항상 태어난 날이 아닌 이 날을 내 생일로 기념해왔다. 내가 사악한 족속 중에 악행으로 태어난 날은 액운을 타고난 날이다. 그러나 나의 보호자가 나를 위해 하늘에서 태어난 날은 축복받은 날이다.[36]

이것은 조심스럽게 선택된 역설로서, 여전히 고대의 연상법을 떨쳐버리지 못하고 있다. 보이지 않는 이상적인 동반자에게 자기 정체성을 연결시키는 것만이 출생 시 수호신과 결합하는 것만큼이나 긴밀한 유대로 이해되었는데, 파울리누스와 그의 금욕적인 친구들에게는 이런 행위만이 육신을 안고 태어난 슬픔을 달래 줄 수 있었기 때문이다.

보호 성인에 대한 숭배가 금욕적인 무리들 사이에서 가장 빨리 퍼져나간 것은 놀라운 일이 아닐 것이다. 깊은 죄의식으로 불확실성이라는 늪의 가장 밑바닥까지 가라앉은 금욕주의자의 정체성은 안정을 되찾아줄 한 오라기의 친밀한 끈을 열망할 수밖에 없기 때문이다. 파울리누스는 펠릭스를 매우 따뜻하고 화려하게 그렸지만, 자신을 그렇게 그리는 것은 반대했다. 슬프게도, 자신은 벗어버려야 할 아담의 형상을 본따서 만들어졌다고 생각했기 때문이다.[37]

니사의 그레고리우스가 쓴 누이 마크리나의 전기를 살펴보면 교양 있는 그리스도교 가정에서 이것이 무엇을 의미하는지를 알 수 있다. 그레고리우스에 따르면 마크리나는 단지 공적인 이름일 뿐이고, 그녀가 은밀하게 사용하는 진짜 이름은 신이 나타나 계시해주신 것이다. 어머니는 마크리나를 낳을 때 세 번이나 같은 꿈을 꾸었다. 꿈속에 그녀가 딸을 안고 있는데 거룩한 인물, 처녀 순교자 테클라가 딸에게 테클라라는 이름을 지어주었다. 그녀는 정말로 두번째 테클라를 낳고 있었다.[38] 부모가 죽자 남편의 보호를 받기 위해 마지못해 결혼하여 첫 출산을 앞 둔 젊은 여자였던 마크리나의 어머니에게 그 꿈은 매우 중요한 것이었다. 출산은 순조로웠고 마크리나는 그녀의 정체성을 확보하고 태어났다. 마크리나는 육체를 지니고 태어난다는 슬픔을 이미 보상받았다. 곧

만만찮은 남자 형제들이 뒤를 이어 태어났다. 그러나 모범적인 처녀 테클라와의 신비한 연결에 의해 정체성이 강화되고 또 보호되었던 마크리나는 항상 남달랐다. 아이였을 때 그녀는 '마치 아직 어머니의 자궁 속에 있는 것처럼' 살았다.[39] 그리고 수녀회의 수장이 되었을 때 그녀의 삶은 인간적인 삶과 천사의 삶 사이의 보이지 않는 경계선 상에서 흔들리고 있었다.[40]

후에 세례명이 보급된 것은 개인의 정체성을 성인에게 연결해야 할 필요가 있었다는 사실을 반영한다. 세례명은 새로운 탄생과 관련된 새로운 정체성을 상징한다. 세례 때 약속된 "재탄생"은 온전히 인성(personality)의 형성에 대한 고대의 모델에서 유래한 것이기 때문이다. 세례는 태어나자마자 사람의 인성을 결정하는 별의 영향력을 제거하고 그를 보호해 줄 수 있는 새로운 영(spirit)에게 그 권한을 위임하는 과정이었다. 곧 인성이란 처음에는 별들이 서로 갈등하며 만들어낸 복잡한 그물망 속에 특정한 수호신의 성격이 한 올로 짜여들어가면서 생기는 것인데, 세례가 사람들을 그렇게 형성된 인성으로부터 해방시킨다는 것이다.[41] 가령 시리아의 성 세르기우스 성골당들 주변에 있는 세례당들로부터 뻗어난 길을 따라 늘어선 도시와 마을들에는 세르기우스라는 이름이 많은 것을 볼 수 있다.[42]

이제 인간이 보호자가 된다. 잠시 동안 4세기의 예술을 살펴보면 이것이 무엇을 의미하는지를 알 수 있다. 3세기 말에서 4세기 초의 것으로 보이는 빈켄티우스의 묘실에는 귀부인 비비아가 "선한 천사"의 손에 이끌려 신들의 축제에 참석하는 장면이 그려

비비아 무덤에 그려진 벽화, 4세기, 로마
귀부인 비비아가 천사에 의해 이끌려 가는 모습이다. 이렇게 개인을 보호하고 신과 중재해주는 존재로서의 천사는 로마 시대부터 일반적인 관념이었다. 그런데 4세기 후반에 이러한 보호자가 천사에서 같은 인간인 성인들로 대체되는 미묘한 변화가 생긴다.

져 있다.[43] 한편 396년에 그려진 것으로 보이는 순교자 성골당 뒤 베네란다 묘실에 있는 한 그림에는 베네란다가 후기 로마 시대의 고상한 여인의 모습을 한 순교자-성인 페트로닐라 옆에 있다.[44] 페트로닐라는 성 베드로의 딸이다. 그녀는 성인으로 추앙받을 이유가 별로 없는 성인이었고, 로마에서 후기 고대가 끝나기도 전에 잊혀졌다. 그러나 4세기 말에 성 베드로와 로마 교회에 "좋은 딸"로 보이고 싶어했던 한 귀부인의 여자 보호자이자 "분신"으로서, 페트로닐라는 완벽한 성인이었다.

이러한 변동의 직접적인 결과를 우리는 파울리누스의 시에서 살펴볼 수 있다. 파울리누스의 정체성의 보증인이나 어떤 점에서 수호신의 후계자로서의 성 펠릭스의 역할도 물론 중요하지만, 이것은 예전 관념의 틀을 벗어나지 않는 반면, 펠릭스가 새로 맡게 된 '친구'와 '보호자'라는 역할은 상당히 새로운 것이었다. 이 문제와 관련해서, 태어나면서부터 '우정의 종교(religio amicitiae)'로 묶여 있는 세계에 살던 귀족 파울리누스에게 성인 숭배는 모든 것을 명료하게 해주는 원천(源泉)의 물줄기를 내는 것과 마찬가지였다.[45] 친구와 손을 잡고 정원을 산책하는 장면을 떠올릴 때면 파울루니스는 항상 행복했다.[46] 죽기 사흘 전, 즉 더이상 회복의 희망이 없었을 때 근처에 있던 두 명의 주교가 그를 방문했는데 이 방문이 그를 완전하게 회복시켰다. 그는 "자기 육체의 허약함을 잊고" 침상에 앉아 "방문자들에게 천사와 같이 활기차고 품위 있는 모습을 보여주었다."[47]

그럼에도 불구하고 파울리누스의 시에는 항상 후기 로마 원로원 의원들의 예의 범절이 갖는 정중함 이상의 것이 있었다. 오히려 그의 시는 그러한 예의 범절의 다른 측면을 이야기해준다. 교양에 의해 다른 계급과 스스로를 구분했던 [원로원] 계급도 사랑하는 선생이자 영적인 지도자인 인물에 대해 고대 지중해 사람들의 마음속에서 샘솟고 있던 따뜻한 온정을 표현하는 데 익숙해져 간 것이다. 세상과의 단절을 정당화하면서 파울리누스가 아우소니우스에게 쓴 시들은 당대 '고상한 귀족'의 마음을 깊이 사로잡고 있던 쟁점들과 관련되어 있다. 그것들은 곧 영감을 불어넣는 경쟁적인 형식들을 탐구하면서,[48] 사랑하는 두 선생 중 누구에게 충성을 다하는가를 놓고 갈등하던 사람의 파토스를 너무나 잘 전달하고 있다.[49]

당신의 모습이 가슴에서 멀어지기 전에 먼저 생명이 몸에서 떠날 것입니다.[50]

내가 모든 곳에 있는 당신을 바로 지금 볼 수 있다면
온 마음으로 나는 당신을 붙잡을 것이고
(……)
당신을 얼싸안을 것입니다.[51]

이것이 그 후 10년간 파울리누스가 성 펠릭스와 자신의 새로운 관계를 주조해냈던 틀이다. 그는 주위에 영웅들을 끌어모으는 수완을 결코 잃지 않았다. 그는 죽기 직전에 또렷한 음성으로 자신의 "형제들"인 야누아리우스(나폴리의 순교한 주교 성 젠나로)와 마르티누스(이미 죽은 지 30년이 지난 투르의 마르티누스)가 있는지 물었다. 확인을 받은 후 "나는 산을 향하여 나의 눈을 돌렸다" 라는 『시편』의 한 구절을 외우면서 손을 올렸다.[52]

파울리누스와 같은 인물을 다루면서 그가 오래된 신들에 대한 숭배를 성 펠릭스에 대한 애착으로 대체했을 뿐이라고 말하는 것은 이러한 변화의 역동성을 설명해줄 수 없는 너무나 무기력한 모델을 채택하는 것이다. 파울리누스와 같은 후기 로마 귀족들은 자기들이 뭔가 새로운 요소를 첨가했기 때문에 다신교적인 과거를 청산할 수 있을 것이라고 생각했다. 결국 다른 세계와 관계하는 새로운 형식은 이제 후기 로마 원로원 의원들의 따뜻한 '우정'과 함께 보호자나 사랑하는 선생에 대한 강렬한 '충성심'으로 충만하게 되었다.

아우구스티누스는 과연 그답게 이러한 변화의 함의를 깨달은 최초의 사람들 중의 하나였다. 아우구스티누스는 파울리누스와 매우 다른 각도에서 성인의 역할에 접근했다. 파울리누스는 원로원 의원들이 우정과 보호 제도라는 사적인 유대 관계에 대해 느끼는 감정을 너무나 잘 알고 있었기 때문에 자신의 새로운 삶을 성 펠릭스의 "젖먹이" 혹은 "하인"으로, 그렇게 생생하게 표현할 수 있었다. 반면에 아우구스티누스는 그런 원로원 층의 감성을 가지고 있지 않았다. 아우구스티누스의 말은 여전히 오래된 『시편』의 언어, 즉 하느님에게 직접 말하는 인간의 언어로 되어 있었고 이 때문에 『고백록』은 자체만의 고유한 [문학적] 범주를 갖게

선생님으로서의 예수, 상아 상자, 5세기

되었다.[53] 우리는 『고백록』에서 그리스도교적인 헌신의 모든 것을 일별할 수 있다. 그러나 자신의 생애에 대한 아우구스티누스의 묘사에는 파울리누스가 가지고 있던 이정표들이 없다. 즉 아우구스티누스에게는 성인 후원자가 없었다. 우리는 『고백록』에서 수호신에 대한 싸늘한 암시를 겨우 몇 개 찾아볼 수 있을 뿐이다.

그럼에도 불구하고 416년경 아우구스티누스가 죽은 인간과의 강렬한 연계가 암시하는 변화를 정확하게 간파할 수 있었던 것은 다름 아니라 그가 이 문제에 추상적으로 접근했기 때문이다. 아우구스티누스는 북아프리카에서 성 스테파노 숭배를 환영하고 확립하던 시기에 그 놀라운 저작 『신국론』 10권을 쓰기 시작했다. 이 10권은 하느님과 인간 사이의 진정한 중재자에 대한 성격을 재정의하는 데 할애되어 있다. 반란을 일으키는 천사들과 달리 이 중재자는 하느님의 종이 되어 인간과 하느님을 연결시키고 자신의 동료 종들인 인간들 사이에 하느님의 뜻을 전달하는 데 전념한다.[54] 따라서 순교자 성인 숭배는 하나의 역설인데, 아우구스티누스는 이를 통해 우주에 대한 전통적인 위계 질서를 뒤집어 버렸다. 순교자로서 하느님의 진정한 종으로 입증된 사람들은 천사들보다 더 가까이 동료 인간들을 하느님에게 연결시킬 수 있다.[55] 그런데 천사들, 그것도 하느님의 뜻에 가장 순종하는 천사들만이 중재한다는 믿음은 인류와 하느님 사이에 신분이 다른 존재를 설정하는, 즉 하나의 절벽을 설정하는 경향을 강화시켜왔다.[56] 하느님과 인간을 중재하는 연결망과 관련해 이처럼 오래된 차별감은 별들을 지상과 구별하면서 우주를 가로지르는 단층을 상정하는 생각의 당연한 결과였다. 인간의 죽음이라는 수모를 겪은 순교자들만이 그러한 단층을 이어줄 수 있다. 『신국론』을 써 내려가는 동안 아우구스티누스는 성 스테파노에 대해 다음과 같은 설교를 한 적이 있다. 계시록에서 사도 요한이 천사(성 스테파노 — 옮긴이)를 보고 경배했다. 그러나 천사는 말했다. "일어나 주님을 경배하십시오. 나는 당신의 동료 종일 뿐입니다".

> 우리의 동료 종인 그를 통하여 하느님의 은총을 받읍시다.[57]

아우구스티누스의 설명은 그리스도교 신자들의 감수성의 흐름을 요약한다. 4세기 후반의 그리스도교도들은 동료 인간으로서 동일시할 수 있는 보호자와 친교하기를 원했고, 이미 그들이 친숙하게 알고 있는 인간 관계였던 보호자와 피보호자 관계와 유사한 방식으로 그 보호자와 관계를 맺고자 했다. 이것이 당시의 신앙심의 중요한 특징이었다.[58] 그것은 후기 고대 우주의 하늘로 솟아오르는 위계에서 인간과 인간 이상의 존재를 중개하는 신이나 천사에 대한 존경을 서서히 몰아내고 있었다.[59]

더구나 순교자 숭배에는 어딘가 아늑한 구석이 있었다. 작은 도시에서 설교하면서 토리노의 막시무스는 그 지역의 순교자들이 복음을 전파하기 위해서 토리노에 온 것이라고 지적할 수 있었다. 이렇듯 순교자들은 토리노의 동료 시민이었고,[60] 그들의 무덤은 신도들의 조상 무덤들과 같이 있었다.[61] 대지주들이 도시 밖에서 봄 내내 사냥을 하다가⁽⁶²⁾ 야만족이 침입한다는 소문이 들리자 곧바로 냉담하게 떠나버리는 등⁽⁶³⁾ 중요한 사람들이 아무도 토리노를 눈여겨보지 않던 시절에 [막시무스는 이렇게 생각했다] 그리스도교 공동체와 그 도시의 비천한 사자(死者)들 간의 친밀한 연계는 결코 작은 문제가 아니었다.

그런 연계는 친밀하고도 쉽게 이해될 수 있는 것이었다. 성인들도 신도들과 인간적인 특성(humanity)을 공유하고 있다는 것을 강조하게 되면 결국 성인의 역할을 후기 로마 사회에서 가장 세련되게 발전했던 인간 관계들의 맥락에서 아주 명확하게 이해할 수 있었기 때문이다.⁽⁶⁴⁾ 수호 성인들이 그리스도교 예술에서 매우 빠른 속도로 부각되었다는 것만큼 4세기 후반의 특징을 잘 보여주는 것도 없을 것이다. 성스러운 사자가 중재자라는 믿음은 오래 전부터 형성되어 있었다. 하지만 그것은 낯선 언어로, 『구약성서』의 속죄라는 용어와 긴밀히 연관된 언어로 표현되어 있었다.⁽⁶⁵⁾ 그러한 믿음은 분명히 생겨났지만, 그것을 표현할 수 있는 언어가 없었다.⁽⁶⁶⁾ 그러나 후기 고대의 예술은 뛰어난 인물과 그들의 피보호자들 사이의 관계를 표현할 때 최고의 솜씨를 발휘했다. 성인이 중재한다는 원칙을 풀어내놓고 이 원칙을 한꺼번에 카타콤의 벽들에 그렇게나 눈에 띄게 쏟아낼 수 있도록 해준 것은 성인의 역할을 사회적 관계의 관점에서 표현해보고자 한 자발성으로, 4세기 예술은 이것을 아주 능숙하게 전달할 수 있었다.⁽⁶⁷⁾ 대규모 공동묘지 코에메테리움 마이우스에 있는 4세기 후반의 그림은 조용하고도 반듯이 서 있는 순교자의 형상 양 옆에서 한 부부가 보호를 요청하면서 무릎을 꿇고 있는 장면을 담고 있다. 그 부부는 그들의 보호자에게 다가가는 신의 '종들'이었다. 우리는 이 그림을 보며 백 년 동안 제국 예술에 의해 정련된 양식으로 성인 숭배를 표현할 수 있었던 한 예술가의 존재를 떠올릴 수 있다.[68]

실로 4세기 후반 그리스도교가 가진 장점 가운데서 제대로 고려되지 않은 것 중의 하나로, 저 세상과 이 세계가 맺는 관계를 설정해주는 모델 속에 같은 시대 로마 제국의 사회적 경험을 복제해내는 빼어난 감수성을 꼽을 수 있다. 우리는 종종 세속 세계로부터 차용해온 수많은 문헌·법률·도상학적 사례들을 고립적으로 연구하는데, 그것들을 모두 함께 고려한다면 그리스도교 교회의 성공을 해명할 수 있는 중요한 단서를 찾을 수도 있을 것이다. 그리스도교는 즉각적으로 이전 세대의 낡은 언어를 떨쳐버릴 수 있는 어휘들로 스스로를 표현하고, 그렇게 함으로써 그리스도교 신앙심이 일상의 경험에 확고하게 뿌리내릴 수 있는 이루 헤아릴 수 없는 이점을 누렸기 때문이다.[69] 4세기 후반의 그리스도교 저술가들과 보호자들은 『구약성서』를 통해 고대 근동의 예배 습속으로부터 취해진 종교적 언어의 무거운 반죽에 후기 로마 시대에 전형적으로 나타났던 인간 관계라는 효모를 발효시켜 시와 미술, 예배에 반영할 수 있었다. 3세기 중엽 카르타고의 키프리아누스는 명백하게 암브로시우스를 예고하고 있다. 그러나 그의 입은 여전히 옛 언어의 엄격함에 붙잡혀 있다. 거기에는 후기 로마 귀족의 보증서라고 할 수 있는 권세와 친밀함의 풍부한 결합이 없었다.

그리스도교 교회에서 일어난 일이 이러한 복제 과정이었다는 것을 강조함으로써 그것을 시시한 것으로 만들 생각은 추호도 없다. 그리스도교 저술가들이 단순히 후기 로마의 지상에서 당연하게 여겨졌던 보호 제도와 위세(prepotenza)를 장밋빛으로 비춰주는 거울을 천상에 달아놓기만 한 것은 아니기 때문이다. 후기 고대에서 복제의 역할은 미묘하게 달랐다. 그것은 분명하게 정의된 관계들의 구조를 보이지 않는 세계에 투사함으로써 그리스도교 공동체로 하여금 바로 그들이 살던 사회의 여러 관계들의 특성에 대해 질문할 수 있도록 해준 것이다. 따라서 후기 고대에서 성인 숭배는 예전의 죽은 자들에게 동시대 상류층의 복장을 훌륭하게 입히는 것 이상의 효과를 야기했다. 성인 숭배는 후기 고대인들로 하여금 자기들이 살던 세계의 권세의 성격에 대한 절박하지만 덮여져 있는 논쟁들을 명료하게 드러내고 관리할 수 있는 것으로 만들기 위해 절묘하게 각색된 신앙심의 한 형태다. 또한 이상적인 인물들과의 이상적인 관계를 탐색하면서 자신들 주변에서 작동했던 권세와 자비, 그리고 정의의 관계를 점검하기 위한 것이기도 했다.

이 책의 마지막 두 장에서 5~6세기 그리스도교 공동체에서 이 문제가 어떻게 진행되었는지를 다룰 기회가 많이 있을 것이다. 우리가 먼저 이해하고 넘어가야 할 것은 후기 로마의 보호-피보호 관계의 강렬함이라는 관점에서 볼 때 술피키우스와 파울리누스와 같은 사람들에게 그들과 보이지 않는 동반자가 만나는 지점을 찾는 것이 무엇을 의미했는가 하는 점이다. 이것이 변화의 핵심이기 때문이다. 그들에게 눈에 보이지 않는 동반자들은 예전의 수호 천사들만큼이나 가깝고도 변치 않는 존재였을 수도 있다. 그러나 이러한 관계 자체는 이제 더이상 계속 윗계단으로 올라가는 우주처럼 차가운 필연성을 갖고 있지 않았다. 이제 그것은 우정과 보호를 특징으로 하는 후기 로마의 관계가 가진 따뜻함과 모험심으로 착색되었다.

성인 숭배의 지휘자들은 집요할 정도로 열정적인 사람들이었기 때문이다. 술피키우스와 파울리누스는 394년과 398년 사이에 사회적 지위를 포기했으며 그 직전에 큰 고통과 추문에 시달렸다는 공통점을 갖고 있었다. 어쩌면 당연하다고 할 수도 있는 주제들을 다루고 있는 그들의 저작에서 여유로운 문학적 유희의 감각을 찾기는 어렵다. 기번은 다음과 같이 썼다.

> 성 마르티누스의 전기와 그의 기적을 다룬 『대화편』은 극도의 야만주의에 맞게 각색된 사실들을 아우구스투스 시대의 가치 있는 양식으로 서술하고 있다.[70]

그러나 술피키우스 자신에게는 아우구스투스 시대의 것은 아무것도 없었다. 그는 단지 파울리누스처럼 자신의 정체성을 전적으로 자신의 영웅에게 맡겼을 뿐이다.

나는 우정과 보호 제도의 '장엄함과 비참함'으로 가득찬 언어만이 잠재적으로 그렇게 위험한 모험을 정당하게 평가할 수 있다

3장 보이지 않는 동반자

고 제안해보고 싶다. 이 점은 여러 차원에서 확인된다. 우선 점점 더 보호 제도가 확고하게 자리잡아 가던 세계에서 시리아와 이집트의 극히 비천한 마을 사람들까지도 포함한 모든 사람들은 보호 제도의 복잡한 그물망들을 잘 다루어야만 요모조모 마음대로 출세길을 열 수 있었다. 이것이 후기 로마 제국의 현실이었다.[71] 파울리누스는 이것을 매우 잘 해냈다. 그는 집요하게 자신을 보호자인 펠릭스의 '하인'으로 제시했다. 펠릭스에게만 속하게 됨으로써 파울리누스는 다른 누구에게도 속하지 않게 되었다.[72] 그의 시와 또 잘 알려진 놀라에서의 단편적인 이력들의 이면에서 우리는 외부인으로 남을 수 있는 가장 훌륭한 후기 로마식 기술에 정통한 한 귀족의 확고한 결단을 엿볼 수 있다. 결과적으로 파울리누스와 놀라의 근교에 있는 그의 '보호자'의 성골당은 그 지방의 모든 집단들이 만나는 장소가 되었다.[73] 394년 자칭 성 펠릭스의 비천한 문지기에서부터 419년 말 많던 교황 선거에서 황제의 중재자로 활동하기까지, 놀라에서의 파울리누스의 행적은 성공을 장담할 수 없는 모험이었다.[74] 그것은 후기 고대 사람이라면 보이지 않는 자신의 동반자에게 전적으로 매달림으로써만 감당할 수 있는 자기 확신에 찬 모험이었다.

하지만 파울리누스와 그의 동시대인이 보호 제도를 필요로 한 보다 심층적인 이유가 있었다. 우리는 지중해 세계의 모든 지역에서 금욕주의 운동이 죄와 최후의 심판에 대한 그리스도교인들의 두려움을 매우 빠르게 강화하고 확대했다는 것을 잊어서는 안 된다. 아우구스티누스만이 깨끗한 하늘이 점점 구름에 덮여 흐려

지오반니 디 파올로, 〈성 아우구스티누스 앞에 나타난 성 히에로니무스〉, 패널화, 15세기 초, 국립 미술관, 베를린
암브로시우스와 아우구스티누스, 히에로니무스는 금욕적이고 엄격한 성령주의자의 지적 성향을 공유하며 4세기 후반 교회의 새로운 성직 엘리트를 형성했다. 특히 아우구스티누스는 교회 속에 속세와 사막을 통합시켰다. 곧 그는 사막의 사람들이 발전시켰던 금욕주의 정신을 속세의 생활에 연계시켰다. 여기서 새로운 서열이 생겨 도시의 수도원 공동체에서 훈련받은 금욕적인 성직자 단체가 모든 사람은 영원히 죄를 가질 수밖에 없다고 강조하고 이에 대해 조언하면서 속인을 다스리게 되었다. 사막은 이렇게 위로부터 도시로 침투해 들어갔다. 원죄, 가난, 죽음은 그리스도교가 개인들 안에서 내적인 지도력을 확보하기 위해 강조했던 가장 중요한 요소들이었다.

지는 것을 느꼈던 유일한 사람은 아니다.[75] 또 단지 비관주의가 승리했다는 것을 의미하지도 않는다. 4세기 후반에 죄와 최후의 심판이 그렇게 크게 부풀려졌던 것은 사람들이 더 많이 죄를 지었다거나 혹은 최후의 심판이 피부로 느낄 정도로 임박했다고 생각했기 때문도 아니다. 오히려 우리는 그리스도교 지도자들이 점점 더 모든 것을 포괄하는 단일한 원리로 세계와 그 안에서 이루어지는 인간 행위의 전개를 설명하려고 했고, 그래서 많은 일들을 죄와 죄사함의 직접적인 결과들로 제시하고자 했다는 사실에 주목해야 한다.[76] 따라서 금욕적 신앙의 검은 구름에는 절망 속에서도 명확하게 볼 수 있는 한 줄기 희망, 즉 '은사'[2]라는 영원한 희망이 들어 있었다.

성인을 '보호자'로 전면에 내세우게 된 것은 바로 이처럼 '은사'에 대한 희망에서였다. 왜냐하면 보호 제도와 우정은 겉보기에는 냉혹한 과정을 부드럽게 해주고 개인적인 친밀함의 따뜻한 숨결로 후기 로마 사회의 커다란 간극들을 메워준다는 점에서 호소력을 갖고 있었기 때문이다.[77] 죄와 심판을 중심으로 그렇게 단호하게 조직된 세계에서 '보호'와 '우정'은 죄사함이라는 절실한 언어를 제공했다.

이것이 술피키우스와 마르티누스가 지녔던 호소력의 비밀이다.

---

2 은사(恩赦, amnesty)는 죄인에게 내려질 벌을 감면해주고 죄를 은혜롭게 사면한다는 의미이며, 웃어른이 내려준 물건, 혹은 그렇게 내려주는 행위 자체를 의미하는 말로 교회에서도 곧잘 사용되는 은사(恩賜)와는 다른 말이다. 이후로도 이 책에 나오는 '은사'라는 용어는 모두 사면을 뜻한다.

루셀에 따르면 술피키우스와 그의 집단은 금욕적인 헌신을 시작하던 긴장된 시기에 "마르티누스를 모범이기보다는 중재자로 생각했다".[78] 자신이 행한 기적으로 인해 마르티누스는 자신의 공동체에서 최초로 성스러울 뿐 아니라 '권능 있고 진실한 사도로(potens et vere apostolicus)' 인정받게 되었다. 그러나 그러한 기적의 극적인 성격은 그가 한 예비 신자를 소생시켰다는 사실보다는 그의 우정과 보호가 너무나 친밀해서 지하 세계에 대한 정체 없는 두려움을 넘어설 정도로 강력했다는 점에 있었다.[79] 이것은 술피키우스도 마찬가지이다.[80] 술피키우스는 『마르티누스의 생애』를 통해 마르티누스에게 뚜렷한 얼굴을 제시하면서 그의 미소짓는 얼굴이 다가올 암흑 세계에서 자신을 다시 보증해줄 것이라고 확신했다. 마르티누스의 사망 소식을 들은 술피키우스는 "나의 보호자를 먼저 보내고 있다"고 말했다.[81]

이들만큼 은거하지는 않은 암브로시우스의 경우도 마찬가지이다. 형제 사튀루스의 장례식에서 설교할 때 그는 죽은 라자로가 살아나는 복음의 기적(암브로시우스가 자기 형제를 넣을 석관의 측면에 이 장면을 새겨넣도록 했을 수도 있다)이 일어날 리 없다는 것을 알고 있었다. 그러나 후기 로마 시대의 '추천(commendatio)'의 기적, 즉 사튀루스로 하여금 위대한 사람으로부터 우호를 받은 자, 즉 '추천받은 자'가 될 수 있도록 해준 기적은 최후의 심판 때 일어날 것이라고 생각했다.[82] 그리고 후기 로마 예술품들의 관습 속에 담겨 있는 인간적이며 생생한 상투적 표현들이 기적이 일어날 것이라는 상상을 자극했기 때문에 그러한 기적이 일어나리라는 것은 아주 확실했다. 4세기 후반 헤르메스의 지하 묘지에는 죽은 남자의 영혼이 손을 들고 간절히 기도하면서 "예수가 앉아 있는 무서운 심판대" 아래 서 있는 그림이 그려져 있다. 그림 속에서 그 남자의 양쪽에는 두 사도가 서 있고 그 중 한 명이 오른손으로 안심시키는 표정을 하면서 그를 바라보고 있다.[83]

한편 우리는, 누구나 쉽게 알아볼 수 있는 얼굴을 가진 동시에 후기 로마의 보호 관계의 관습적인 규율에 따라 납득할 만한 행동을 하는 인간 존재를 찾고자 하는 욕구의 이면에서, 이 당시 사람들의 근심의 무게를 감지할 수 있다. 금욕주의 집단 내에서 인간 존재(human person)에 대한 후기 고전 시대(2~3세기 - 옮긴이)의 이미지에 균열이 생기기 시작했다. 후기 고전 시대의 믿음은 무엇보다도 자아와 신 사이의 평화로운 연속성을 강조했기 때문이다. 그렇게 하기 위해 자아를 부단히 이어진 중간적인 존재들의 연쇄 속에서 마지막 고리로 제시했고, 따라서 개인의 정체성은 우주의 조용한 질서를 공유하는 것으로 생각될 수 있었다.[84] 심지어 육체의 죽음에 직면해서 이 정체성이 매우 불확실해질 때도 수호 영혼과의 안정된 연결이 육체의 흩어짐을 이겨낼 수 있다고 생각되었다. 테르툴리아누스(160~220)는 그리스도교인들은 자기 천사의 깨끗한 얼굴을 쳐다보면서 다른 세계에서 깨어날 것이라고 기대할 수 있었다.[85]

그런데 4세기 말에 심오한 변화가 일어났다. 이에 대한 설명을 시작하기 위해 우리는 그러한 변화의 특성을 엄밀하게 규정해야 한다. 물론 이 과정에서 배제되는 설명도 있을 수 있다. 3세기 그

콘스탄티누스의 세례 장면
콘스탄티누스의 개종과 주교들이 제국의 궁정에 합류한 것이 사람들이 생각하는 것만큼 크게 교회의 생활을 바꾸는 않았다. 사람들은 현대의 기대와 부합되지 않는 존재 형태나 행동 방식을 교회에서 발견할 때면 그것이 이른바 '황제-교황주의'의 결과라고 이야기한다. 하지만 이것은 역사적 사실과는 동떨어진 호교론자들의 견해일 뿐이다.

리스도교 공동체들의 도덕적 구조를 잘 이해하고 있다면 죄를 범하는 것과 세속적인 것, 거짓 신앙의 문제에서 콘스탄티누스의 개종이 이미 오리게누스와 키프리아누스의 동시대인들이 훌륭하게 수행할 수 있었던 행위들을 특별히 증가시켰다고 생각할 필요는 없을 것이다. '대량 개종'이라는 생각만큼이나 콘스탄티누스가 기반을 닦아준 이후에야 '교회의 타락'이 있었다는 생각도 안 이한 것이다. 이 생각은 4세기 후반기의 엄격한 도덕적 풍조를 정확하게 이해하는 데 도움이 되지 않는다.[86]

더욱이 성인 숭배는 새로운 개종자든 점점 세속화되어 가는 교회의 성원이든, 자신들을 위한 중재자들을 증가시키려는 신자들이 초기 그리스도교 공동체가 제시했던 곧고 좁은 길이 아니라 천상으로 가는 쉬운 길을 찾으려고 노력하면서 자연스럽게 생긴 것이라고 생각되어 왔다. 수호 성인에 대한 새로운 헌신에 대해서는 "신성함의 요구에 복종하기를 오래 전에 포기해버린 신앙심의 표현"으로 이해되어 왔다.[87]

하지만 그런 분위기의 변화는 좀더 심오한 다른 이유 때문에 발생했고 훨씬 광범한 영향을 끼쳤다고 생각해볼 수도 있을 것이다. 왜냐하면 새로운 숭배의 지휘자들은 금욕적인 생활이 요구했던 신성함의 짓누르는 무게를 스스로 받아들였던 바로 그 사람들이기 때문이다. 2장에서 살펴보았듯이 그들은 평범한 회중 때문에 낙담했던 사람들이 아니었다. 게다가 그들은 '미신적인' 믿음에 양보할 마음도 전혀 없었다.[88]

그리스도교 세계 전역에서 실제로 변한 것은 정체성은 안정되어 있다는 후기 고전 시대의 생각이었다. 이 주제에 관한 아우구스티누스의 슬픈 명상은 지중해 전역에 흩어져 있던 금욕적인 '신의 종'들이 공유하고 있던 어두운 생각의 일례일 뿐이다.[89] 우리는 이미 술피키우스와 파울리누스에게 그것이 얼마나 절박한 문제였는지 살펴보았다. 두 사람은 삶의 연속성의 연결선을 찾기 위해 역할 모델이자 친밀한 보호자인 보이지 않는 새로운 동반자에게 의존했다. 죽는 순간에 깊은 균열은 더 크게 입을 벌렸다. 그처럼 무서운 순간에는 아무도 안전할 수 없었다. 지는 해를 바라보며 침대에 똑바로 앉은 마크리나는 죽어 가는 이의 길고 우울한 기도를 드리고 있었는데, 그것은 오래된 어휘들로 위험한 불확실성을 표현하고 있었다. "내 옆에 빛의 천사를, 내 손을 잡아 이끌 천사를 내려주십시오. 그리고 내가 가는 길을 '시기하는 존재'가 가로막지 못하도록 해주십시오."[90] 아우구스티누스는 『고백록』 9장에서 어머니인 모니카의 초상을 그리고 있는데 이 장에서 이전 장들에서 다소 이상화되고 위협적인 모습으로 그려지던 그의 어머니도 인간 육체의 어두운 면을 갖고 있는 것으로 묘사된다. 이어서 아우구스티누스는 어린 시절에 저질렀던 가벼운 죄들을 소소하게 늘어놓다가[91] 갑자기 마크리나와 똑같이 우울하게 위험을 알리는 언어를 쏟아낸다. "아무도 그녀의 영혼을 당신의 보호로부터 빼앗아가지 못하게 하소서. 사자나 용이 몰래 힘으로 그녀의 길을 막지 않도록 하소서."[92] 아니면 그의 제자가 수도사 다니엘에게 했던 말을 빌려 이렇게 표현할 수도 있을 것이다.

"오 나의 아버지, 그토록 완전한 경지에 이른 당신도 두려워하십니까?"

"오 나의 아들아, 만약 아브라함이 이삭과 야곱과 함께 지금 내 앞에 서서, '너는 의롭다' 하고 말한다고 해도 여전히 나는 자신이 없을 것이다."[93]

오직 성인들만이 누군가를 대신하여 그런 자신감을 가질 수 있었다. 오직 성인들만이, 포용(acceptance)이라는 익히 알려져 있는 인간의 몸짓으로 불확실성의 깊은 틈을 무사히 건널 수 있었다.

5월 21일 페트루스는 지하 세계의 문턱으로 들어갔다. 그러나 그 날에 역시 죽음의 고통을 당한 순교자 바우델리우스가 자신의 귀중한 책임(페트루스-옮긴이)을 주님에게 추천해주시기를.[94]

우리는 익숙한 인간 관계의 촘촘한 망에서 안식을 찾기 위해 계속 위로 솟아오르는 우주의 위계적 질서에 등을 돌린 사람들에 대해서 다루고 있다. 그런데 그들이 그렇게 한 것은 부분적으로 태곳적부터의 배경에 비추어 좋든 나쁘든 그들 자신을 발견하고자 했기 때문이다.

4장 아주 특별한 사자

후기 고대의 가장 감동적인 비문 중의 하나는 현재 루브르의 지중해관 벽에 걸려 있다. 그것은 "가장 사랑스럽고 순수한 어린이", 시칠리아의 한 어린이 율리아 플로렌티나의 비문이다. 그녀는 그리스도교의 세례를 받고, 병세의 일시적인 호전을 보이며 "전에도 한 번 그랬듯이 4시간을 더 살다가" 18개월이라는 어린 나이에 죽었다.

부모들이 그녀의 죽음을 쉼 없이 비통해하고 있던 한밤중에 존엄한 (하느님의) 목소리가 들려와서는 죽은 아이를 위해서 애통해하지 말라고 말씀하셨다. 그녀의 몸은 순교자들의 성골당 문 앞에 있는 무덤에 묻혔다.[1]

여기서 우리는 지중해의 한 가족이 죽음이라는 엄연한 사실을 어떻게 받아들이고 있었는지 일별할 수 있다. 이 비문에서 죽음과 사후 세계에 대한 초기 그리스도교인들의 태도에 잠재되어 있던 긴장을 엿볼 수 있다는 말이다.

후대의 그리스도교 신앙심과 비교해볼 때 초기 교회는 무덤을 뛰어넘어버리는 경향이 있었다. 즉 사후 세계에 대한 절대적인 믿음 때문에, 애도의 긴 과정과 죽음이 가져오는 거대한 슬픔에 서서히 적응하는 것을 억제하는 경향이 있었다. 그래서 곧잘 '존엄한 자의 목소리'가 어린 소녀의 부모가 비통해하는 것을 멈추기 위해 한밤중에 개입했다. 또 장례 행렬 속의 의식은 부활의 확실함을 미리 보여주었다.

이제 신자를 위해서 천국의 넓은 정원으로 열려 있는 눈부신 길을 보시오.[2]

눈부신 하얀 수의와 방향제, 그리고 슬픔을 표현하는 것에 대한 엄격한 통제는[3] "검은 죽음"에 대한 예수의 승리를 상기시켰다.[4] 심지어 펙스 지역에 있는 후기 로마 시대 그리스도교의 공동묘지에는 그 곳을 "천국의 넓은 정원"과 똑같이 보이도록 하는 격자 울타리가 있었다.[5]

그럼에도 불구하고 무덤의 슬픔은 여전히 남아 있었다. 물론 후기 고대의 모든 사상가들 중에서, 니사의 그레고리우스와 그의 무리는 그러한 슬픔을 넘어서 다른 세상을 쳐다볼 수 있는 사상을 갖고 있었다고 생각할 사람들이 있을지도 모르겠다.[6] 하지만 결코 그렇지 않다. 니사의 그레고리우스가 자기의 누이 마크리나를 가족묘지에 있는 부모 곁에 묻어야 했을 때 그는 죽음에 대한 오랜 공포에 사로 잡혔다. 두려움이 신성한 명령을 상기시키면서 엄습해왔다. "너의 아버지나 어머니의 부끄러움을 들추어내지 마라." 그는 "모든 인간에게 다가오는 인류 공동의 부끄러움"을 쳐다보기를 원치 않았다. 그래서 그는 누이를 부모님 위에 놓기 위해서 몸을 구부리기 전에 부모님의 주검을 새로운 수의로 덮어야 했다.[7] 도시 밖 아나톨리아의 거친 풍경에는 곳곳에 방기된 무덤들이 있었고, 때로 무덤의 내용물들이 노출되어 있었다. 그레고리우스는 자기가 거느리고 있는 회중 누구에게나 그러한 장면이 추하고 매우 불쾌할 것이라고 생각했다.[8] 그리스도교의 예술과 예식들에서 나타나는 "천국으로 향하는 눈부신 길"도 결코 죽음이라는 현실을 평범한 지중해 사람들이 명료하게 이해할 수 있도록 빛을 밝혀주지는 못했다.

이 때문에 감정의 힘이 순교자의 묘지들을 주목하게 했다. 최소한 여기에는 매우 특별한 사자들의 무덤이 있었다. 그들은 특별하게 죽었고 매우 특별하게 안치되어 있다. 후기 고대의 삶에서 가장 즐겁고 생기 있는 모든 것들이 그들의 무덤과 (앞으로 자세히 살펴볼 바와 같이) 심지어 그들에게서 분리된 유골들에 집중되어 있다고 말할 수 있을 정도였다. 여기에서 율리아의 부모는 최후의 위안을 찾았다. 그녀는 적어도 전혀 애도할 필요가 없는 매우 특별한 사자 곁에 누워 있었다. 따라서 순교자에 대한 후기 고대의 숭배는 지중해 세계의 공동묘지들에 잠복해 있는 "검은 죽음"을 상상적으로 막고자 하는 일관된 결심을 대변한다.

이런 노력 뒤에 있는 심리적 동기를 과소 평가해서는 안 된다. 사후 세계에 대한 믿음은 그 자체로는 그것을 설명하지 못한다. 따라서 우리는 이 장에서 후기 고대인들이 사후 세계에 대한 믿음을 죽은 성인이라는 특권적인 인물에 집중시킴으로써 그 믿음을 만져볼 수 있게 하고 산 자들 가운데 직접적으로 작동하도록 만든 상상의 변증법이 어떻게 작동했는지를 살펴보아야 할 것이다. 우선 후기 로마 공동묘지의 슬픔에서 시작해보자. 공동묘지들은 아주 컸으며 평범한 사람들로 가득 찼다. 아우툰 시 밖에 있는 "많은 무리들의 장소"인 폴리안드리온에서 밤의 정적은 오직 간간이 들리는 신비스러운 찬송가 소리에 의해서만 깨진다. 찬송가 소리는 수많은 무덤 가운데 "하느님에게 가치 있는 의로운 영혼들의 무덤이 몇 개 있다는 것"을 알려준다.[9] 우리는 후기 고대 그리스도교인들의 신앙심에서 이처럼 뚜렷한 경향을 주도적으로 표현했던 이들이 3장에서 언급했던 근심에 사로잡힌 금욕적 지도자들이었다는 사실을 잊어서는 안 된다. 무덤이 수치스러운 것이라는, 오랜 세월 동안 굳어진 관념이 극소수 사람들에 의해서 변형되어온 것이다.

순교자들과 다른 거룩한 사자들은 운명이 미리 예정된 사람들이었기 때문이다. 투르의 그레고리우스는 그들을 "눈같이 흰 선택된 사람들"이라고 썼다.[10] 라틴 서방의 후기 고대인들은 선택된 자가 과연 누구인가를 놓고 종교개혁 이후에 벌어진 논란에 시달리지 않았다. 선택된 자는 오직 죽음 이후에만, 게다가 절대적으

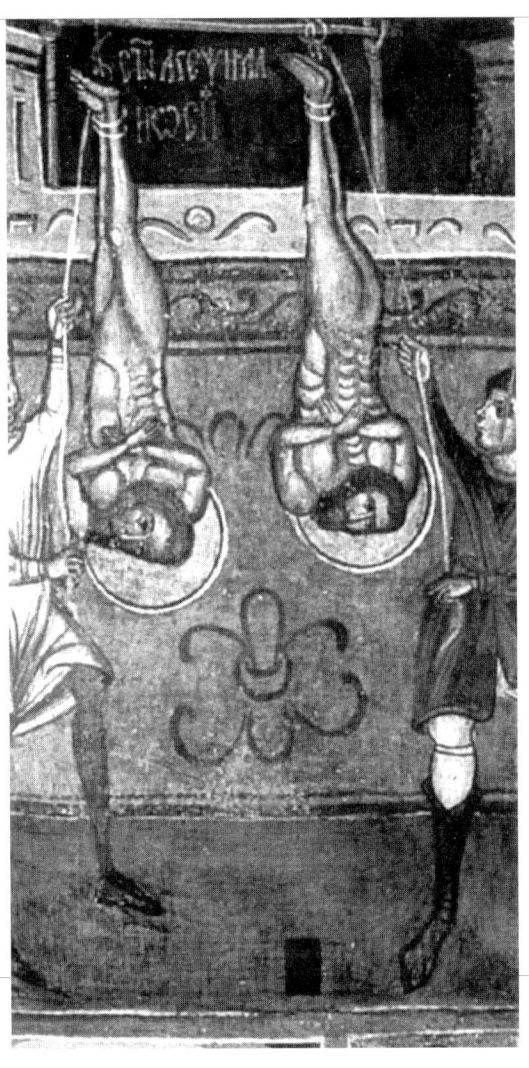

최초의 그리스도교 순교자들

로 확실하게 확인되었기 때문이다. 때문에 북아프리카와 그 밖의 지역에서 4세기 후반에 행해졌던 성인 숭배는 아우구스티누스로 하여금 난해한 예정론을 제기할 수 있는 확고한 기반을 제공했다. 말년에 아우구스티누스가 천착한 문제는 선택받지 못한 자, 즉 저주받은 자를 하느님의 지혜라는 그물의 어두운 틈새로 내보내려는 것이었기 때문이다.[11] 그와 반대로 선택된 자는 그물의 명확한 실이었다. 그들은 아우구스티누스나 당대인들에게 아무런 문제도 제기하지 않았다. 아우구스티누스의 후기 저작들은 만인의 심장을 멎게 하는 하느님의 냉혹한 정의에 대해 이야기하면서 "인간의 이성을 멍들게 한다".[12] 하지만 그런 저작들에서조차 선택된 자는 친숙한 모습으로 묘사되어 사람들을 안심시켰다. 이들의 모습은 후기 고대 그리스도교 신앙심이 기대하던 것들 속에 확고하게 뿌리내리고 있었다.[13] 그들은 하느님으로부터 인내의 능력을 받은 자들이다. 그들은 자유를 향유했다.

> 세상의 모든 애욕과 공포와 죄에 이르는 수많은 길들이 인내로 인해 극복되어야 했다. 자유는 (……) 이러한 인내로 인해 보호받고 강화되었다.[14]

죽음에 이르기까지 순교자들보다 더 장엄하게 그리고 더 공개적으로 인내한 사람이 누가 있겠는가?

아우구스티누스 사상의 심층에도 이런 생각이 있었다. 순교자 숭배는 일견 극히 어지럽게 변하는 것처럼 보이는 아우구스티누스의 몇몇 성찰의 확실한 기준점이었다. 예수의 몸을 신성하게 보호해주었던 견고한 확실성이 선택된 자에게까지 확장되었다. "당신의 손을 당신의 오른손의 사람에게, 당신을 위해서 당신이 강하게 만들었던 사람의 아들에게 얹으소서."[15] 심오한 방법으로 선택된 자는 예수의 신비스러운 몸의 지체(肢體)들이었다. "예수는 (……) 지체들을 거느리는 전체이다."[16] 아우구스티누스와 당대인들에게 순교자들은 특히 예수의 훌륭한 지체였다.[17] 흔들림 없이 언제나 예수 위에 놓여 있던 하느님의 손이 선택된 자들 위에도 올려졌다. 순교자의 유골 조각이 담긴 5세기의 한 유골함은 그 순교자 위로, 면류관을 들고 있는 하느님의 바로 이 손을 보여주고 있다.[18] 순교자 본인들 그리고 후일의 거룩한 자들은 종종 십자가에 매달린 자세를 취하고 있다.[19] 이런 식의 재현은 순교자가 예수의 고통을 공유한다는 것뿐만 아니라 그가 확실히 선택받은 자이며 승리한 자임을 확고부동하게 확인시켜준다.

아우구스티누스가 말년에 순교자에 대해 설교했던 내용을 살펴보면 죽음까지 '인내할 수 있는 능력'이 그에게 무엇을 의미했는지를 확실히 알 수 있다. 그것들은 삶에 대한 애착의 강력함과 함께 영혼이 그토록 떠나길 꺼려했던 인간 육신이 얼마나 우리를 내밀하게 사로잡는지를 환기시켜 주는 점에서 참으로 비범하기 짝이 없다.

순교자들은 정말로 이승의 생을 사랑했다. 그러나 그들은 그 삶을 깊이 생각했다. 그들은 없어져버릴 것들을 그토록 깊이 사랑할 수 있다

면 영원한 것은 얼마나 많이 사랑해야 하는지를 생각했다.[20]

일 년 내내 정기적으로 행해졌던 순교자 숭배는 인내의 능력을 받았거나 받았다고 추측되던 사람들에 대한 기억을 떠올리게 했다. 자유 의지와 완벽(perfection) 가능성에 대한 펠라기우스의 가르침이 그리스도교 회중을 성인의 공동체로 전환시킬 수 있었다면,[21] 예정에 대한 아우구스티누스의 교리는 회중들에게 그들이 예전에 어떻게 영웅들을 탄생시켜 왔는지를 설명해줄 수 있는 이루 헤아릴 수 없는 이점을 가지고 있었다.

따라서 만약 선택된 자를 천상에 있는 하느님의 천국의 별들이라고 한다면, 성인들의 무덤은 하느님이 그리스도교 세계에 뿌려놓으신 은하수였다.[22] 이를테면 놀라의 교외에 있는 성 펠릭스의 성골당은 그 "별"이 지상에 내려온 곳이었다.[23] 그러나 이 얼마 안 되는 빛을 명상하면서 모든 사람들이 순교자 숭배의 '지휘자'들처럼 편안히 살 수 있었던 것은 아니다. 성인 숭배가 천상과 지상 사이의 오랜 장벽은 깨뜨리면서도 지상에는 그만큼 단단한 장벽을 세워놓을 위험이 있었기 때문이다. 즉 성인들의 무덤과 그 둘레에 놓여 있는 수천 개의 평범한 무덤들 간의 차이는 이 지상과 도저히 도달할 수 없는 곳에 있는 은하수 빛 사이에 가로놓인 오래된 단층만큼이나 제거할 수 없는 것처럼 보였기 때문이다. 흠결 하나 없는 빛은 오히려 주변의 어둠을 더욱 두드러지게 하고, 따라서 부지불식간에 평범한 죽음의 불확실성을 증폭시켰다.

가령 투르의 그레고리우스의 저작에는, 죄는 모든 것을 파괴해

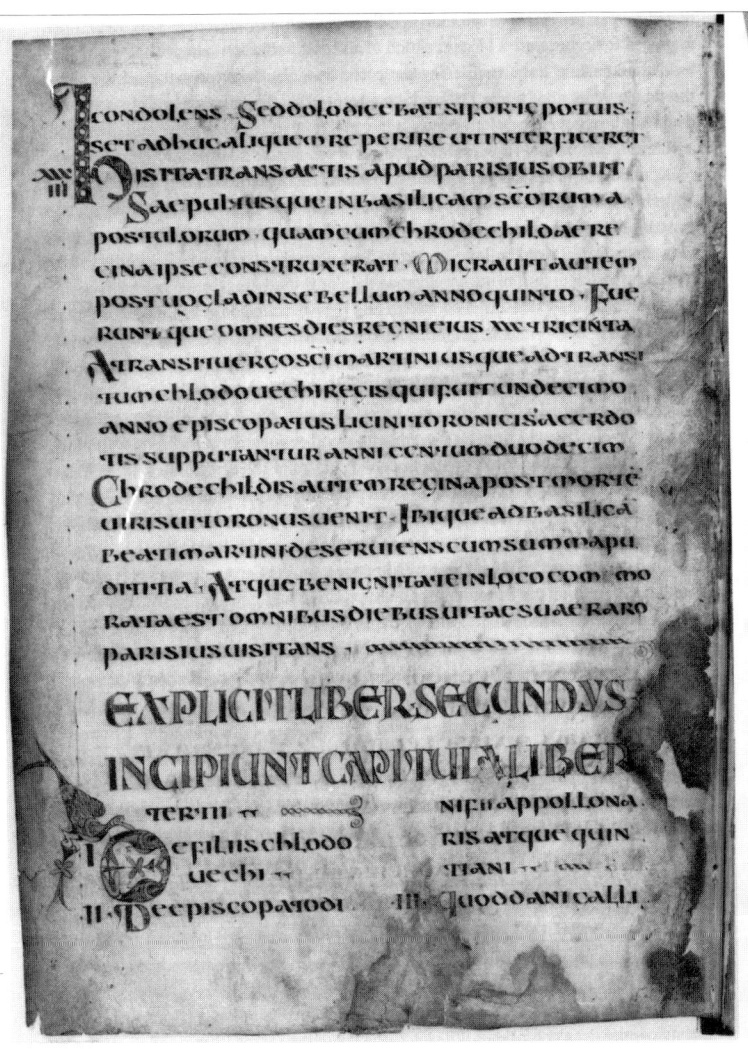

그레고리우스 저작의 필사본, 8세기 초, 파리
그레고리우스의 『역사』에는 새외 민족들의 성장과 침략에 관한 사실들이 세세하게 기록되어 있다.

클로디오 코에요, 〈성 아우구스티누스의 승리〉, 캔버스에 유채, 1664, 델프라도 미술관, 마드리드

펠라기우스와 아우구스티누스의 대립은 거칠게 말하면 자유 의지와 예정론 사이의 대립이었다. 펠라기우스는 브리타니아에서 태어나 로마로 가서 수도사로서 엄격한 수도 생활에 솔선하면서 신앙 생활의 지도와 저술에 종사했다. 410년 로마가 함락되자 팔레스타인 에페수스 등지에서 사제로 지냈다. 그는 사람은 스스로의 의지로 선악을 행할 수 있으며 아담의 죄는 전적으로 개인적인 것일 뿐 모든 사람들의 원죄가 될 수는 없다고 주장했다. 또 하느님 뜻대로 은총을 내려달라는 아우구스티누스의 '금욕을 위한 기도'가 모든 도덕률을 위험에 빠뜨린다는 이유로 아우구스티누스를 비난했고 그리스도의 구원이나 세례 등 적극적인 가치도 부정했다. 결국 그는 아우구스티누스와 히에로니무스 등의 맹렬한 반박을 받은 끝에 카르타고, 에페수스의 공의회에서 이단으로 선고되었다. 아우구스티누스는 펠라기우스 뿐만 아니라 누구에 대해서라도 나름의 논리로 단호히 맞섰고 그 결과 초기 그리스도교 역사에서 가장 주목할 만한 교부 철학자로 간주되고 있다. 펠라기우스는 이단으로 파문된 후에도 많은 이들에게 존경을 받았다.

버리지만 오직 성인들의 무덤만은 건드리지 못한다고 생각했던 사람이 등장한다. 그레고리우스와 당대인들도 아틸라[1]의 갈리아 침략을 아래와 같이 기억하고 있다.

> 사람들은 한 신자가 환상 속에서 믿음의 적들이 오기 전에 축복받은 부제 스데파노가 거룩한 사도인 베드로와 바울로와 상의하고 있는 장면을 보았다고 말한다. "나의 주인들이여, 제발 비오니 당신들이 나서서 메츠 시가 불타는 것을 막아주십시오." (……) 두 사도들이 스데파노에게 대답했다. "사랑하는 형제여, 안심하고 가라. 불이 예배당만은 태우지 못할 것이다. 그러나 그 도시는 어쩔 수 없다. 주님의 뜻이 이미 그 도시를 버리기로 하셨기 때문이다."[24]

중세 초기 사람들은 갈리아의 불타버린 수많은 도시들에서 오직 성인들의 성골당만이 손상되지 않고 서 있는 것을 볼 수 있었다.[25]

그러나 이런 생각에 안심할 수는 없었다. 모든 시대에, 당대의 신앙 중 차마 표현하지 못한 가정이나 긴장들을 좀더 일관성 있

---

[1] 훈 족의 왕으로 434~453년에 걸쳐 재위했으며 445년까지는 형 블레다와 공동으로 통치했다. 로마 제국을 침략한 새외 민족 최고의 왕이며 남부 발칸 지방과 그리스, 이어서 갈리아와 이탈리아까지 공략했다. 아틸라는 중세 독일의 영웅 서사시 『니벨룽겐의 노래』에서 에첼, 아이슬란드의 무용담에서는 아틀리라는 이름으로 나온다. 아틸라와 형 블레다가 이어받은 제국은 서쪽의 알프스 지방과 발트 해 연안에서 동쪽의 카스피 해 근처까지 걸쳐 있던 것으로 짐작된다. 그들은 마르구스에서 동로마 제국과 체결한 평화 조약을 통해 처음으로 공동 통치자로서 역사에 나타났다.

고 급진적인 용어들로 진술한 형태의 이단 사상이 존재하는 것이 너무나 당연하다면, 그레고리우스에게도 마땅히 감당해야 할 이단이 있었다. 그의 휘하에 있던 한 사제가 죽은 자의 부활을 의심했던 것이다. 그는 말했다. "예수는 부활했다. 그러나 이 특권이 왜 타락한 인간에게까지 주어지겠는가?" 압도적인 다수의 죽음을 짓누르고 있던 육중한 무게와 비교해보면 주교 그레고리우스의 관심을 끌었던 순교자의 성골당들은 그 수가 너무나 적었고 또 너무 멀리 있었다. 확실히 메츠 시를 쓰러뜨렸던 "주님 뜻대로 내리신 판결"은 아담의 타락 이후의 모든 인류를 쓰러뜨렸다.

너는 티끌이기 때문에 티끌로 돌아갈 것이다.

바람이 그를 덮쳤고 그는 사라졌다. 그가 있던 자리조차도 그를 더이상 알지 못할 것이다.[26]

후기 고대 사람들이 순교자의 무덤 주위에서 그처럼 어두운 생각들을 막아내기 위해서 분출해냈던 시, 예술, 치유책을 우리는 이처럼 냉혹했던 시대적 배경을 염두에 두고 이해해야 한다.

루드비히는 뉴잉글랜드 청교도들의 묘비명에 대한 인상적인 연구에서 테일러의 개인적인 헌시들을 인용했다.

당신(예수)은 죽음의 냉혹하고도 냉혹한 얼굴을 부드럽게 씻으신다.
그리고 그의 차가운 손가락이 은총을 떨어뜨리도록 만드신다.

그리고 이 시에 대해서 루드비히는 다음과 같이 주석했다.

> 분명히 우리의 이해는 하나의 상징 안에 삶과 죽음 모두를 포괄할 만큼 충분히 변증법적이지 않다. 뉴잉글랜드의 상징들 가운데, 냉혹한 죽음을 우리 눈앞에서 달콤한 은총으로 바꾸어놓으려는 변형의 상징들보다 더 많은 논란을 일으키는 것은 없다.[27]

나는 부분적으로는 근대 초기 그리스도교인들의 죽음에 대한 태도와 후기 고대인들의 순교자 숭배에 대한 태도 사이의 차이를 가늠해보기 위해서 이 문장을 인용했다. 순교자는 죽음에게 승리를 거두었다. 따라서 후기 고대에 성인들의 도상(圖像)은 "냉혹한 죽음"과 "달콤한 은총"을 하나의 상징 안에 포괄하려고 시도하지 않았다. 그라바르가 썼듯이 "순교자 유골의 형상들은 어떤 경우에도 죽음을 상기시키는 형상을 가지고 있지 않다. 오히려 모든 수단을 동원해서 죽음이라는 사실을 극복했다는 사실을 선언하기 위해 힘쓴다."[28] 분명히 순교자들의 형상에서 "죽음의 냉혹하고도 냉혹한 얼굴은" 이미 "부드럽게 씻겨졌다".

그럼에도 불구하고 나는 위에서 살펴본 변증법이 좀더 깊은 상상적 층 위에서 계속된다고 말하고 싶다. 그러한 변증법이 조장해낸 긴장을 염두에 두지 않는다면, 순교자의 무덤이나 유골에 기적 같은 치유력이 있다는 믿음을 지중해 세계 전역에 분출시킨 폭발적인 힘을 설명할 수 없을 것이기 때문이다. 그레고리우스가 의심하는 사제에게 띄운 회신에 담겨 있던 사후 세계와 죽은 자의 부활에 대한 나무랄 데 없는 정통적인 진술뿐만 아니라, 이러한 압력까지 함께 고려할 때만이 우리는 도달할 수 없을 것 같은 별들, 즉 순교자들을 자신과 일치시켰던 — 특히 물리적으로 남아 있던 순교자들의 유물들 가까이에서 그렇게 했던 — 그리스도교 회중의 따뜻한 수용 능력에 좀더 가까이 다가갈 수 있을 것이다.

우리의 변증법은 투르의 그레고리우스도 그렇게 시작하고 싶어했을 곳, 즉 죽은 자의 부활에 대한 교리와 부활 이전에 성인의 영혼들이 누리고 있는 휴식의 성격에 대한 교리에서 시작된다.[29] 기번은 이렇게 설명했다.

> 육체가 소멸하고 부활하기까지의 긴 시간 동안 속인들의 영혼이 어떤 상태에 있든지 간에, 성인들과 순교자들의 고결한 영혼들이 적막하고 영광스럽지 못한 잠 속에서 자신들의 존재를 썩히지 않는 것은 확실하다.[30]

> (토리노의 막시무스가 말했다.) 순교자들로 하여금 하느님이 죽은 자들에게 얼마나 아낌없이 생기를 불어넣으시는지 우리에게 명백하게 알려주게 하소서.[31]

성인의 무덤에서 일어나는 수많은 기적들은 성인들의 보이지 않는 원기 회복을 가시적인 것으로 만들어주었다. 그것들은 초기 그리스도교의 천국에 대한 이미지를 현실 속에 보여준다. 그리고리우스가 6세기의 갈리아에서 관찰했던 인간의 본성은 너무나 암담한 것이었다. 그럼에도 불구하고 이 세상에서 천국의 모습을 엿볼 수 있는 장소들을 찾고자 했던 그는 이 점에서 4세기 후반의 그리스도교 시인들과 일치한다. 그의 성인전들은 천국의 감촉을 갈리아의 성당으로 가져오는 신비스러운 향취와 나직한 음악으로 충만해 있다.[32] 천국은 활짝 핀 꽃나무로 뒤덮인 산이고 그곳의 공기에는 "향기로운 음악이 가득하다".[33]

성인의 무덤 앞에 있는 무성한 나무들을 생각해보자. "대중 종교"를 연구하는 현대의 연구자들은 그러한 나무들에서 성 마르티누스가 열심히 잘라냈던 거룩한 나무들의 화신들을 찾을 것이다.[34] 그러나 이런 식으로 연속성을 설정하는 것은 그레고리우스와 같은 사람들에게 이러한 나무들이 정확히 무엇을 연상시켰나를 제대로 평가하기에는 너무나 무기력하고 따라서 너무나 부정확하다. 그레고리우스와 같은 사람은 나무들이 매년 무성하다는 한 가지 측면에만 집중한다. 프루덴티우스의 시적 이미지를 따라 그레고리우스는 나무들이 비둘기의 솜털 같은 잎으로 몸을 단장하는 바로 그 방법에 따라 활짝 핀 천국의 꽃들이 성골당 주위의 시골로 옮겨져 왔음을 강조한다.[35] 사람들은 무성한 초목을 만지면서 축복받은 영혼의 활력을 손으로 느낀다. 매년 세베루스의 무덤 앞에서 말라 비틀어진 백합들이 다시 생명을 얻는 것은 성골당 안에 안치된 인간들이 "천국의 야자나무들처럼" 번영하리라는 것을 보여주는 것이다.[36]

하지만 이 모든 시들에도 불구하고 사람들은 결코 "죽음의 냉혹하고도 냉혹한 얼굴"에서 벗어날 수는 없었다. 그레고리우스가 한 순교자의 무덤을 방문했을 때 "백합과 장미의 향기가 우리 무리에 속한 모든 사람의 콧구멍을 가득 채웠다".[37] 하지만 클레르몽의 한 성직자가 주교에 의해 파로스의 대리석으로 만든 무덤 안에 감금되었을 때, 그레고리우스는 이렇게 썼다. "수 년 후에 그는 죽은 남자들의 뼈에서는 악취가 코를 찔렀다는 이야기밖에는 하지 않았다."[38]

매우 특별한 사자의 무덤들은 죽음이라는 사실로부터 면제되었다. 무덤에 있는 자의 영혼이 천국에 있기 때문만은 아니다. 부활 때까지 그들이 자는 잠의 깊은 평화가 그들의 뼈에 고스란히 드러나기 때문이기도 했다. 파울리누스를 그렇게 감동시켰던 것은 성 펠릭스의 육체의 평안이었다. 석관에서 먼지가 떨어지자 파울리누스는 짐승들이 펠릭스의 뼈들을 손상시키지는 않았을까 두려워했다. 그러나 관 뚜껑을 열면서 파울리누스는 장엄한 정적 속에 놓여 있는 뼈들을 가장 먼저 보았다.[39]

다른 작가들에게서 부활은 좀더 빨리 일어날 수도 있었다. 프루덴티우스는 자신의 장송시에서 다시 만들어진 육체로 흐르는 혈색을 묘사했다. 이것은 후기 고대의 사람들이 얼마나 호안(好顔)을 좋아했는지 상기시켜준다.

지금은 쇠약해져 창백하고 파리한 이 볼들이 어떤 꽃보다도 더 매력적인 혈색을 띤 아름다운 피부를 가지게 될 것이다.[40]

베르길리우스의 취향처럼 그런 취향은 하나의 작은 '새로운 예술 양식(art nouveau)'이었다. 투르의 그레고리우스의 조상인 랑그레스의 그레고리우스를 살펴보자.

> 그의 얼굴은 찬란한 광휘에 싸여 장미처럼 보였다. 그의 안색은 진한 장밋빛이었고, 육체의 다른 부분은 백합처럼 하얗게 빛났다. 그 모습을 보면 누구라도 그가 바로 지금 다가오는 부활의 영광을 맞을 준비가 되어 있다고 말할 것이다.[41]

아우구스티누스가 노년에 성인의 무덤들에 대하여 쓰고 설교할 때 감명을 받았던 것은 바로 이처럼 부활 때 인간의 몸을 새롭게 탄생기키는 하느님의 힘의 현존 속으로 뛰어드는 것이었다. 아우구스티누스가 『신국론』 마지막 권에서 성 스데파노의 성골당에서 이루어진 기적들에 대해 언급한 것은 결코 "평범한 무리" 사이에서 성행하는 "어리석은 이야기들"에 항복한 것이 아니다.[42] 아우구스티누스에게 그러한 이야기들은 "어리석은 것"이기보다는 기상천외한 것이었다. 그의 언급들은 당대의 식자들을 지배했던 신플라톤주의 사상 중에서도 가장 엄격한 유심론으로 훈련받은 아우구스티누스가 결국 육체와 영혼이 미래에 결합한다는 상상하기도 어려운 관념을 생각해보려고 노력했다는 것을 말해준다. 그가 성골당에서 이루어졌다고 기록한 치유의 기적들은 하느님의 권세와 함께 그가 육체에 지속적으로 관심을 갖고 있었음을 보여준다. 이제 아우구스티누스는 하느님의 이러한 권세는 부활이라는 상상할 수도 없는 큰 은총을 믿고 (영혼과) 단단히 묶여 있던 육체를 기꺼이 바쳤던 사람들이 누워 있는 곳에서 가장 잘 나타난다고 믿게 되었다.[43] 묵상가 아우구스티누스는 한때, 이러한 기적들은 하느님의 조화로운 질서의 태양 아래 희미하게 사라져버릴 불빛들처럼 전혀 중요하지 않은 것이라고 생각했었다. 하지만 이제 그 동안 간과했던 육체에 대한 본능적인 공포와 갈망에 관심을 기울이자 그 기적들은 자체의 온기와 빛을 가지게 되었다.[44]

나는 당신이 계속 살기를 원한다는 것을 알고 있습니다. 당신은 죽기를 원하지 않습니다. 그리고 당신이 죽은 자처럼 다시 일어나는 것이 아니라, 생생하게 살아 있는 자로 그리고 변화된 자로 이 곳의 삶에서 다른 곳의 삶으로 옮겨가기를 바랍니다. 이것이 인간의 가장 깊은 감정입니다. 신비스럽게도 영혼 자체도 그것을 바라고 본능적으로 소망합니다.[45]

아우구스티누스의 이러한 태도의 변화는 다른 사람에게는 기대할 수 없을 만큼 비범한 것이고, 그렇기에 지금까지도 주의 깊게 연구되고 있다.[46] 그의 태도 변화는 종종 "대중의 믿음"의 분별 없는 압력에 뒤늦게 굴복한 것으로 설명되었지만, 사실은 아우구스티누스의 사고 체계에 획기적인 어떤 지적 전환이 있었음을 보여주는 것이다.

그러나 아우구스티누스가 노년의 견해들을 체계화한 것과 또 그가 다신교의 철학적인 세계관을 가진 자들이 신봉하던 전제들을 최종적으로 공격하는 데에 여러 지역의 치유 사례의 기록들을 추가한 것은, 특별한 사자를 둘러싼 상상의 변증법이 작동했던 아주 특수한 예일 뿐이다. 이 변증법은 천국의 모든 훌륭한 형상을 동원하여 육신의 죽음을 온갖 방식으로 부정적으로 연상시키던 관행을 제거했을 뿐만 아니라, 성인들의 유골들이 시공간을 초월해 특별한 지위를 갖도록 했다. 그들의 무덤에서 천국의 영원함과 부활의 첫번째 감촉이 현재 속으로 들어오게 되었다. 루앙의 빅트리키우스의 표현을 빌리면 "여기에 육신들이 있다. 그것의 조각 하나하나는 드넓게 펼쳐져 있는 영원에 단단히 연결되어 있다."[47]

우리는 이러한 언급을 통해 그리스도교인들이 유골을 옮겨다니는 등 추문을 감수하면서까지 신속하게 다신교도와 유대교의 습속에서 이탈했던 이유 중의 일부를 파악할 수 있을 것이다. 유골은 몸 전체에서 분리된 조각이었다. 즉 빅트리키우스가 말했듯이, "당신은 조그만 유골들, 피의 작은 방울을 본다".[48] 그러나 앞에서 기술해온 상상의 변증법을 가장 설득력 있게 요약하는 것은 바로 이처럼 육체적 연관들로부터 유골을 분리하는 것이다. 너무나 어수선한 무덤이라는 원래의 배경으로부터 사자의 일부를 떼어내 옮기는 것보다, 더 그러한 죽음이라는 사실을 효과적으로 억제할 수 있는 방법이 무엇이 있겠는가? 사자에게 공간의 불확정성을 제공하는 것보다 그 사자에게서 시간을 철폐하는 것을 더 잘 상징할 수 있는 것이 무엇이겠는가? 더욱이 어떤 대상을 중심

안토넬로 다 마시나, 〈성 아우구스티누스〉, 패널화, 15세기, 국립 미술관, 시칠리아

으로 무수한 연산이 끊임없이 이어지려면 그러한 대상은 작고 아담한 것이어야 한다는, 이른바 "크기의 반비례(inverted magnitudes)" 효과보다 천상과 지상의 연결이라는 역설을 잘 표현할 수 있는 것이 무엇이 있겠는가? 금이나 은으로 만든 작은 상자 속이나 혹은 작은 대리석 성골당 모형 속에 담긴 성인의 유골 조각들은 '오브제 트루베(objet trouvé, 분실물 — 옮긴이)'의 무한한 성질을 갖기도 한다.[49] 파울리누스는 성스러운 은 십자가를 작지만 훌륭한 금으로 만든 관(管)에 넣었다. 이 관은 크기를 극적으로 대조시킴으로써 예전에 "모든 우주가 그 앞에서 떨고 있는 가운데 주님 예수께서 매달렸던" 바로 그 십자가를 연상할 수밖에 없다.[50] 나아가 크기를 그렇게 불일치시키는 것은 "천상에서 떨어지는 부드러운 이슬처럼" 그렇게 깨끗하고 작은 방울들로 떨어지는 하느님의 커다란 은총을 강조한다.[51]

하지만 유골에서 육체적 죽음을 직접적으로 연상시키는 것을 제거함으로써 상상의 변증법은 오히려 강화되었다. 이렇게 해서 등장하게 된 것이 작은 조각들로, 이것을 중심으로 아주 특별한 종류의 죽음에 대한 온갖 상상적인 연상들이 아무런 방해도 받지 않고 몰려들게 되었다. 그런데 과거에 이 아주 특별한 종류의 죽음은 거의 언제나 불쾌한 것이었다. 빅트리키우스는 "지금 네가 보고 있는 것은 피와 먼지다"라고 말하기도 했다.[52]

후기 고대 순교자들의 성골당에서 이루어지는 모든 치료의 기적의 근저에는 고통의 기적이 있었다.

빅트리키우스는 그의 새로운 성골당 앞에서 회중에게 촉구했다. 신도들이여, 다음의 이야기들을 곰곰이 생각하지 않고는 단 하루도 보내지 마라. "이 순교자는 고문자들 앞에서도 창백해지지 않았다. 이 순교자는 사형 집행자가 머뭇거리자 집행을 서두르게 했다. 이 순교자는 열정적으로 불꽃을 삼켰다. 불꽃이 그를 사납게 덮쳤을 때도 고요히 서 있었다."[53]

순교자의 고통은 그 자체가 기적이었다. '수난집(Passiones)' 과 '업적록(Gesta martyrum)'에 기록된 순교자의 죽음은 그들이 평생, 그리고 사후에는 그들의 성골당을 통해 계속 하느님의 권세를 표현해주었던 일련의 고리들 중 하나였을 뿐이다. 『겔라시아누스의 포고』에 이런 문구가 적혀 있다.

우리는 (대중들 앞에서의 낭독에) 성인들의 행위를 포함시켜야 한다. 성인들의 승리는 그들이 겪었던 여러 형태의 고문과 그들의 기적적인 신앙의 고백을 통해 빛난다. 가톨릭 신자라면 성인들이 인간이 감내할 수 있는 것 이상의 고통을 당했고 스스로가 아니라 하느님의 도움과 은총으로 고난을 이겨냈다는 것을 아무도 의심할 수 없을 것이다.[54]

순교자들의 영웅적인 행위는 항상 평범한 인간의 용기를 초월하는 자질에서 나온 것으로 취급되었다. 펠리키타스가 감옥에서 분만의 고통을 겪고 있을 때의 일이다.

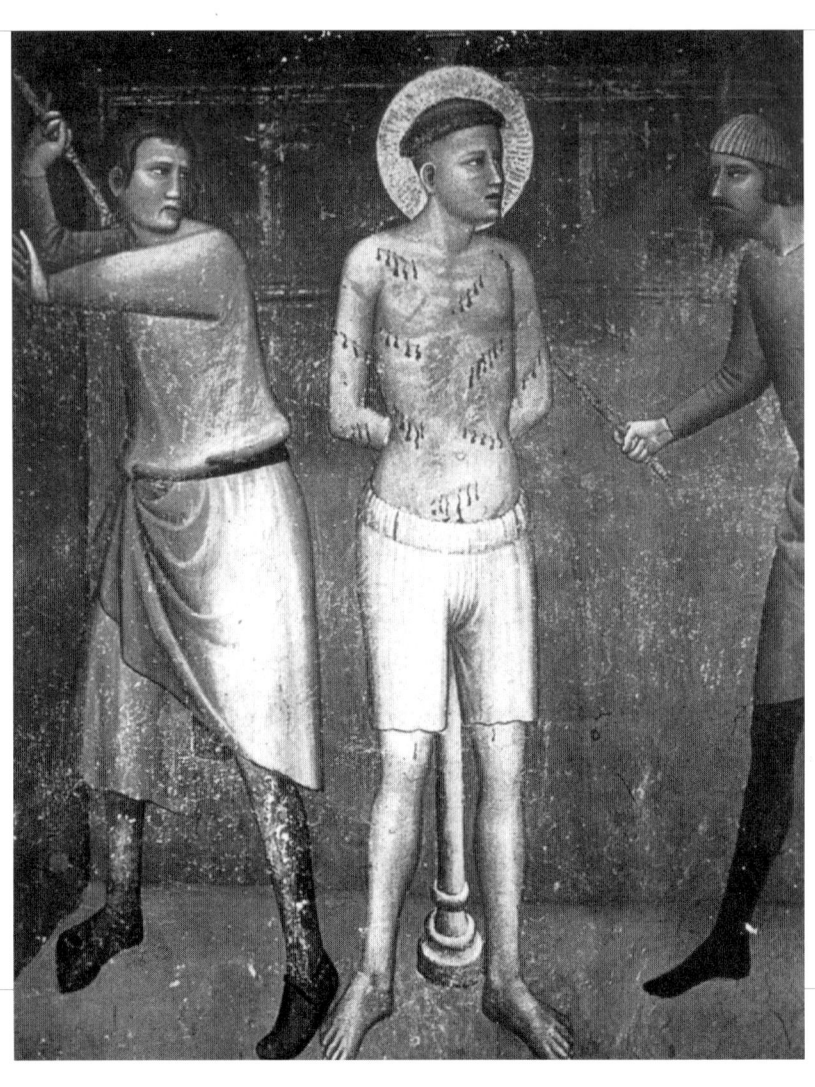

알레그레토 누치, 〈채찍질을 당하는 성 라우렌티우스〉, 프레스코화의 부분, 15세기, 두오모, 파브리아노

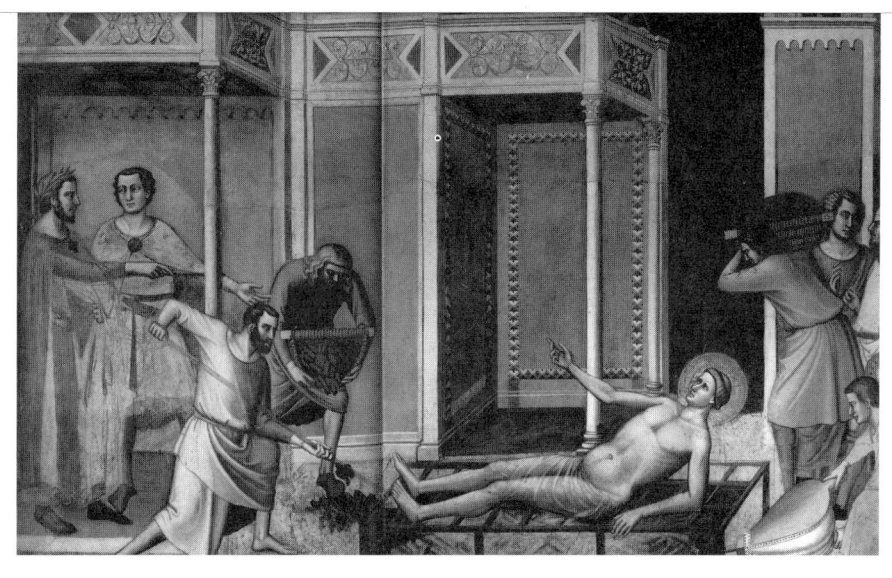

베르나르도 다띠, 〈성 라우렌티우스의 순교〉, 프레스코화, 14세기 초, 산타크로체 성당, 피렌체
성 라우렌티우스의 순교에 담긴 일화는 많은 그림과 문학 작품들에서 다루어졌다.(칼라 화보 참조)

간수의 보조자 한 명이 그녀에게 말했다. "당신은 지금 너무나 큰 고통을 당하고 있습니다. 당신이 짐승에게 던져진다면 어떻게 하겠습니까?" 그녀가 대답했다. "나는 지금 혼자서 고통을 당하고 있습니다. 그러나 곧 나를 위해서 고통을 당해줄 다른 이(하느님)가 내 안에 있을 것입니다. 나도 그를 위해서 고통을 당하고 있으니까요."[55]

따라서 그리스도교 지도자들은 어떤 경쟁자든 순교자를 능가하는 육체적 혹은 도덕적 용기를 과시하도록 허락하지 않았다. 순교자들과 사도들의 모범적인 용기는 하느님이 주신 것으로 평범한 인간의 육체적 인내력과 도덕적 힘의 영역을 넘어선 것이었기 때문이다.[56]

이렇게 순교자의 죽음이라는 원래의 행위와 함께 그것을 따라 박해에 굴하지 않는 신자나 고행자가 택한 서서히 죽어가는 행위들은 고통을 기적적으로 이겨내는 것으로 이해되어 극적인 효과를 가지게 된다. 그것에 대한 온갖 추념은 성골당 주위로 몰려든 인파 속에 상상의 소용돌이를 만들었다. 이러한 현상은 그러한 고통을 공공연히 표현할 수 없도록 금해온 만큼 더 강력한 것이 될 수밖에 없었다. 순교자는 천국의 휴식을 누리는 자이고 그의 육체는 바로 지금 부활이라는 최후의 휴식을 맛보고 있는 것으로 표현되었다. 그러나 지금 그렇게 평온해 보이는 순교자의 얼굴 뒤에는 오랜 시간 고통에 떨던 육체가 하느님의 권세로 고결함을 지켜낸 과정에 대한 기억이 생생하게 남아 있다.[57]

고대 세계에서 병의 치료는 종종 육체가 나뉘어졌다가 다시 통합되는 강렬한 환상과 연결되어 있었다. 아일리우스 아리스티데스는 이렇게 썼다.

> 나는, 그가 신 아스클레피우스와 텔레스포루스가 나에 관해 이야기하면서 아스클레피우스가 현재 내 몸이 망가진 상태이기 때문에 나의 뼈들을 제거하고 신경들을 잘라낼 수밖에 없다고 말하는 꿈을 꾸었다고 믿는다. 그러나 아스클레피우스는 또한 직접 뼈를 부수고 신경을 끊어버리는 것이 아니라, 현재의 상태에 어떤 변화를 주어야 하고 그렇게 해서 거대하면서 신비로운 치료가 이루어져야 한다며 위안과 가르침을 주었다.[58]

이러한 각도에서 우리는 성인들의 고통에 관한 이야기, 즉 '수난(passio)'이라는 장르에 좀더 쉽게 접근할 수 있을 것이다. 이 고통의 이야기들은 그리스도교 청중들의 마음속에 들어 있는 연상의 한 층, 즉 치료라는 "거대하고 신비로운 교정"을 촉진하는 연상의 한 층을 건드리는 것이었다.

물론 수난집은 역사적 기록물로서는 부정적으로 다루어져왔다.

> 따라서 몇 세기 지나지 않아 사람들은 박해의 시련 가운데서 만들어진 감동적인 이야기들과 곧잘 그러한 이야기들을 잊어버리게 하는 따분하고 과장된 문헌들 사이의 아득한 간극을 건너기 위해 상상을 애호하게 되었다.[59]

하지만 현존하는 후기 고대의 수난집은 이렇게 "평범한 무리"의 취향이 거둔 음울한 승리의 또다른 기록으로 오해됨으로써 그 진가가 충분히 연구되지 못했다.[60] 초기 교회사를 연구하는 냉정한 학자들에게는 그것들은 "따분하고 과장된" 이야기일지도 모르겠다. 그러나 성인의 대축일에 수난집이 낭독될 때 청중들 사이에 치유의 리듬을 반향시키는 추동력을 준 것은 바로 그 반복성과 멜로 드라마적인 특징이었다.

무엇보다도 '수난'은 시간을 없애버렸다. 순교자나 고백자의 행위들은 『구약성서』와 복음서들에 실린 하느님의 전능한 행위와 복음을 그것을 듣는 남녀노소와 똑같은 시대로 가져왔다. 성인의 행위를 낭독하는 것은 과거와 현재 사이에 있는 종이처럼 얇은 벽을 다시 한번 허물었다.[61] 한 연구자가 놀라와 푼디의 성골당들에서 파울리누스가 채택한 각종 도상학적 상징물들에 대해 지적한 바와 같이, 성골당에는 시간이 압축된 철판처럼 여러 겹으로 쭈그러져 있었다. "성상에 담겨 있는 '과거로서의 역사'에는 현재의 상태와 미래의 광경이 서로 교차하고 있다."[62]

이렇게 파울리누스처럼 성골당 앞에서 글을 썼던 작가들은, 먼 옛날의 상상적인 인물들을 다루었던 고전 시인들과 달리 자신들은 현재의 진실한 사실들을 묘사한다고 주장했다.[63] 분명 이러한 주장에는 아무것이나 쉽게 믿어버리는 독자들을 이용하여 문학을 상투적인 선전 수단으로 삼아 무언가를 정당화시키려는 수법 이상의 뭔가가 들어 있다.[64] 성인전 작가들은 언뜻 소멸한 것으로 보이는 과거와 상상할 수 없이 멀리 떨어진 미래가 현재로 밀려오는 순간을 기록하고 있었기 때문이다. 애정 어린 섬세함과 신앙심이 두드러지게 나타나는 것은 바로 이 때문으로, 고대 작가들에게서 독특하게 나타나는 이것은 통계로 입증할 수도 있을 것이다. 성 펠릭스의 성골당에서 일어난 기적들에 대한 파울리누스의 시들은 4세기 초 '서민적인 예술'과 관련해 후기 로마 조각들이 보여주던 부끄러움을 모르는 활력을 그대로 보여준다. 이 서민 예술에서 고전 시대의 신화적인 장식은 사냥, 교역이나 혹은 콘스탄티누스의 아치에서처럼 전투와 노골적인 힘의 사용을 묘사하는 사실주의적인 작은 무늬들로 대체되었다.[65] 그렇다면 메로빙거 조 갈리아에 관한 진실로 중요한 사실들을 알기 위해 투르의 그레고리우스의 성인전들 외에 다른 어떤 것을 참조할 수 있겠는가? 이 저작들에는 라크 르만 호수의 크기와 그 지역 송어의 우수한 품질,[66] 사순절기 토끼 스튜 요리의 유혹적인 맛이 묘사되어 있고[67] '프로방스의 오물렛'이 처음으로 언급되었다.[68] 이러한 유형의 작품들이 가지고 있는 매우 "구체적이면서 까다로운" 성격에 대해, 비평가들은 당황해하지만 "지방색"의 단편을 찾고 있는 사회사가들은 반가워한다. 이것은 파울리누스와 그레고리우스와 같은 사람들이 얼마나 절박한 마음으로 자신들이 살고 있던 시대에서 과거와 미래가 만나는 모습을 추적하고자 했는지를 보여준다. 그레고리우스가 반복해서 주장했듯이 치유와 자비가 현재에 일어나지 않는다면 그것들이 과거에 일어났고 다시 미래에 일어날 것이라고 누가 믿겠는가?[69]

이렇게 '수난'은 과거를 현재로 불러왔다. 성인 축제의 절정기에 이루어지는 '수난'의 낭독은 성인의 보이지 않은 '현존(presentia)'에 당장이라도 나타날 것 같은 생생한 얼굴을 주었다. '수난'이 낭독될 때 성인은 "정말로" 거기 있었다. 달콤한 향기가 회당에 가득했고[70] 장님, 절름발이, 귀신들린 자들은 성인의 치료 능력을 지금 느낄 수 있다고 소리쳤으며,[71] 과거에 성인에 대항했던 사람들은 당연히 벌벌 떨었다.[72] 우리는 성인 축제의 의식이 특히 6세기 갈리아에서 어떻게 성인의 '현존'에 대한 열광을 고조시키고 또 어떻게 그의 '권능'이 곧 발휘되리라는 희망을 극대화했는지 살펴볼 것이다. 후기 고대의 모든 위대한 사람들처럼 성인들 역시 오랜 시간 대중의 접근을 지연함으로써 '권능'의 효과를 극대화하는 법을 알고 있었다. 그런 '수난'들이 우리에게 아무리 "무미건조하고 과장된 것처럼" 보일지라도 — 똑같은 비난을 받고 있는 세속 지도자들에 대한 송덕문처럼 — 수난집의 낭독은 힘을 과시하는 의식에서 모두가 인정하는 중요한 순간이었다.[73] '수난'이 없다면 성인의 '현존'은 중요하지 않았다. 이와 관련하여 트로이에의 성 파트로클루스의 예를 살펴보자.

> 이 지역 사람들은 이 순교자에게 거의 존경을 표하지 않았다. 그의 고통에 대한 이야기가 없었기 때문이다. 하느님의 성인들이 벌인 전투가 크게 낭독될 때만 그들에게 존경을 보내는 것이 사람들의 습속이었다.[74]

하지만 열광이라는 차원에서만 이야기하는 것은 충분하지 않다. '수난'을 공개적으로 낭독하는 것은 그 자체로서, 고대인들의 마음의 이면에 숨어 있던 해체와 재통합이라는 강력한 환상을 청중들 사이에 불러일으키는 한편의 심리극이었던 것처럼 보이기 때문이다. 따라서 순교자에 대한 콥트식² 열정을 가지고 순교자 주검의 분해와 기적적인 재통합 과정을 소름끼치도록 상세하게 묘사했던 이들은 바로 치유 능력으로 유명한 성골당들과 관련되어 있던 자들이었다.[75]

몇몇 라틴 그리스도교의 저자들을 살펴보자. 프루덴티우스의 『순교의 영관(營冠)』에는 이미 강력한 심리극의 요소가 들어 있다. 그의 시들은 모두 순교자 시신의 분해와 순교자의 완전함이 최종적으로 보존되는 과정을 노래했다. 시체의 연약함이 섬뜩할 정도로 정확하게 폭로되었다.[76] 프루덴티우스는 독자들이 원죄를 가지고 태어난 육체가 모든 조직에서 그리고 모든 순간 분해되는 것을 느끼기를 원했다. "사지는 병에 의해 희생되고 조직은 흐느적거리는 혈관에 의해 썩어 들어간다."[77] 순교자들의 고통은 "질병이 끊임없이 갉아먹어 흐느적거리는 육신의 실타래"를 완벽하게 풀어버린다.

고문자여, 일단 놓고 태우고 자르고 이 굳은 점토의 사지를 분해하라.

2 알렉산드리아의 총대주교 디오스쿠루스는 예수의 신성과 인성이 신적 본성 하나로 합해졌다는 단성론을 주장했다. 451년 칼케돈 공의회에서 교회는 이러한 단성설을 부정하고, 성육신의 그리스도는 신인양성 일인격(神人兩性一人格)이라는 양성설을 교의로 채택했다. 이후 디오스쿠루스의 신봉자들은 이집트를 중심으로 콥트교라는 독립 교파를 이루었다.

그렇게 무른 물질을 쪼개는 것은 아주 쉬운 일이다.[78]

시체를 분해하는 것에 대해 심한 공포를 느꼈던 낭독자도 이제 그러한 분해에 대한 '완전함(integrity)'의 승리를 확신하게 된다. 육체가 "피의 씻김으로 물드는" 동안 이 육체의 핵심인 영혼은 온전히 하나로 유지되기 때문이다.[79]
프루덴티우스에게 '완전함'은 무엇보다도 때묻지 않는 영혼의 보존을 의미했다. 성 에우랄리아의 '수난'을 쓴 후대의 작가는 한 걸음 더 나아갔다. 그에게는 육체 그 자체가 분해에 대한 순교자의 승리를 상징했다. 육체의 상처들은 눈부신 하얀 눈으로 덮여 있었고 에우랄리아의 시체는 "때묻지 않은 채 온전하게" 3일 동안 단두대에 걸려 있었다.

과거의 약함을 이겨내고 우리의 현재를 강하게 하고 미래를 가르쳐 주는, 오 고결한 순교자여, 당신은 동료 도시 사람들에게 '너무나 은혜로운 모범'을 보여주었습니다.[80]

오랫동안 계속된 고통을 이겨낸 에우랄리아의 '은혜로운 모범'은 끔찍한 고통을 극복하고 육체가 안정성과 때묻지 않은 순수함을 되찾는 과정들을 자비롭게 형상화하여 보여주었다.
그레고리우스가 성인들의 고통이 '수난'을 기념하는 행렬 의식을 통해 공개적으로 재연되고 독실한 신도들에 의해 기념되던 성골당들과 자기가 어떤 관계를 맺었는지를 이야기하는 부분에서 우리는 상상의 변증법이 가장 심호한 층위에서는 어떻게 작동했는지를 추적할 수 있다. 그레고리우스 본인이 경험했던 수많은 치유들은 순교자가 고통을 당했던 곳과 정확히 일치하는 장소에서 이루어졌다. 신자와 보이지 않는 동반자 사이의 친밀한 감정적 유대가 이러한 동일시를 아주 자연스럽게 보이게 만들었는데, 이에 대해서는 다음 장에서 다룰 것이다. 브리우드의 성 율리아누스의 '특별한 젖먹이'인[81] 그레고리우스는 일사병으로 머리가 터질 것 같은 두통을 앓다가 성 율리아누스의 분수대에 머리를 집어넣은 후 두통이 말끔히 나았다. 그 분수대는 순교자의 머리가 참수의 깨어지는 고통 이후에 깨끗하게 씻김을 받았던 바로 그 곳에 있었다.[82] 종종 이와 같은 동일시뿐만 아니라 감정적 전도 현상까지도 발생했다. "죽음의 냉혹하고도 냉혹한 얼굴"은 순교자에 의해서 깨끗하게 씻겨져 예전에 격렬한 고통을 야기했던 고문이 이제는 가장 적절한 구원의 수단이 되었다. 성 베니그누스의 발을 납으로 고정시켜놓았던 돌구멍들에는 이제 부드러운 물이 담겨 있어서, 그 한방울 한방울이 그레고리우스를 괴롭혔던 눈병을 말끔히 치료해주었다.[83]

라틴 그리스도교 시인들은 고통의 감정적인 역전을 최고의 열정으로 다루었다. 베난티우스 포르투나투스가 갈리아의 도시들을 여행하면서 순교자-성인의 성골당들에 대해 지은 시들은 바로 그런 감정적인 역전의 영광을 노래하고 있다.

찢겨진 몸이 수많은 몸들을 돌본다.

피에로 델라 프란체스카,
〈성 율리아누스〉, 프레스코화,
15세기, 공공 미술관,
상세폴크로
순교한 율리아누스의 성소는
치료 능력이 있는 것으로
유명하다.

산타폴리네라 인 클라세 성당의 내부, 533~549, 라벤나
이 교회당은 벽돌로 지은 소박한 외관과는 달리 내부는 극도로 풍성하게 장식되어 있다. 고전적 헬레니즘과 성인 숭배의 관습에서 새로 등장했던 미적 감수성은 결코 대립되는 것이 아니다. 흔히 고전주의의 유산으로만 언급되는 6세기 라벤나 지방의 아름다움은 실제로는 당대 그리스도교 신앙 안에서 성인에 대한 애정을 표현하는 새로운 감수성과 미적 양식을 포함하고 있었다. 역시 6세기에 지어진 이 성당에서 우리는 투박한 중세 초기의 미의식이 아닌, 이러한 독특한 아름다움을 발견할 수 있다.

사악한 죽음에 의해 건강을 잃어버린 그가
이제 수많은 자들에게 생명을 주고 자신의 생명 또한 보존한다.[84]

그레고리우스와 베난티우스는 이 연구에서 다룰 마지막 라틴 작가들이다. 둘 다 시대 전체의 감수성을 대변하고 있기 때문이다. 마치 그들이 한 시대에서 다른 시대로의 이행을 대변하기라도 하듯, 투르의 주교 그레고리우스를 중세 초기의 엄격함과 연결시키고 방랑하는 이탈리아인인 베난티우스를 고전적인 '부드러움'과 연결시켜 양자를 강하게 대조시키는 것이 관행이었다. 가령 와델은 이런 말을 한 적이 있다.

> 다소 익살스러운 면이 있다고는 해도, 냉혹하고 잔인하고 퇴폐한 투르의 그레고리우스의 세계에서 베난티우스가 장식용 비단 위의 앵무새, 부활절 제단 위의 제비꽃과 앵초, 교회 바닥의 달빛과 같이 사랑스러운 것들에 대한 통찰을 보여준 것은 아름다움에 대한 감각이 남아 있었다는 증거다.[85]

그러나 사라져버린 고전 시대의 아름다움이 이 시대에도 약간 남아 있었다는 통념은 이제까지 우리가 살펴본 것과는 반대되는 것이다. 오히려 우리는 새롭고 강렬한 주제를 중심으로 시와 의식(儀式)과 화려한 예술을 통해 아름다움이 점점 증가하는 추세가 조심스럽게 유지되고 있다는 것을 살펴보았다. 그레고리우스와 베난티우스는 후기 고대에 등장한 성인 숭배와 관련해 감정을 다루는 절묘한 재주를 공유하고 있다. 둘 다 고통을 수반하는 육체의 죽음이라는 '최고의 재앙'을 당대의 가장 아름답고 세련된 모든 것들을 응축하는 주제로 전환시켰던 것이다. 이처럼 절묘한 재주가 없었다면 라벤나 — 이 지방의 고전적인 우아함은 오늘날까지 관광객들을 사로잡고 있다 — 에서 자란 베난티우스를 내려다본 천국의 성인들의 얼굴에 스며들어 있던 "영원한 헬레니즘(perennial Hellenism)"이 서방에 머물 이유는 없었으리라.

5장 현존

헤겔은 중세의 신앙심에 대해서 통찰력 있는 반대론을 펴는 독특한 순간에 이렇게 썼다.

단순한 하나의 물체로서의 성스러운 것(구체적으로는 성체(性體) — 옮긴이)은 외재성을 가지고 있다. 따라서 그것은 내가 배제된 채 다른 자들의 수중으로 들어갈 수도 있다. 그것은 이방인의 수중으로 들어가버릴 수도 있다. 그것을 전유하는 과정이 '영적으로(in Spirit)'이 루어지는 것이 아니라 외적 대상이라는 특징에 외해 규정되기 때문이다. 결국 인간의 축복 가운데 최고의 것이 다른 사람의 수중에 있게 된다.[1]

여기서 헤겔은 중세 성찬식의 인도자로서의 성직자의 역할에 대해 이야기하고 있다. 그러나 유골 숭배에 대한 후기 고대와 중세

아퀴텐의 페펀의 유골함, 생트 프와의 소장품, 콩크
중세 초기에 화려한 유골함은 주교와 귀족들의 가장 귀중한 소장품들 중 하나였다.

은접시에 묘사된 성찬식, 6세기, 시리아

초기의 신앙심도 당연히 그의 혹평의 대상이었다. 이 숭배는 특정성[특수성]을 자랑으로 여긴다. "여기가 바로 그 곳이다" 혹은 간단히 "여기에" 라는 말은 북아프리카에 있는 초기 순교자들 성골당의 비문에 빠짐없이 새겨져 있는 후렴구이다.[2] 신성한 자는 특정한 장소에서만 유용했고, 그 장소에 있는 특정한 무리만이 그에게 접근할 수 있었으며 다른 곳에 있는 자들은 접근할 수 없었다.

이런 식으로 신성한 자를 지역화함으로써 후기 고대의 그리스도교는 멀리 떨어져 있다는 현실과 가까이 갈 수 있다는 기쁨을 함께 맛보며 살아갔다. 거리는 물리적인 거리일 수 있다. 따라서 순례가 그것을 극복할 수 있게 해주었다. 뒤프롱이 적절하게 지적했듯이 순례는 "거리를 통한 치료였다".[3] 남자든 여자든 원하는 것이 가까운 곳에 있지 않다는 것을 알고서는 "거리에 의한 치료"를 구하기 위해 순례에 헌신했다.[4] 거리는 충족시키지 못한 욕구를 상징할 수 있었으므로, 뒤프롱은 앞의 지적에 덧붙여 "순례는 본질적으로 떠나는 행위"라고 말했다.[5] 그러나 거리는 극복되어야 할 것으로 존재했다. 순례의 경험은 극도로 가까이 있으려는 갈망을 추동했다. 긴 여행을 거쳐 명백히 "거리에 의한 치료"를 받은 후에 도착한 순례자들은 성골당이 갖고 있는 독특한 특성 때문에 똑같은 치료를 또 받아야 했다. "크기의 반비례" 효과는 순례의 오랜 지연을 다시 한번 축소판으로 반복함으로써 멀다는 인식과 가까워지고자 하는 열망을 증폭시켰다. 후기 고대 성골당의 예술은 뭔가를 숨기고 있는 표면의 예술이었다. 이 표면들 뒤로 신성한 자가 완전히 감추어져 있거나 혹은 좁은 틈새를 통해 언뜻 드러날 뿐이다. 이런 표면의 불투명성은 순례자가 그렇게 먼 거리를 여행하여 만져보고자 했던 성인이 속세에서는 결코 접할 수 없는 귀한 존재라는 인식을 더욱 강화시켰다.[6]

테베사에서, 성골당으로 가기 위해서는 먼저 높은 벽들을 지나고 아치를 돌아서 정원을 거쳐 마지막으로 반쯤은 물에 잠긴 작은 방으로 들어가야 했다. 그것은 순례라는 긴 여행의 축소판이었다.[7] 로마에 있는 성 라우렌티우스 성골당에서 그리스도교 황제에 의한 후원의 첫번째 표시는 거리의 효과를 증대시키는 것과 관계가 있다. 콘스탄티누스 황제는 무덤을 오르락내리락하는 일렬 계단을 설치하고 천 파운드나 나가는 단단한 은으로 만든 격자 울타리로 무덤 자체를 "덮어놓았는데"[8] 그렇게 함으로써 순례자들이 라우렌티우스의 무덤에 도달하기 위해서는 짧은 거리를 더 가야했다. 성 베드로 성골당에서는 이 곳에 접근하려면 아래와 같은 일련의 의식을 연출해야 했다.

(투르의 그레고리우스가 써놓기를) 그 곳에서 기도하기를 원하는 자는 누구든지 그 무덤 둘레의 문을 자물쇠로 열고 무덤 위까지 걸어가서 작은 창문을 열고 머리를 집어넣어 원하는 것을 간청해야 했다.[9]

이 문을 열 수 있는 황금 열쇠는 소중히 간직되었고, 기적의 효능을 가질 수 있는 로마 순례지의 유품이었다.[10] 마찬가지로 '브란데아(brandea)'라는 작은 천 조각이 있었는데 순례자들은 이것

유스티니아누스 황제와 총대주교 막시미아누스와 법무관들, 모자이크, 546~547, 상비탈, 라벤나

을 무덤 아래로 내렸다가 성 베드로의 은총을 가득 받은 후 다시 끌어올렸다.[11] 젊은 왕자였던 유스티니아누스는 콘스탄티노플에서 성 베드로의 귀중한 유골 한 조각을 요구하는 편지를 썼다가 단호히 거절당했고, 대신에 특별한 창문 안에 넣었다가 꺼낸 그런 천 조각을 받았다.[12] 그렇게 조심스럽게 마음 졸이며 간직되던 접근에 대한 열망이 때로 폭발하기도 했다. 앞에서 살펴보았듯 카르타고의 귀족인 메게티아는 가족을 떠나 우잘리스 근처에 있는 성 스테파노의 성골당으로 감으로써 "거리에 의한 치료"에 자신을 맡겼다.[13] 그러나 그녀는 그 곳에서 바로 쉴 수 없었다.

> 성스러운 유골을 모신 성골당에서 기도하고 있을 때 그녀는 마음의 열망뿐만 아니라 온몸으로 성골당 문을 두들겼다. 그리하여 유골 앞에 있던 작은 격자 문이 그 충격으로 열렸다. '천상의 왕국'을 습격한 그녀는 머리를 안으로 집어넣어 그 곳에서 쉬고 있는 성스러운 유골들에 머리를 대고 눈물로 그 유골들을 적셨다.[14]

멀리 있음과 가까이 함 사이에 조심스럽게 유지되던 긴장은 한 가지 사실을 분명히 했다. 신성한 자의 육체적 '현존'이 그것이다. 그것은 특정한 공동체 단위의 소유로서든 특정한 개인들의 소유로서든 후기 고대 그리스도교인들이 누릴 수 있는 최고의 축복이었다. 앞서 살펴보았듯이 그리스도교인들이 집요한 열정을 담아 간절히 원했던 '현존'은 보이지 않는 자의 임재를 의미하기 때문이다. 그의 은총을 입기 위해서든 혹은 다른 죽은 사람을 그 무덤 근처에 놓기 위해서든 로마를 떠나 성 라우렌티우스의 성골당으로 몰려든 열렬한 신봉자들은 단순히 어떤 장소를 찾아가고 있는 것이 아니었다. 그들은 한 사람을 만나기 위해서, 즉 주인 라우렌티우스를 만나러 가고 있었다.[15] 또한 우리는 어떻게 보이지 않는 자의 충만함이 유골 한 조각이나 심지어 성 베드로의 브란데아와 같이 그저 유골과 접촉했을 뿐인 특정한 물체에 임할 수 있는지를 살펴보았다.[16] 이 결과 그리스도교 세계는 작은 진품 유골 조각들과 "유골과 접촉했던 물체들"로 가득 차게 되었다.[17] 성 베드로의 경우처럼 "유골과 접촉했던 물체들"도 진품 유골들과 마찬가지로 그가 임재한다는 것을 보증하는 것으로 여겨졌기 때문이다. 후기 고대와 중세 초기에 신앙심의 중심 무대는 순례(사람이 유골을 향하여 가는 것)가 아니라 '이전'(유골을 사람들 사이로 옮기는 것)이었다. 종종 절도를 수반한 유골의 열광적인 거래는 중세 서구 그리스도교 세계에서 가장 추저분하다고는 할 수 없어도 가장 극적인 측면 중의 하나였다.[18] 중세사 연구자들은 비교적 최근에야 이 놀라운 행동을 어느 정도 설명할 수 있게 되었다.[19]

잠시 4세기 후반에 최초로 유골의 이동을 조장했던 믿음이 등장했던 상황과 그에 따른 결과들을 살펴보자. 유골이 이동할 수 있다면 신자와 신성한 자가 접할 수 있는 장소 사이의 거리는 고정성이나 물리적인 거리로서의 의미를 잃게 된다. 이것은 후기 로마의 사회 관계에 질적인 변화를 가져왔다. 즉 집단과 사람들 사이의 거리가 자비와 우호의 몸짓으로 극복되고,[20] 제국의 교통

파올로 베네치아노, 〈성 마르코 주검의 이전〉 패널화 팔라 페리알의 부분, 14세기, 상마르코 미술관, 베네치아

망을 통한 위험하고 긴 여정이, 열렬히 지지되고 있던 일치와 화합이라는 이데올로기에 의해 극복되었다.[21] 몸에 지니고 다닐 수 있는 유골의 형태로 신성한 존재를 소유한 사람들은 이 좋은 것을 다른 자들과 공유함으로써, 또 예전에는 특정 지역만이 배타적으로 이용하던 유골을 로마 세계 전역에 흩어져 있던 공동체들로 가져감으로써 호의를 보여줄 수 있었다. 지중해 전역의 새로운 성골당에 모셔진 모든 유골들 뒤에는 호의와 연대를 표현하는 몸짓이 들어 있어야 했다. 하지만 아프리카의 한 성골당에 새겨진 비문에는 거리라는 엄연한 현실이 극복되었다는 것만 기록되어 있다. "이 예수의 십자가 한 조각은 그리스도가 태어난 약속의 땅에서 온 것이다."[22] 하지만 파울리누스가 쓴 친구 술피키우스의 비문은 놀라에 유골 조각이 도착하던 "숭고하고 두려운 순간에도"[23] 인간적인 우정이 개입했다는 것을 다시 한번 확인시켜준다.

성 멜라니아가 이 곳 놀라에 선물로 가져온 이 물건은 만물 중에서 가장 고귀한 것으로, 도시 예루살렘에 있던 것이다.[24]

결과적으로 유골들의 이전, 특히 '거룩한 땅'에서 서지중해의 그리스도교 공동체로의 이전은 역사가들에게 믿을 만한 "미량 원소"의 역할을 한다. 역사가는 그것을 활용해서 후기 로마 제국에서 속인들과 성직자 엘리트들을 연결해주던 보호 제도, 결연[1], 선물 증여와 같은 복잡한 제도들의 엑스레이를 찍을 수 있을 것이다. 최근 유명한 사람들의 순례와 유골 이전이라는 주제는 성인

전과 관련된 소박한 '골동품 애호적' 연구 영역으로부터 4세기 후반에서 5세기 초의 그리스도교 지배 계층의 보호 제도와 정치에 관한 보다 세련된 연구 영역으로 넘어오고 있다. 나는 특히 영국의 헌트와 메릴랜드 대학의 홀룸의 연구를 그러한 예로 들고 싶다.[25]

나는 이러한 발전이 가지고 있는 몇 가지 함의를 지적하고자 한다. 우선 특정 지역이 어떤 중심지로부터 고정된 거리에 놓여 있다는 중립적 사실과 관련해 발생했던 순례와 "거리에 의한 치료"에 대한 갈망이 순수한 지리적 맥락에서 떨어져나오게 되었다. 다시 말해 신성한 자들은 후기 고대와 중세 초기 사람들이 사회적 유대를 강화시키기 위해 소중히 여겼던 화합과 선물 증여라는 몸짓을 통해 점점 더 가까운 곳으로 옮겨질 수 있었다. 후기 로마 시대의 인간 관계의 중요한 특징들이었던 관대함, 의존, 연대라는 "상호적 행위"의 망이 한 세대도 지나기 전에 대서양 연안과 '거룩한 땅'을 연결했다. 그리고 그렇게 함으로써 신성한 자로부터의 먼 거리를 근접함의 큰 기쁨으로 변화시키려는 욕망을 촉진하고 나아가 강화했다.

한편 4세기 후반 성인 숭배 지휘자들 사이에 '우호(amicitia)'

---

1 로마에는 우호 관계(amicitia)가 있었는데 유력자들이 서로 긴밀한 협조를 하는 친구(amici)가 되기로 하고 맺는 관계를 의미한다. 보호 제도와 마찬가지로 이 제도도 신의와 호의에 기반하고 있었기에 법적인 강제 조항은 없었지만 친구가 된 사람들을 서로 충고하고 개인적으로나 정치적으로 서로를 도왔다. 유력한 자의 친구들은 때때로 헌신적인 지지 집단으로 발전하기도 했다. '결연'(alliance, societas)은 이 우호 관계를 지칭하는 말로 빈번히 사용되었다. 그러나 '결연'은 우호 관계에 기반한 관계만이 아니라, 좀더 폭넓게 사람들 사이의 긴밀한 관계를 의미하는 말로도 사용되었다.

와 '일치(unanimitas)'라는 후기 로마 시대의 강렬하고 광범위한 관계 망이 없었다면 유골들이 그렇게 멀리, 그렇게 빨리, 또 그렇게 확고한 권위를 지닌 채 이동하지 못했을 것이다. 만약 이런 일이 일어나지 않았다면, 즉 유골의 이동이 그리스도교인들의 신앙심에서 중요한 위치를 차지하지 않았다면 지중해에 퍼져 있던 그리스도교 세계의 영적 풍경은 매우 달라졌을 것이고, 아마도 후대 이슬람 세계의 풍경을 닮을 수도 있었을 것이다. 가령 신성한 자들이 몇몇 특권적인 지역, 가령 '거룩한 땅'이나 로마와 같은 "성인들의 도시"에 영원히 한정될 수도 있었을 것이다. 그리스도교의 메카 혹은 그리스도교의 카르발라(시아파의 성스러운 도시 — 옮긴이)가 있었을지도 모르고, 암흑 시대 유럽에 발생했던 것처럼 로마 세계의 옛 국경선을 훨씬 뛰어넘어서 베드로나 바울로와 같은 중요한 성인들에 대한 숭배가 결정적으로 확대되지도 않았을 것이다. 또한 신성한 자들은 계속해서 특정 지역의 무덤과 결합되었을 것이고 그 지역 밖에서는 거의(혹은 전혀) 명성을 누리지 못했을 것이다.[26] 하지만 5세기 초가 되면 성인의 '현존'을 특정 장소와 지역의 역사에 한정하고 신성한 자와 접할 수 있는 곳을 "지리적"으로 표시했던 지도는 유골의 이동이 만들어낸 새로운 숭배 장소의 망 때문에 돌이킬 수 없이 수정되었다. 이는 이탈리아, 갈리아, 스페인, 아프리카에 흩어져 있던 공동체들이 멀리 떨어져 있는 친구들로 구성된 뛰어난 한 세대의 모험심과 관대함에 의존하고 있었던 것을 반영하고 있다.

유골의 이전을 둘러싼 사회·정치적 맥락에 대한 최근의 연구들이 때로는 지나칠 정도로 상세하게 주요 참가자들의 관계와 동기를 밝혀냈지만, 우리는 이 좋은 것들(유골 — 옮긴이)의 최초 기증자를 잊어서는 안 된다. 후기 고대인들은 때때로 뻔뻔스러운 강도짓이기도 했던 신성한 것들의 발견, 이전, 축적과 관련된 모든 세속적인 이야기 뒤에 하느님이 있다고 믿었다. 하느님이 그 유골을 주셨다는 것이다. 먼저 그것을 발견하는 것을 허락하셨고 또 그런 다음에는 옮기는 것을 허락하셨다는 것이다. 성 스데파노에 대한 설교에서 아우구스티누스가 이야기했듯이, "그의 주검은 매우 오랫동안 숨겨져 있었다. 하느님이 원했을 때 그의 주검이 세상에 나와서 모든 땅에 빛을 전하고 수많은 기적들을 이루었다."[27] 후기 고대에 죄의식의 먹구름으로부터 하느님의 용서를 밝혀주는 한 줄기 희망의 빛은 유골의 발견과 이전을 말할 때 가장 밝게 빛났다. 유골의 발견과 이전에 대한 이러한 이야기들에는 항상 하느님의 자비로운 기적이 신성한 사자의 임재라는 귀중한 사건을 자기네 지역에서 자기네 시대에 만날 수 있게 해주었다는 인식이 충만했기 때문이다.

415년 카파르가말라 마을 밖 들판에서 성 스데파노의 주검이 발견되었을 때 성직자 루키아누스는 이를 서툰 라틴어로 기록해 두었는데, 우리는 이러한 사실로부터 아람어를 사용했던 그 지역 사람들의 희망과 두려움을 엿볼 수 있다.[28] 루키아누스는 그처럼 좋은 소식을 예루살렘의 주교에게 전하라는 충고를 받았다.

우리는 당신이 성직에 있는 동안에 유골이 발견되었다는 사실을 당연히 밝혀야 합니다. (……) 매일매일 세상이 범하는 수많은 죄로 인해 이 세상이 위험에 처해 있기 때문입니다.[29]

드디어 성 스데파노의 관이 모습을 드러냈을 때, 신성한 자비의 손길이 압도해왔다.

바로 그순간 세상은 경외심에 몸을 떨었다. 일찍이 사람들이 알지 못했던 장소로부터 달콤한 향기가 날아들었다. 향기에 취해서 우리는 마치 천국의 달콤한 정원에 서 있는 듯 했다. 바로 그 순간에 그 향기를 맡고 73명의 병이 나았다.[30]

이 자비는 끔찍했던 겨울 가뭄을 몰아낸 한바탕의 비로 다시 한 번 확인되었다.

주님의 신성한 자인 스데파노 때문에, 또 우리의 주 예수 그리스도가 이 위험에 빠진 세계에 주님의 자비와 인자라는 천상의 보고(寶庫)를 열어주셨기 때문에, 땅은 축축이 젖어들었고 모인 사람들 모두가 주님을 찬양했다.[31]

따라서 유골의 발견이 단지 신앙심 있는 사람들이 행하는 고고학적 행위일 뿐인 것은 아니었고, 유골의 이전이 그리스도교 골동품을 감상하고 애호하는 새로운 형식일 뿐인 것도 아니었다. 두 행동은 모두 특정한 시간과 장소에서 하느님이 베푸시는 자비의 광대함을 명백히 하는 것이었고, 사면의 순간을 선포하는 것이었으며, 속죄와 용서의 감각을 현재로 가져오는 것이었다.

유골의 발견이나 이전은 공공의 신뢰감을 응축시킬 수 있었다. 따라서 교회사가인 소조메노스가 예언자 제카리아의 유골이 발견되고 콘스탄티노플로 옮겨지는 이야기로 역사책을 끝마친 것은 전혀 이상한 일이 아니다. 그런 사건들은 야만인들의 침입이나 내전의 중단보다 공공의 신뢰감을 더 확실하게 회복시켰다. 소조메노스는 그런 공공의 신뢰감을 환기시키면서 테오도시우스 2세 치하에서 동로마 제국이 누렸던 번영에 대한 기록을 끝마치는 것이 적합하다고 생각했다. 하느님은 제국의 주민들로 하여금 오랫동안 묻혀 있던 사자의 현존을 보여줌으로써 테오도시우스 치세를 승인한다는 것을 명백히 표현했다는 것이다.[32]

유골의 발견, 이전, 안치의 근저에는 그것이 하느님의 자비라는 생각이 있었다. 이런 분위기 속에서 유골 그 자체는 그것을 이용하도록 허락해주신 자비로운 하느님의 보이지 않는 몸짓만큼 중요하지 않을 수도 있다. 따라서 공동체 내에서 유골이 갖는 힘은 하느님께서 그 공동체가 성인의 '현존'을 누릴 만한 자격이 충분하다고 판단하셨다는 믿음을 응집한 데서 나오는 것이었다. 이러한 관점을 취할 때 우리는 유골들이 새로운 수도인 콘스탄티노플로 꾸준히 유입되었던 이유를 가장 잘 이해할 수 있다.[33] 유골들의 발견이라는 사건과 도착과 안치 시에 행해지는 의식들이 도시에 그 유골이 존재한다는 사실 자체보다 훨씬 중요했다. 도착한 후에는 많은 유골들이 망각의 심연 속으로 빠져들었다. 중

도시 콘스탄티노플의 성벽
비잔티움 제국의 황제 테오도시우스 2세(408~450)가 건설한 성벽이다. 테오도시우스 2세의 치세는 비교적 평온했지만 그 동안에도 페르시아와 두 번(421~422, 441)에 걸쳐 전쟁을 치렀고, 한두 번의 반란을 제압했으며, 반달 족을 물리치기 위한 원정 전쟁을 했다. 발칸 지방은 동고트 족의 위협을 받았고, 아틸라와 훈 족의 침입을 받기도 했다.

요한 것은 도착 그 자체였다. 이런 사건은 급속도로 팽창하고 긴장에 시달리던 도시의 거주자들을 끊임없이 용서하시는 하느님의 능력을 너무나 뚜렷이 표상했다.[34] 하느님이 무시무시한 지진의 굉음을 멈춰주셨던 그 은혜로운 순간들처럼 유골의 이전 역시 예술과 예배 의식에서 정성스럽게 기념되었는데, 이는 하느님께서 새로운 수도가 계속 융성하리라는 "확실한 운명"을 유골의 이전을 통해 보증해주신다는 믿음 때문이었다.[35]

따라서 유골이 발견되고 안치될 때면 '은사'의 감동이 충만했고 사기가 고양되었다. 바로 이 때문에 후기 로마인들은 성인 숭배와 관련된 의식들이 당시 깊숙이 그들의 마음을 사로잡고 있던 사회적 관계를 적극적으로 복제하고 있다고 생각할 수 있었던 것이다. 후기 고대의 사회적·개인적 관계에서 죄의 황폐함은 보이지 않는 이들이 공동체 내에 자리를 잡는 그 고조된 순간에 잠시 중단되었기 때문이다. 즉 성인의 '현존'은 나쁜 사건들로 난장판인 세계에 명백하게 좋은 사건들과 결합될 수 있었다. 그 결과 4~6세기 서지중해 세계에서 유골의 도착과 안치 그리고 매년 반복되는 보호 성인과 관련한 의식과 문헌들은 이상적인 관계에 대해 정교하게 다듬어진 모델을 제시했다. 이 모델은 서로마 제국의 마지막 세기와 야만인 통치의 첫 세기 동안 도시 주민들로 하여금 사회의 불쾌하고 양가적인 현실을 이해할 수 있게 해주었다. 오르테가 이 가세트가 예전에 썼듯이, 만약 "우리가 가지고 있지 않는 것이야말로 우리에게 가장 가치 있는 미덕"이라면 성인 숭배는 4세기 이후 후기 로마인들이 가장 열망했지만 가지지 못했던 덕목이 무엇이었는지를 분명히 밝혀준다. "화합"과 "권력의 깨끗한 행사"가 그것이었다. 이제 성인 숭배가 어떻게 그리스도교 공동체의 공적 생활에서 이 두 주제를 명확하게 했는가 점검해보도록 하겠다. 먼저 화합의 주제를 살펴보자.

무엇보다 유골의 이전은 전 제국을 활동 무대로 삼은 계층이 새로이 획득한 연대를 상징했다. 4세기 후반에 주교와 귀족 순례자들이 그리스도교의 새로운 엘리트 집단을 형성했다. 2세기의 소피스트들이 로마 황제의 보호를 받고 주요 가문과 결연함으로써 지역의 주요 인사에서 제국의 "놀라울 정도로" 유력한 인사가 되었듯이,[36] 4세기의 주교들과 상류층 순례자들도 새로운 그리스도교 제국의 광대하고도 위험한 세계를 떠맡게 되었다. 마크리나는 그녀의 형제에게 늘 이렇게 말했다.

아버지는 생전에 풍부한 교양 덕분에 상당한 명성을 누리셨다. 그러나 그 명성은 당신이 살던 지역의 법정을 넘지 못했다. 후에 아버지는 온 폰투스 지역에 수사학 교사로 알려지게 되었다. 당신이 바랐던 것은 오직 고향의 경계 안에서의 명성이었다. 그러나 너는 더 먼 지역의 도시들, 사람들, 속주들에까지 명성을 날리는 사람이 되었다.[37]

새로이 부상한 이 그리스도교 엘리트들은 유골을 발견하고 이전하는 것을 장려할 수 있는 매우 이례적인 위치에 있었다. 그들은 넓은 지역을 여행했고 확고한 사회적 권위를 가지고 있었으며, 따라서 쉽게 신성한 자의 유골을 독점하고 그 유골에 권위를 부여할 수 있었다. 하지만 거기에는 좀더 심오한 이유들이 있었다. 3장에서 서술했듯이 성인 숭배는 이 활동적인 인물들의 사회적 지위를 눈에 띄게 부각시켰다.[38] 놀라의 파울리누스처럼 평생 금욕적으로 은거했던 자들이 그랬듯, 외부 지역에서 명망이 높았던 이방인들은 자신을 보호하고 또 자신들의 막강한 지위를 초자연적으로 확장하기 위해서 보이지 않는 동반자의 존재가 지속적으로 필요했다. 이상적으로 보자면 우애라는 끈끈한 유대로 결합된 계층을 구성했던 이들은 자기네들의 '일치'를 가시적으로 보여주는 상징물을 끊임없이 교환함으로써 번성했다.[39] 유골들은 보호와 연대를 표현하는 방법이었다. 유골의 발견과 이전은 또한 고독하면서도 진취적인 사람들이 보이지 않는 보호자와 확립하고자 했던 매우 독점적인 관계에 형체를 부여했다. 수호 천사가 보호하고 있다는 인식만으로는 그런 구체성을 확보할 수 없었을 것이다.[40]

따라서 유골을 발견하거나 한 공동체에서 다른 공동체로 옮기는 일은 그리스도교 엘리트들을 하느님의 자애를 감독하는 데 직접 참여하는 특권적인 대행자로 만듦으로써 그들의 특별한 지위를 한층 강화했다. 성 게르바시우스와 성 프로타시우스의 주검을 발견할 때 자신이 했던 역할에 대해서 암브로시우스는 이렇게 말했다.

비록 이것이 하느님으로부터의 선물이라고 해도 주 예수께서 내가 성직자로 있는 동안에 허락하신 자비와 호의를 나는 부정할 수 없다.

나 자신이 순교자의 지위를 얻지는 못했지만 최소한 당신들을 위해서 순교자를 얻었기 때문이다.[41]

후에 시도니우스 아폴리나리스와 그의 동료들[42] 그리고 투르의 그레고리우스가 활약하던 시기에 갈리아 주교들은 유골들을 빈번하게 발견하고 옮기면서 새로이 발견된 성인들의 '현존'이라는 섬광을 조심스럽게 이용하였다. 공동체를 위해 새로운 보호자들의 자비를 구할 수 있었던 것은 자기들의 '공덕', 즉 그들이 하느님과 맺고 있는 특별한 관계 때문이라고 생각되었다.[43]

브레시아의 가우덴티우스는 새로운 유형의 여행가 중 한 명이었다. 그는 금욕적 성향을 가진 부자로서 당시 북이탈리아를 지배하고 있던 아리우스의 견해²에 강한 반감을 가지고 있었다. 어느날 가우덴티우스는 '거룩한 땅'으로 여행을 떠나기로 결심했다. 그는 카파도키아에서 카이사레아의 수녀들에게서 40명의 세바스테 순교자들의 유골을 받았는데, 그것은 수녀들이 바로 성 바실리우스로부터 받았던 유골이었다.[44] 그 공동체는 그가 여행

2 알렉산드리아 교회의 사제 아리우스는 "성부 · 성자 · 성령의 세 위격은 대등하며, 오직 성부만이 영원하다. 성자는 모든 피조물과 같이 창조되었을 뿐, 신이된 피조물과 신의 중개 역할을 하고, 신이 그에게 세상을 구원하도록 선택한 것이다. 예수 그리스도는 신의 은총을 입어 하느님의 양자로 선택받은 것이다"라고 주장했다. 이에 대해 아타나시우스는 아리우스의 주장은 성자를 반신(半神)으로 전락시켰으며, 성자만이 인간과 하느님을 화해시킬 수 있다는 개념을 훼손했다고 반박했다. 니케아 공의회(325)에서는 아리우스의 주장을 이단으로 규정하고 배척했으나, 이후 아리우스와 그 일파는 콘스탄티누스 1세에게 접근하는 데 성공하여 콘스탄티우스 2세 아래서는 전 로마 제국을 지배할 만큼 세력을 떨쳤다. 콘스탄티우스 2세 때 아리우스 파는 "성자는 성부와 같지 않다"라고 과격한 입장을 선언하여 온건파를 자극하기도 했다.

알렉산드리아의 사제 아리우스.
그는 하느님의 아들인 예수 그리스도가 모든 창조물 중에서 최초로 창조된 뛰어난 존재이기는 하지만 성부처럼 영원하신 분은 아니라고 주장했다.

의 "충실한 동반자들"로 삼도록 유골들을 "그에게 주었다".⁴⁵⁾ 멀리 떨어진 카파도키아에서 선물을 주는 행위는 수용과 연대의 몸짓이었다.⁴⁶⁾ 고향으로 돌아온 가우덴티우스는 이 몸짓을 그대로 되풀이했다. 그는 브레시아의 한 교회를 방문하여 이 유골들과 또다른 유골들을 안치하고 그 곳에 "성인들의 회합"이라는 이름을 붙였다.⁴⁷⁾ 대부분의 성직자들이 임박한 야만인들의 침입을 두려워하여 브레시아를 여행하기를 꺼렸던 387년 무렵에 말씀을 전파하면서,⁴⁸⁾ 가우덴티우스의 "성인들의 회합"교회는 가우덴티우스 자신에게 세상이 어지러워지기 이전, 행복했던 날들에 있었던 이상적인 연대를 상징했다.

10년 뒤 루앙의 빅트리키우스에게서도 이와 비슷한 모습을 찾아볼 수 있다. 우리는 그를 금욕주의자들의 작은 모임에서 처음으로 만날 수 있다. 파울리누스, 성 마르티누스, 빅트리키우스는 한때 빈에서 같이 있었다.⁴⁹⁾ 그러나 빅트리키우스의 세계는 곧 위험할 정도로 넓어졌다. 루앙의 주교였던 그는 야만인들과 센느 강 어귀의 해적들과 함께 로마 제국의 닳아빠진 모서리에서 살아가게 되었다.⁵⁰⁾ 영국 해협을 따라서 빅트리키우스의 무리에 연대감을 제공했던 행정 단위가 급속하게 와해되어 가고 있었다.⁵¹⁾ 갈리아 북부에 살고 있던 모든 사람들에게 지중해는 이제 멀리 떨어진 것처럼 보였다.⁵²⁾ 그럼에도 불구하고 이 시기에 빅트리키우스는 당시 놀라에 정착했던 파울리누스와 서신 교환을 계속했고,⁵³⁾ 403년에는 로마를 방문했으며, 교황 인노켄티우스에게 편지를 써서 자신의 교구에 적용시킬 로마 교회 관습의 사례들을 요청했고,[54] 심지어 394년에는 교회들의 화합을 확립하기 위해서 브리타니아를 여행했다.[55] 가우덴티우스는 비교적 안전한 환경에서 브레시아로 유골들을 얻어와 안치하면서 연대를 강조했었다. 그러나 이제 루앙에서 그러한 연대는 이상적인 화합과 초자연적인 보호에 관한 좀더 확실한 상징물을 필요로 했다. 빅트리키우스는 북이탈리아에서 가져온 유골들을 지니고 브리타니아를 여행했다.[56] "나는 당신들의 장엄한 '현존'을 지니고 있습니다."[57] 소아시아와 근동의 안전한 순례 길과 달리 불확실한 세계에서 빅트리키우스는 "이 장엄한 현존의 동행을 누릴" 수 있었다. 보이지 않는 동반자와의 친밀한 관계 속에서 안전을 보장받았던 빅트리키우스는 이제 그런 보호를 전체 그리스도교 회중이 이용할 수 있도록 했다.[58] 그것은 로마의 보호에서 이탈하여 고립될 위험에 빠진 공동체에게 '거리'를 압축시키는 위안의 몸짓이었다. 앞에서 살펴보았듯이 친구 파울리누스를 감동시켰던 "크기의 반비례" 효과에 의해 전체 그리스도교 세계의 연대를 응축하는 이 작은 유골들을 빅트리키우스는 루앙으로 가져올 수 있었다. "천국 시민들의 그토록 거대한 다양성과 (……) 천국 권능의 그토록 신비스러운 통일성".[59] 『신성한 자들을 찬양함에 관하여』라는 설교에서 빅트리키우스는 일부러 유골의 안치를 역설투성이의 사건으로 제시했다. 그리하여 유골의 뼛조각들과 핏방울들이 눈에 보이지 않지만 전 지중해의 숭배 장소들을 포괄하는 거대한 통일성과 신비스럽게 접촉하고 있음을 알렸다. 멀리 떨어진 루앙의 회중이 "완벽한 전체의 화합"이라는 이상에 잠기는 순간이었다.[60]

예수와 베드로 바울로, 유니수스 바수스 석관묘 장식의 부분, 359년경, 바티칸 그로토, 로마

화합에 대한 후기 로마인들의 집착은 공적 생활의 모든 수준에서 관찰된다. 가우덴티우스와 빅트리키우스의 설교들은 제국 전체의 차원에서 그런 집착의 무게를 느낄 수 있게 해준다. 오순절에 성령에 의해서 최초로 그리스도교 교회가 융합되었듯이 한 장소로 모아진 대량의 유골 조각들은 그리스도교 교회의 이상적인 통일성을 응축하고 있었다. 또한 그것은 멀리 떨어져 있는 친구들과 지역들 사이의 화합과 연대라는 후기 로마 시대 세속적인 이상을 의미하는 언어로 설명될 수도 있었다.[61] 그러나 유골들은 무엇보다도 지역 공동체 내부의 화합을 강조했다. 서로 분간하기도 힘들었던[62] 작은 유골들의 통일성은 그것들이 안치된 지역 공동체의 이상적인 화합을 요약해주는 것이었다. 후기 로마 시대의 그리스도교 공동체들이 하나 이상의 성인을 갖고 있다는 사실을 얼마나 자주 강조했는가를 살펴보는 것은 흥미롭다. 후대의 공동체들이 하나의 성인을 보호자로 삼는 것에 만족한 반면에 후기 로마의 많은 공동체들은 한 쌍의 성인들을 선택했다. 가령 로마에서는 베드로와 바울로가, 아퀼레이아에서는 펠릭스와 포르투나투스가 선택되었다.[63] 로마에서 베드로와 바울로 숭배가 연계되었던 것과 관련해 우리가 알고 있는 사실로 미루어볼 때 그런 강조가 의도적인 것은 아니었는지 의심이 든다. 즉 한 쌍의 성인에 대한 축제는 잠재적으로 심각하게 분열되어 있는 도시를 화합시키는 축제였다.[64] 한 쌍의 성인들에 대한 축제는 그리스도교 공동체에 매우 적절한 "창설 신화(foundation myth)"를 재연하는 것이었다. 이 축제는 두 명의 형제(심지어 두 명의 성직자!)가 완벽한 조화 속에서 삶을 마감할 수 있다는 지극히 후기 로마적인 기적을 강조했다. 성 펠릭스와 포르투나투스에 대한 설교에서 아퀼레이아의 크로마티우스가 말했듯이 그들은 "영예로운 순교로써 우리의 통일성에 광채를 더했다".[65] 그러한 축제들은 성인들과 성골당과 관련하여 자발적이고 대개는 부지불식간에 터져나오곤 하던 동료 의식에 분명한, 그리고 주로 성직자들의 생각에 기반한 해석을 부여했다.[66]

이후 몇 세기 동안 지속된 성인들에 대한 의식(儀式)을 살펴보아도 이와 똑같은 경향을 발견할 수 있다. 투르의 그레고리우스의 세계는 성인들로 가득 찼다. 사람들이 개별 성인들의 무덤들을 주변에 아무것도 없이 홀로 서 있도록 내버려두지 않았기 때문이다. 모든 도시들에 한 명의 수호 성인이 있었던 것은 아니다.[67] 오히려 주교들은 각각의 성골당 주위에 보이지 않는 동료들의 망을 만들었는데, 이것은 갈리아의 원로원급 주교단의 지속적인 연대 의식을 보여주는 것이었다. 원로원의 화합 그리고 제국의 화합이라는 수세기 전의 기억들이 성인 축제 때 여전히 꿈틀거리고 있었다. 브리우드는 주변 도시들로부터 약간 떨어져 있었고 바로 그 때문에 전체 오베르뉴 사람들이 만나는 장소였는데, 거기에 있는 성 율리아누스의 성골당 앞에서 한 귀신들린 자가 외쳤다. "너는 왜 이 곳에 낯선 자들을 데려왔느냐? 너는 성인들의 전체 회의를 소집했다."[68] "성인들의 전체 회의"라는 말은 한 세기도 전에 가우덴티우스가 브레시아에서 자신의 교회를 설립하면서 호소했던 것과 같은 통일된 권능의 이미지를 가지고 있었다. 신분이 높은 자들이 화합에 대한 오랜 열망을 여전히 강렬하게 가지고 있던 갈리아에서,[69] "그리스도의 승리의 행렬"에서 함께 일했던 순교자들은 숭고한 연대 의식을 유지하고 있었다.[70]

처음 성인을 공동체에 맞아들일 때나 매년 축일에 성인의 '현존'의 도착을 재연하며 행했던 의식에 접근하기 위해서는 이처럼 화합과 깨끗한 권력의 행사라는 이중적인 과제에 몰두했던 것을 고려해야 한다. 루앙의 빅트리키우스의 『신성한 자들을 찬양함에 관하여』와 후대의 증거는 그런 의식들이 의도적으로 황제의 '도착(adventus)', 즉 황제의 "공식적인 도시 행차"를 기념하는 의식을 모델로 삼았다는 것을 명백하게 보여준다.[71] 따라서 성인 기념 의식의 의미를 완전히 이해하려면 우리는 먼저 황제 행차를 기념하는 의식의 기능과 관련된 의미들을 살펴보아야 한다. 후기 로마의 의식들은 제대로 파악되지 못하면 쉽게 오해를 불러일으키기 때문이다. 황제 '도착' 의식은 번번이 신민들에게 황제의 위엄을 명백하게 보여주고 황제를 접근할 수 없는 숭엄한 존재로 만들기 위한 장치로만 취급되어 왔다. 그러나 약간 다른 각도에서 보면, 그 의식들은 단지 신민들을 깜짝 놀라게 하고 경외심을 갖도록 하기 위해서만 거행되지 않았음을 분명히 알 수 있나. 그러한 의식들은 황제의 '도착' 의식에 공동체 구성원의 참가를 격려하고 참가자를 공동체의 정식 구성원으로 등록하도록 교묘하게 조직되었다. 따라서 의식은 궁정만을 위해서 열린 것은 아니었으며 황제의 권위를 찬양하는 데에만 집중되지도 않았다. 그 의식은 항상 황제와 그 수행원들에게 만큼이나 황제를 환영하

전통적인 로마 집정관의 행차, 4세기, 유니우스 바수스 바실리카, 로마
로마 도시의 유명 인사 개선 행진이 어떠했는지 이 그림을 통해 추측해 볼 수 있다. 장엄한 행렬이 시르쿠스로 향하고 있다. 맨 앞에는 전차 경기를 주재하고 경기 비용을 대는 집정관이 탄 의식용 마차가 나아가고 이어 경기에 출전할 전차 4대가 따르고 있다.

황제의 행렬, 아라 파키스의 프리즈의 부분, 대리석, 기원전 13~9, 로마
화려한 의상을 한 황제 행렬의 일부이다. 이러한 황제의 행렬이 반드시 사람들에게 경외감을 주기 위해
행해졌던 것은 아니다.

는 공동체들에게도 의미 있는 일이었다. 그것은 이상적인 화합의 순간이었다. 공동체 내의 모든 집단들이 그 공동체 속에 머무는 황제를 환호하면서 하나가 될 수 있었기 때문이다.[72] 도시 내의 개별적인 범주들, 즉 젊은이와 늙은이, 남자와 여자, 상인과 귀족, 외지인과 토착인이 모두 환영 의식에서 적당한 자리를 차지했다.[73] 따라서 황제의 '현존'은 쪼개지지 않는 전체 공동체를 포용하는 것으로 생각되었다.[74]

빅트리키우스의 설교와 5~6세기 갈리아 교회의 습속에서 가장 명확히 드러나는 것은 작은 도시의 개별 구성원들 사이의 이상적인 화합의 순간으로서 '도착'의 의식이 가지고 있던 바로 이 측면이었다. 빅트리키우스는 루앙의 그리스도교 공동체들의 지도에 새로운 사회적 범주들을 그려넣기 위해서 유골의 '도착'이라는 엄숙한 행사를 이용했다. 빅트리키우스는 주교였을 뿐만 아니라 성 마르티누스의 숭배자였고 낯설다는 이유로 주민들로부터 곧잘 의심받던 금욕주의 운동의 후원자였다.[75] 그는 유골의 행차를 황제의 행차와 유사한 것으로 다룸으로써 보이지 않는 자들의 위엄을 강조했을 뿐만 아니라, 루앙의 그리스도교 공동체가 유골의 행차를 통해서 새로운 범주의 사람들을 자기 공동체 속으로 받아들일 수 있도록 노력했다. 이제 성가를 부르는 수도사들과 수녀들의 거룩한 행렬이 전통적인 성직자들의 행렬과 나란히 행진했다.[76]

이렇게 갈리아 지방에서 성인 숭배 의식은 그리스도교 공동체를 다른 공동체와 구별할 뿐 아니라 널리 확장하는 데도 이용되었다. 성인 축제들은 새로운 신자들이나 전통적인 신자들이나 모든 범주의 가톨릭 그리스도교 신자들이 참여할 수 있는 기회를 제공했다. 빅투리키우스가 루앙에서 설교한 지 몇 세대가 지나자 새로운 수도사들의 무리에 여전히 혼란을 야기하는 또다른 이방인들이 합류했다. 그들은 이방인 호위대의 보호를 받고 있던 프랑크 귀족들이었다.[77] 모든 사람들을 포용하는 축일 의식들이 발전하지 않았다면 외부인들이 6세기 남부 갈리아의 이 작은 도시에서 자리를 잡기는 어려웠을 것이다. 심지어 투르의 그레고리우스가 수 차례 그들이 쉽게 다른 사람들의 원한을 샀다는 지적까지 했음에도 불구하고 프랑크 족은 이 지역에서 무난하게 자리를 잡았다. 특히 프랑크 족에게 가톨릭 신앙은 무엇보다도 도시의 '합일(consensus)'를 위한 성대한 의식에 참가할 권리를 의미했다.[78] 호전적인 부족 안에서도 유명한 전사 가문 출신인 금발의 윌리트루타는 파리에 머물고 있는 프랑크 족의 일원이었다. 그녀는 성인의 회당을 후원하고 성인 축제에 모습을 드러냄으로써 지역 공동체에서 "비록 혈통으로는 야만인이지만 헌신에 있어서는 로마인"으로 받아들여졌다.[79]

따라서 성인 숭배 의식과 연관되어 수행되었던 '도착' 의식은 공동체 내 다양한 집단의 모든 구성원들을 공동체 속에 포용함으로써 그리스도교 도시 공동체의 경계를 넓힐 수 있었다. 어쩌면 그 의식은 그 이상의 효과를 가져왔을지도 모른다. 성인 기념 축제들은 좀더 깊은 차원에서 이상적인 합일의 순간으로 생각되었기 때문이다. 그것은 하느님이 공동체를 하나의 전체로서 승인했

프랑크 족의 왕 클로비스가 성 세베리누스에게 치료받는 모습, 프레스코화, 12세기, 샤토-랑동, 성 세베리누스 성당 지하실

메로빙거 왕조의 창시자인 클로비스는 486년경 로마 총독 시아그리우스의 나라를 멸하고 세를 넓혔으며, 496년 알라마니 족을 물리쳤고, 507년 서고트 족을 격파해 영토를 넓혔고 최초로 통일 프랑크 왕국을 수립했다. 알라마니 족을 정복한 직후에 3천 명의 부하와 함께 레미기우스의 세례를 받아 로마 가톨릭으로 개종했다. 이는 다른 게르만 계 부족 국가가 아리우스 파의 신앙을 신봉하던 것과는 달리 로마 교황과의 우호 관계를 보증하는 일이어서 장래 프랑크 왕국 발전의 중요한 포석이 되었다. 클로비스는 다른 프랑크 족 경쟁자들을 철저히 제거할 정도로 무자비하고, 개종을 화려하게 전시하여 스스로를 멀리 콘스탄티노플에 있는 황제의 동맹으로 치장할 정도로 영리하며, 서고트 족의 영토를 대부분 장악할 정도로 강력한 왕이었다.

다는 것을 명백하게 보여주었다. 하느님의 자비는 도시 속의 이질적인 성원들을 모두 포용했고, 이전에는 외부에 서 있던 자들을 모두 재통합할 수 있었다. 이에 따라 모든 가톨릭 그리스도교 신자들은 성인 기념 축제에 마음껏 참가할 수 있다는 주장이 나오기도 했다. 그 고조된 연대의 순간에 죄인들은 고통의 씨앗인 죄로 인해 공동체 밖에 놓여지리라는 두려움 때문에, 사람들은 병들거나 눈멀거나 귀신들리거나 감옥에 갇히는 것을 두려워했다.

한 눈먼 여인이 성 마르티누스에게 외쳤다. "오, 비통합니다. 내 죄 때문에 눈이 멀어서 다른 사람들과 함께 이 축제를 볼 수가 없습니다."[80]

따라서 성 마르티누스의 축제에서 투르의 그레고리우스가 소중히 여겼던 기적들은 공동체를 재통합시키는 것이었다. '만인의 합일'을 막고 있던 장벽들이 무너졌다. "모든 사람들이 보고 있는 가운데" 절름발이가 일어나 걸어서 성찬을 받으러 왔다.[81] 유치장에 갇혀 있던 죄수들이 행렬에 참가하게 해달라며 큰 소리로 울부짖자 갑자기 그들을 묶고 있던 사슬이 끊어졌다. 이러한 사건은 마르티누스가 죄를 용서해주었음을 명확히 보여주는 일이었다.[82] 이런 때에는 불구와 귀신들린 자들을 동료 인간과 멀리 떨어진 곳에 가둬놓았던 마귀들조차도 그 굴레를 느슨하게 했다.[83] 바로 그 순간 성인의 '현존'은 가장 경이로운 방식으로 후기 로마인들에게 '은사'를 공언했다. 그리고 그처럼 축복된 순간에 그리스도교 공동체는 다시 하나가 되었다.[84]

유골들의 이전은 지속적으로 행해졌던 화려한 의식들 속에서 5세기 서로마 제국의 그리스도교 엘리트들을 결합시켰던 연대와 보호 제도의 구조들 또한 명확하게 드러내주었다. 유골의 안치와 매년의 축일을 통한 기념은 지역 사회의 화합에 대한 절박한 필요를 강조했다. 그러나 성인의 '현존'은 그리스도교 회중에게 또 다른 긴급한 문제, 즉 그들 가운데서 행사되는 권력의 성격에 대해서 이야기해 주었는데 여기서도 4장에서 살펴본 상상의 변증법의 작동을 목도할 수 있다.

유골들은 분명히 좋은 사건들과 연결된 숭고한 축제 분위기에서 발견되고 옮겨지고 안치되었고 또 성인 역시 그런 분위기 속에서 기념되었을 것이지만, 우리는 유골 자체에 여전히 원초적인 어두운 그늘이 있었음을 잊어서는 안 된다. 지금 하느님의 순수한 자비의 상징으로 그리스도교 공동체 가운데 임재하는 이 보이지 않는 자는 한때 사악한 죽음을 맞았던 사람이다. 뿐만 아니라 그의 사악한 죽음은 권력의 사악한 힘에 의한 것이었다.[85] 순교자들은 박해자들에 의해서 죽임을 당했고 또 성 마르티누스의 경우처럼 박해에 굴하지 않는 고백자들은 일생 부당하고 거만한 권력과 극적으로 충돌했다.[86] 따라서 그들의 죽음은 육체적 고통에 대한 승리, 그 이상을 포함하고 있었다. 다시 말해 그들의 죽음은 부당한 권력과의 경합과 승리의 기억으로 울려퍼졌다. 성인들의 '수난'이 황제의 "공식적인 도시 행차"에서 송덕문이 했던 역할을 성인의 보이지 않는 "행차"에서 똑같이 했다고 한다면, 우리는 지금 진실로 기묘한 송덕문을 다루고 있는 것이다. 왜냐하면 '수난'을 낭독할 때, 황제와 같은 위엄을 갖추어 성인의 도착을 기념하는 화려한 의식 내내 부당한 권력 행사 — 이것은 아주 극적으로 묘사되고 있다 — 의 그림자가 드리워져 있기 때문이다. 사악한 죽음이라는 사실은 천상에 있는 성인이라는 이미지에 의해 억압되고 그러한 식으로 배제되었기 때문에 죽음에 대한 기억이 한층 더 강렬한 것이 되었듯이, 이제 빅트리키우스의 『신성한 자들을 찬양함에 관하여』에서도 황제 — 이때 황제는 성인과 동일시되고 있다 — 의 '도착' 의식에 대한 기억은, 이제는 부재하기 때문에 더욱 뚜렷해진 재판과 처벌 장면에 대한 기억에 의해 한층 더 강화된다.

여기에는 이제 처형자도 시퍼런 칼날도 없다. 우리는 신성한 권위의 제단에 나아간다. 피에 굶주린 적이 사라졌고 고문자들은 더이상 등뒤에서 어슬렁거리지 않는다.[87]

순교자 기념 의식을, 하느님의 사면 및 순교자의 '현존'과 관련해 선한 권력이 호시탐탐 기회를 노리는 사악한 권력을 이겨냈다는 따뜻한 이야기로 각색했던 서지중해 공동체들의 취향을 과소평가해서는 안 된다.[88] 즉 사람들이 순교자 축제와 그때 낭독되는 순교자의 '수난'을 들으면서 고통과 병을 해소해주는 드라마만을 체험했던 것은 아니다. 순교자 축제를 통해 공동체 전체는

"깨끗한" 권력과 "더러운" 권력의 강렬한 이미지들이 함께 몰려오며 빚어내는 긴장의 순간 역시 체험할 수 있었다.

순교자에 대한 프루덴티우스 시에서 눈에 거슬리는 요소들인 지리한 심문, 사악한 농담, 그리고 고문에 대한 끔직한 묘사들은 고통에 대한 승리의 장관, 그 이상의 것을 제공했다. 그것들은 성인의 '현존'과 연계된 이상적이고 "깨끗한" 권력의 어두운 측면을 후기 로마 시대의 재판 제도의 공포스러운 분위기에서 취한 음침한 색조로 그리고 있다.[89] 성골당에 모인 무리들은 육체의 사악함을 치료하는 것만큼이나 권력의 사악함을 치료하는 데 몰두했다. 카르타고와 그 인접 지역에서 우잘리스에 있는 성 스데파노의 성골당으로 모여든 무리들에게 설교를 전했던 한 성직자는 서슴지 않고 사악한 권력의 치료라는 주제를 다루었다. 이런 주제야말로 성인이 행하는 권능의 영향을 공개적으로 각인시킬 수 있었기 때문이다.[90] 플로렌티우스는 지역 사회에서 널리 알려진 사람이었다. 카르타고의 자치시 회계관이었던 그가 한번은 횡령죄로 고발되었다. 그가 앞으로 끌려오자 "총독은 무섭게 호통을 치면서 일어났다". 너무나 불길한 순간이었다. "그 순간 그 곳에 있던 모든 사람들의 마음에 오싹한 냉기가 돌았다."[91] 총독은 그를 고문대에 매달도록 했다. 고통스러운 심문 과정에서 한 고문자가 형리들끼리 흔히 주고받던 농담조로 플로렌티우스의 갈비뼈 연결부를 슬쩍 찌르면서 익살스럽게 말했다. "이제 성 스데파노에게 기도할 시간이오." 그는 총독 쪽으로 눈을 들어 총독의 친구들과 보좌인들이 앉아 있는 의자를 바라보았다. 그들은 총독의 법률 고문이었을 뿐 아니라 공동체의 '보호자들'로서 황제의 대리인(총독 — 옮긴이) 주위에 앉아 있었다. 그는 이들 가운데서 "주름진 나이로 추하고 닳아빠진" 불쾌한 얼굴을 한 사람이 아니라 얼굴에서 광채가 나는 한 젊은이를 발견했다. 스데파노가 플로렌티우스의 보호자이자 후원자가 되어 총독 곁에 앉아서 오른손을 들어 걱정하지 말라는 몸짓을 하고 있었던 것이다. 총독이 냉정을 되찾자 플로렌티우스는 그에게서 "더이상 재판관이 아닌 아버지의 모습"을 보았다.[92]

위의 예화는 전래되면서 한 군데도 손실되지 않은 이야기다. 여기서 중요한 것은 지역 여론이 혐의자에게 우호적으로 돌아가는 상황에서 권력의 행사가 스데파노의 개입을 통하여 모든 사람들이 만족할 만큼 "깨끗하게 씻기는" 방식이다. 플로렌티우스는 문자 그대로 "올가미에서 풀려났다". 못생긴 노인을 성 스데파노가 대신함으로써 후기 로마 시대 법정의 보호 제도가 작동하게 되었다. 그리고 총독은 도시의 아버지로서의 이상적인 역할로 돌아갈 수 있었다.[93]

이 시기에 도시 카르타고는 여전히 치밀하게 통치되고 있었다. 플로렌티우스의 불쾌한 경험은 수도 없이 벌어졌던 잔혹한 숙청에 비하면 아무것도 아니었다. 가령 이 무렵 성 스데파노는 아우구스티누스의 친구였던 마르켈리누스가 즉결 처형을 당할 때 그를 보호하기 위해서 거의 아무 일도 하지 않았던 것 같다.[94] 스데파노는 애매한 사건에 개입하여 강력한 제국 정부의 흔들리지 않는 사법 집행을 깨끗하게 만들어주었을 뿐이다. 지도자가 없는 다른 많은 지역들에게는 "깨끗하게 씻을" 중앙 정부 자체가 없었다. 이런 곳에서 성인들은 보호 제도를 주도하기 위해 여러 집단이 경합을 벌이고 있던 상황에 개입했다. 가톨릭 신자가 아니든 야만인이든, 가톨릭 신도들이 받아들이기 어려운 무리들이 대부분의 실질적인 사회 권력을 행사하는 공동체들에서 성인은 "깨끗한" 권능을 통해 종종 마찰을 일으켰던 집행 과정을 돌보았다. 이로써 회중의 지지를 받은 가톨릭 주교들의 권력은 세속 정부의 구조에 의해서 만들어진 "부정한" 권력과 대등해지거나 심지어 그것을 제어하기에 이르렀다.[95]

417년 미노르카의 마혼에 성 스데파노의 유골들이 도착하면서 바로 그러한 상황이 촉진되었다.[96] 확고한 기반을 가진 유대인 공동체가 오랫동안 섬의 이 지역을 주도하고 있었다.[97] 그리스도교인들에게 이것은 애증이 교차하는 상황을 초래했다. 그들은 제국 전체가 그리스도교를 믿는 상황에서 주교, 혹은 최소한 가톨릭을 믿는 귀족이 "깨끗한" 권력을 행사해야 한다고 생각했다. 그러나 실제로는 제국의 세속 권력 구조가 명백하게 법학자이자 유대인 회당의 사제인 유대인 테오도루스를 공동체의 확고한 지도자로 임명했다. 그는 자치시 시민들이 지고 있는 의무에서 면제되었고 도시의 "옹호자"로 행세했으며 이제는 "보호자"가 되었다.[98] 유대교인과 그리스도교인이 『시편』을 교송하며 함께 아름다움을 즐기는 등 공존하는 것을 배워가던 그 공동체에서 테오도루스와 그의 친척들이 우두머리였다.[99] 그러나 반달 족이 스페인을 침공하고 있을 때 테오도루스와 그의 친척들에게 확고한 권력과 특권을

유골의 행렬, 상아 조각판, 5세기
족장이 유골함을 들고 있다. 이 행렬의 행진 방향은 왼쪽에서 오른쪽으로, 원로원, 황제, 황실 사람들 앞을 차례로 지나고 있다. 관중들은 창가에서 이 행렬을 구경하고 있고, 향을 흔들며 환영을 표하기도 한다. 왼쪽 위로 예수의 얼굴이 새겨진 아치가 보인다. 도시에서 이러한 유골의 행렬은 공적 생활의 일부로서 공동체에 결속감과 연대감을 제공했다.

주었던 세속 권력 구조는 발레아리스 제도의 섬들에서 철수해버린 것 같았다. 마침 테오도루스가 미노르카에 없던 시기에 성 스데파노의 유골이 도착하자 그 섬에서 모호했던 그의 지위는 완전히 무너졌다. 스데파노가 유대인 '보호자'의 얼룩지고 불완전한 힘을 대체할 수 있는 진정하고 "깨끗한" '보호자'였던 것이다.[100]

그 후 폭력적이고 불쾌한 일들이 많이 벌어졌다. 폭력과 더 큰 폭력에 대한 두려움이 야기한 그 추잡한 사건을 묘사하는 데 있어서 나는 유일한 사료인 주교 세베루스의 견해만을 살펴보고, "깨끗한" 권력으로서 성 스데파노의 보호 역할에 대해서만 언급하고자 한다.[101] 이 점에 대해서는 독자들이 양해해주기 바란다. 몇몇 고대 문헌들에서 불길하게도 유대교도와 그리스도교도들이 거리에서 인사하는 것을 갑자기 멈췄을 때, 끔찍한 집단적 종교 폭력이 시작되었다는 것을 알 수 있다.[102] 유대교 회당이 파괴되었고[103] 유대인 가족들은 한동안 황량한 언덕으로 쫓겨났다.[104] 그래도 여기에는 단순한 '학살'에서는 볼 수 없는 무언가 자비로운 구석이 있었다. 세베루스 주교는 이 사건을 회고하면서, 그것이 성 스데파노가 이제 "깨끗하고" 완전한 권력을 행사하여 예전의 테오도루스처럼 유대인과 그리스도교인을 모두 포용할 수 있는 도시의 진정한 '보호자'로 등장하는 과정이었다고 조심스럽게 설명하고 있다. 스데파노가 유대인과 그리스도교인을 포괄하는 보호자라고 강조하는 것은 실제로 일어났던 일을 바꿀 수는 없었지만, 적어도 야만적인 탈취로 생각될 수도 있는 사건을 그리스도교 공동체가 조금 다르게 기억하고자 하는 방식에는 영향을 끼칠 수 있었다. 스데파노는 이상적인 '보호자'였으므로 그의 행차가 그 섬의 유대인들을 "숙청"하기 위한 기회일 리는 없다고 여겨졌기 때문이다.[105] 오히려 스데파노의 '도착'은 새롭고 "깨끗한" 기반 위에 분열된 공동체의 합일을 확립하라는 명령으로 보였다. 수 주일 내에 테오도루스와 그의 친척들은 주교와 평화를 맺었다. 비록 그리스도교로 개종해야 했지만 공동체 내에서 자신들의 사회적 지위를 유지할 수 있었고, 또 비록 성 스데파노가 제공하는 더 높은 "보호(patrocinium)"에 종속되긴 했지만 그리스도교인 '보호자'로서 주교 옆에 앉을 수 있었다.[106] 이렇게 해서 공동체를 주도하던 유대인 가족들의 "깨끗하지 못한" 권력은 제거되기는커녕 성 스데파노 아래서 그리스도교 공동체로 편입됨으로써 "깨끗하게 씻겨졌다". 그리고 성 스데파노는 '합일'의 기술에 능한 '보호자'였다. 그는 선한 유대인들에게 기적을 베풂으로써 자신의 역할을 다했다. 유대인 여자들은 그를 한 덩어리의 불로 생각했다.[107] 그는 언덕에 달콤한 만나를 뿌렸다.[108] 그의 손이 닿으면 동굴에서 달콤한 물이 솟아 나왔다.[109] 스데파노는 우잘리스에서처럼 미노르카에서도 복잡하게 얽혀 있고 갈등의 소지가 있는 권력 구조들 사이의 긴장을 해결함으로써 '만인의 보호자'로 성장했다.[110]

로마 제국의 권력 구조가 약화되거나 사라져버린 작은 공동체들은 변화하는 세계에서 이런 식으로 지역 권력의 문제를 해결해 나갔다. 그 공동체들은 5세기 서쪽 지방의 엘리트들이 누렸던 화합과 연대에 대한 강한 열망을 함축하는 몸짓들을 통해 성인의

'현존'을 활용할 수 있게 되었다. 그러나 일단 그렇게 성인의 '현존'이 활용되자 성인을 둘러싼 상상의 변증법은, 다시 성골당이 이전 시대의 통합성을 상기시키는 것 이상의 기능을 할 수 있음을 보여주었다. 즉 성골당은 "깨끗한 권력"이 치료나 축귀, 냉정한 정의의 실천 등 '권능'의 정당한 행사를 통해 엄숙하고 필연적으로 작동하는 데에 있어 중심 축이 되었다.

6장 권능

후기 고대의 그리스도교 성골당을 방문하는 것은 소란스럽고도 섬뜩한 경험이었을 것이다. 히에로니무스는 로마의 순례자 파울라가 '거룩한 땅'에 있는 예언자들의 무덤들을 방문하고 느낀 충격을 다음과 같이 기록해놓았다.

그녀는 수많은 놀라운 사건을 보고 몸서리쳤다. 왜냐하면 성인의 무덤 앞에서 고통으로 울부짖는 귀신들의 소리를 들었을 뿐 아니라, 무덤 앞에서 늑대처럼 울부짖고, 개처럼 짖고, 사자처럼 으르렁거리고, 뱀처럼 쉬쉬하고, 황소처럼 고함치는 사람들을 보았기 때문이다. 어떤 이들은 몸을 둥그렇게 뒤로 꾸부려 머리가 땅에 닿았고, 여자들은 공중에 거꾸로 매달려 있었는데 치마가 머리 밑으로 흘러내리지 않았다.[1]

6세기 후반 종교에 처음 입문한 초심자에게 제시된 가톨릭 유럽의 지도에는 이런 일들이 일어나는 곳들이 세밀히 표시되어 있다. 가톨릭이 지배하던 갈리아의 대성당들에서 귀신들림과 귀신쫓기는 그 안에 성인들이 '현존'한다는 반박할 수 없는 징표로 간주되었기 때문이다. 따라서 얼마 전에 다뉴브를 떠나 이탈리아로 왔고, 동고트 족 선조들을 따라 아리우스주의를 믿고 있던 롬바르드 족의 왕 알보인의 아내 클로도스빈타에게 트리어의 니케티우스는 다음과 같이 썼다.

그로 하여금 '우리 주인'이신 성 마르티누스의 축제일 11월 11일에 사람들을 보내게 하십시오. (……) '주인' 게르마누스, '주인' 힐라리우스, '주인' 루푸스에 관해서 내가 말할 수 있는 것은, 그들을 모신 성당에서 귀신들린 자가 공중에 매달려 그 안에 있던 귀신들이 고문대에 놓이고, 이 성인들이 진짜 '주인'이라고 실토하도록 심문을 받을 때 말로 표현할 수 없는 놀라운 일들이 수도 없이 일어난다는 것입니다. 이런 일이 아리우스주의 교회에서도 일어납니까? 결코 그렇지 않습니다. 하느님과 주인이신 성인들은 그런 곳에서는 임재하지 않습니다. 귀신들은 성인들이 머무르는 곳을 부정할 수 없습니다.[2]

후기 로마인들에게 귀신쫓기의 드라마는 반박할 수 없는 권위를 가지고 계신 하느님의 권능을 입증하는 것이었다. 귀신들린 자를 치료하면서 성인의 '현존'이 정확하게 입증되고, 그들의 이상적인 힘, 즉 그들의 '권능'이 가장 완전하게 그리고 가장 믿음직한

기마 성인 시시니오스, 이집트의 프레스코화, 6~7세기, 성 아폴로 수도원, 바위트
마귀와 싸워 이기는 성인의 모습이다.

방식으로 나타나는 것으로 여겨졌다. 귀신들림과 귀신쫓기의 거룩하고 극적인 과정은 우리가 보아왔듯이 성인 무덤 주위로 집결된 "깨끗한" 권력의 행사라는 기대와 정확히 일치하는 것이었기 때문이다. 후기 고대와 중세 초기의 사람들은 귀신쫓기에 따르는 멜로드라마적인 연상에 감명을 받았을 뿐만 아니라, 그런 드라마 속에서 하느님이 고위 성직자들과 성인들을 통해 치료 권능이 있는 오른손을 사람들에게 펼치시는 방법을 좀더 분명하고 정확하게 느꼈다. 모든 기적들이 솟아나는 "치료 능력이 있는 신의 오른손"은[3] 성인들의 성골당에서 귀신들린 자들을 통하여 말하는 귀신들의 고함 속에서 가장 "신비스럽고 무섭게" 입증되었다.[4]

따라서 우선 성골당에서 귀신쫓기에 의한 치료의 리듬을 주의 깊게 따라가보자. 이 리듬을 파악한 후에 성인의 '권능'이 행사되는 범주로서 그런 치료를 받아들이기로 그리스도교 교회가 결정한 것이 후기 로마와 중세 초기 사회에 무엇을 의미하는지 전체적으로 점검해보기로 하자.

그렇게 소란스럽고 어지러운 현상에 맞닥뜨리게 되었을 때 교양 있게 자란 파울라가 그랬듯이 현대의 학자들이 후기 고대의 성골당 주위에서 벌어진 일들에 당황하게 되는 것은 어쩌면 당연한 일이다. 그리스도교 교회를 연구하는 점잖은 역사가들은 성인 축제의 소란스러운 의식들이 "그리스도교 신앙심의 문제이기보다는 군중 심리의 문제"라고 선언했다.[5] 그리하여 그들은 초기 그리스도교 교회가 가장 높이 평가했던 행위일 수도 있는 귀신쫓기를 역사학적으로 "출입 금지된" 영역이라고 선언해왔다. 그러

예수가 병자를 치료하는 장면, 상아로 만든 두 장 접이 서판의 세밀화, 450~460, 이탈리아
치료의 기적 일반인들에게 예수는 기적을 행하는 주술가였다. 다신교도들조차 예수를 의심할 바 없이
가장 뛰어난 주술사로 존경했다.

나 그것이 "군중 심리"일 뿐이라고 할지라도 거기에는 밝혀내야 할 아주 중요하고 놀라운 사실들이 있다. 가령 16세기 프랑스의 종교적 폭력이 일으킨 두려움과 종교개혁 이후 도시의 소란스러운 사육제에 대한 데이비스의 저작은 그러한 문제를 섬세하고 대담하게 연구하려는 역사가들의 전범이 된다. 즉 그녀는 언뜻 마구잡이 폭력의 불협화음으로 들리는 것, 곧 낯선 음악의 선율 속에서 연구자가 중요한 사실들을 추적하는 방법을 찾을 수도 있다는 것을 확실히 입증했다.[6] 귀신쫓기에 관한 연구도 마찬가지다. 그런 풍습을 갖고 있는 현대 사회들에 대한 풍부한 인류학적 연구들은 영적 홀림이라는 현상을 명확히 이해할 수 있게 설명해주었다.[7] 고대 세계의 귀신쫓기와 귀신들림에 대한 광범위한 조사와 연계해서 보면,[8] 우리가 지금 다루고 있는 것이 "대중" 종교의 이례적인 탈선이 아니라, 신약 시대부터 중세 말기까지 항상 존재했던 초자연적인 것의 침투라는 안정된 문법을 따르는 규칙 동사임을 분명히 알 수 있다.

그러면 이제 후기 고대 사회에서 성인의 힘과 현존을 작동시키는 모델을 만드는 데 기여했던 귀신들림과 귀신쫓기의 리듬을 살펴보자. 후기 고대인에게 가장 중요했던 것은 성골당 앞에서 행해지는 귀신쫓기 과정에 엄숙한 재판이라는 사법적 함의가 내포되어 있었다는 것이다. 귀신쫓기는 언제나 대화의 형태를 취했는데, 그것은 마치 귀신을 쫓는 인간 뒤에 있는 보이지 않는 권위자가 귀신들려 고통받는 자의 입을 통해서 말하면서 귀신의 힘에 대항하여 싸우는 것처럼 보였다.[9] 후기 로마의 성골당에서 사람들이 분명히 의식하고 있었던 사실은 이 대화가 사법적인 조사였다는 것이다. '심문(quaestio)'에 고문을 수반했던 후기 로마 법정의 공포 분위기가, 성인이 귀신들린 자 안의 귀신과 나누는 대화 속에서 보이지 않는 형태지만 똑같이 재연되었다.

귀신들린 자의 큰 고함보다 성인의 보이지 않는 '현존'에 더 뚜렷한 얼굴을 부여할 수 있는 것은 없었다. 브리우드에 있는 성 율리아누스의 무덤에서 귀신들린 자가 질러대는 고함 소리를 투르의 그레고리우스는 이렇게 설명했다.

> 이런 식으로 고함 소리는 인간으로 하여금 하느님의 성인들의 존재를 절실히 느끼게 했다. 즉 그 무덤들에 성인들이 존재한다는 사실을 아무도 의심할 수 없었다.[10]

하지만 그 고함 소리가 더욱 설득력 있었던 것은 후기 로마의 구경꾼들이 이런 고함들을 의미 없는 울부짖음으로 생각하지 않았기 때문이다. 그것들은 들을 수도 볼 수도 없는 사법 심문의 볼 수 있고 믿을 수 있는 측면이었다. 성인의 '현존'은 후기 로마 시대의 심문 방법을 이용하는 재판관의 '현존'이기도 했기 때문에 아주 분명하게 드러났다.

그런 장면에서는 4장과 5장에서 언급했던 상상의 변증법이 완전하게 작동했다. 순교자를 고문하고 유죄 판결을 내렸던 "부정한" 권력의 행위가 이제 그 반대로 전환되었다. 이제 순교자는 재판관이 되었고 다신교도의 신들과 순교자를 박해한 자들 뒤에 있던 귀신들이 심문을 받는 피고가 되었다.[11] 루앙의 빅트리키우스가 명백히 밝혔듯이 "깨끗한" 권력이 이보다 더 설득력 있게 제시될 수는 없었다. 육체적 고문과 처형에 대한 기억의 그림자를 애써 떨쳐버린 제단에서 이제 보이지 않는 '심문'이 재연될 수 있었다.

지금 보이지는 않지만 고문자(순교자 — 옮긴이)가 부정한 영을 심문하기 위해 몸을 구부리고 있다. 이 곳에는 쇠사슬이 없지만 그러나 고통받는 자는 튼튼하게 묶여 있다. 하느님의 분노에는 육체를 갈가리 찢는 갈고리가 있고 보이지 않는 사지를 잡아 늘리는 고문대가 있다.[12]

후기 로마의 '심문'에서 고문의 목적은 그 자체가 아니었다는 것을 기억해야 한다. 고문은 오직 진실을 얻기 위해서 행해졌다. 재판관과 피의자 사이의 극적인 대화에는 고통만이 보장할 수 있는 진정성이 있었다.[13] 따라서 귀신들린 자 안에 있는 귀신은 고문으로 처벌받고 있는 것이 아니라 고문을 통해 진실을 고백하고 있는 것이었다.[14] 성인의 '권능'은 그렇게 자백을 받음으로써 더욱더 권위 있는 것으로 인정되었다. 성 마르티누스가 살아있던 때에도 그의 권위는 무서운 것이어서, 그에게 몰려든 귀신들린 자들은 그의 권위에 못이겨 고통스럽게 고대 신들의 이름을 외쳤다. 이것은 여러 신의 이름을 가진 귀신들이 마르티누스와 하느님의 우월한 '권능'을 확실하게 인정했다는 증거였다.[15]

예수의 재판 장면, 로산노 복음서의 세밀화, 6세기
로마 시대의 전형적인 재판 장면이다.

진실로 후기 고대인들이 귀신쫓기를 선택했던 것은 그러한 행위로 인해 귀신들로부터 해방될 수 있었기 때문이다. 그것은 자신과 자신이 속한 사회에 대해 불안해 하는 사람들에게 깊은 위안을 주는 드라마였다. 혼란스럽고 복잡한 상황들 배후에 있는 진실이 보이지 않는 성인의 심문을 통하여 나타나는 것으로 생각되었기 때문이다. 사람들이 귀신에 대해 공포를 느꼈던 것은 귀신의 실체를 알 수 없었기 때문이다. 곧 귀신들은 모호한 상황에 대한 불안한 감정과 반항적인 개인들의 불확실한 동기를 대변한다는 점에서 "어둠에서 활동하는 자들이다".[16] 귀신 쫓는 자로서 성 마르티누스의 엄청난 명성은 그가 사람들 사이에 숨어드는 귀신을 감시하고 고립시킴으로써 긴장된 순간들을 포착하고, 자비롭게 그 한계를 정하며, 결국 제어할 수 있게 만들 수 있다는 사실에서 기원했다. 그는 천사와 풍부한 대화를 나눌 수 있었던 것처럼 "귀신의 모습도 분명히 볼 수 있었다".[17] 성 마르티누스는 자신의 부제였던 브릭티오가 반항했을 때 브릭티오 안에 음침한 경쟁의 귀신들이 들어 있음을 즉시 알아보았다.[18] 트리어에 야만인들이 침입했다는 소문은 사람들에게 엄청난 공포감을 주었지만, 마르티누스가 귀신들린 자에게서 공포를 전염시키는 귀신을 몰아내자 급속히 번져가던 공포감의 "뇌관이 뽑혔다".[19]

따라서 우리는 귀신쫓기라는 시나리오가 가지고 있는 강렬한 "고백적" 함의를 과소평가해서는 안 된다. 라틴 교회의 공개적인 회개 제도가 고대적 구조가 부과한 긴장 때문에 고통받고 있던 시기에[1] 공개적인 회개와 용서라는 오래된 이상은 귀신쫓기라는 극적인 대화 속에서 간헐적으로 재연될 수 있었다.[20] 7세기경이 되면 한때 마르티누스가 조목조목 따져가며 언급했던 패배한 신들에 대한 점호 소리는 고통받는 사람들이 범할 수 있는, 좀더 단조롭지만 똑같이 정확한 '죄'의 목록으로 차분히 가라앉게 된다.

> 그들 각자는 개인적인 죄를 고백했다. 어떤 사람은 성호를 긋지 않고 물 한 컵을 마신 것을, 또 한 사람은 과식을, 또 어떤 사람은 위증을, 다른 사람은 절도를, 또다른 사람은 살인을 고백했다.[21]

우리는 지금 여기서 겉으로 연출되는 화려한 형식들 아래서도 여전히 로마의 사법 제도의 안정된 리듬쪽으로 움직여 나가고, 그러면서 초기 그리스도교 회개 규율의 가치를 보존하고 있던 현상을 마주하고 있다.

귀신들림과 귀신쫓기가 권력과 정의라는 당대 사회의 주요 관심사와 맞아 떨어지는 그리스도교 공동체의 집단 심리극이었던 것만은 아니다. 그것은 후기 로마의 개인들이 스스로 "귀신들려" 고통받는 사람이라고 생각하며 얼마든지 연루될 수 있는 사적인 드라마이기도 했다. 성골당에 왔던 사람들이 모두 귀신이 들렸기 때문에 왔는지는 결코 확실하지 않다. 하지만 거기에는 확실히 귀신들리기 위해 온 사람들도 있었다.[22] 그럼으로써 그들은 동료

---

1 고대에는 사람들 앞에서 큰 소리로 죄를 고백해야 하는 제도가 있었는데, 이 공개 회개 제도가 사람들에게 점점 부담이 되었다. 고대적 제도가 부과한 긴장이란 이렇게 계속해서 축적된 부담을 의미한다.

속인들의 엄격한 사법 행정 속에서 자신을 노출시키지 않고, 성인의 '현존' 앞에서 행위의 잘잘못을 따져볼 수 있었다. 6세기 갈리아에서 나온 증거는 모든 귀신들린 자들이 극도의 불안에 빠져 성골당에 온 것은 아니라는 사실을 암시한다. 자발적인 귀신들림과 비자발적인 귀신들림의 경계선은 다른 사회에서 관찰되는 것처럼 후기 고대에서도 유동적이었다. 그 결과 귀신들린 자들은 성골당의 삶에서 빠질 수 없는 요소가 되었다. 그들은 정식으로 인가받은 자들이었다. 그들은 매일 축복받을 수 있었다. 그들은 음식을 받았고, 회당의 바닥을 청소하도록 명령받았다.[23] 성 마르티누스의 성골당에서 성인의 명예를 지키기 위해 지팡이와 돌을 들어야 할 때 그들은 다른 범주의 사람들, 즉 거지들과 연합했다.[24] 종종 그들은 다른 사람을 위해 희생을 무릅쓰고 공공연히 진실을 말하기도 했다. 어떤 자들은 주교를 비방하도록 고용되기도 했고[25] 어떤 자들은 왕을 비방하고 주교를 찬양한 다음에 조심스럽게 사라지기도 했다.[26] 분명 성인의 보이지 않는 '심문'은 그리스도교 공동체 안에서 사람들이 솔직한 이야기들을 할 수 있는 기회였다. 그런 일이 가능했던 근본적인 이유는 성인의 '권능'의 행사가 "부정한" 권력의 행사와 다르기 때문이었다. 성인의 '심문'은 자비롭게도 인간적인 처형을 수반하는 것이 아니었고, 더욱이 악마적인 것에 반대하여 인간 본성의 영원한 회복을 주장함으로써 개별 인간들을 공동체에 재결합시키는 것을 목표로 하고 있었다.

폭력의 무게는 고통받는 인간에게서 빠져나와 악마에게로 향했다. 귀신들린 자는 언제나 완전히 인격이 분리된 것으로 여겨졌기 때문이다. 그러한 인간 안에 있는 것은 인간 자신이 아니라 귀신이고, 인간은 귀신이 하는 대로 움직였으며, 성인의 심문 앞에서 귀신이 고통과 번민으로 고함치고 몸부림치며 펄쩍펄쩍 뛰었다. "귀신은 다른 사람의 입을 통해 자신의 고통을 호소했다."[27] 그러므로 귀신쫓기의 드라마는 단순한 권위의 드라마가 아니었다. 그것은 재통합의 드라마였다. 공동체에서 멀리 떨어져나갔던 개인들이 동료들의 따뜻한 품 속으로 복귀했다. 파울라가 증언했듯이 귀신을 쫓는 과정은 인간을 규정하고 있던 범주들의 붕괴에 대한 두려움에서 시작되었을 것이다.[28] 귀신들린 자는 귀신이 지배하는 비인간적인 영역에서 짐승처럼 울부짖거나[29] 공중에서 허우적거렸을 것이다.[30] 이 과정은 귀신이 조사받고 처결을 받아 쫓겨난 후 인간의 인성이 완전히 회복됨으로써 끝났다. "이제 그 사람은 귀신을 버리고 홀로 원래의 자리로 완전히 돌아왔다."[31] 성골당 주변 사람들의 기대를 예배 형식 속에 명료하게 담아냈던 위대한 축귀 기도문들이 상상력 면에서 아주 중요했던 것은 바로 이 때문이다. 그러한 기도들은 창세와 동시에 우주의 거룩한 질서가 만들어졌다는 것, 고통받는 자가 하느님의 성전이라는 것, 그리고 그 성선 속으로 하느님이 다시 경외롭게 들어갔다는 것을 강조했다.[32] 이 기도문들은 무질서하고 거친 세계에서 진정한 질서와 정당한 소유를 엄숙하게 옹호했다. 그 기도의 내용은 대성당의 압도하는 시각적 인상에 반영되기도 했다. 조화롭게 늘어선 기둥, 빛나는 모자이크, 또 햇빛이 영원히 비출 것 같은 금도금한 천장과, 길다란 촛대 주변에서 빛과 그림자의 미묘한 움직임을 통해[33] 성골당은 인간이 창조된 후 첫 새벽의 장엄한 기쁨을 울려 퍼뜨렸다.

빛과 어둠을 나누었던 이가 순교자의 무덤에서 검은 혼란을 몰아낸 바로 그분이시기 때문이다.[34]

개인이 하느님의 근원적 창조의 조화를 회복한다는 것은 동료들 사이에서 자신의 위치를 되찾는다는 것을 의미했다. 굳게 닫혀 있던 집단의 경계선은 귀신 때문에 고립되었다가 성인의 권능에 의해 구원받은 개인에게 자리를 돌려주기 위해 그렇게 명백하게 열려야 했다. 아우구스티누스는 게르바시우스와 프로타시우스의 성골당에서 귀신들려 절도 행위를 고백했던 도둑들이 잘못을 용서받고 원래의 상태를 회복할 수 있었다고 썼다.[35] 바깥 세계에서 요구된 복수와 비교해보면 성인의 심판은 심판이 갖추어야 할 모든 것을 갖췄다. 그것은 명백하고 신속하며 한결 부드러웠다.[36]

성인의 '권능'은 이 밖의 다른 결과에 의해서도 분명하게 드러났다. 투르의 그레고리우스의 저작을 보면 성골당에서 치료를 받은 사람들은 이후 종종 이를 통해 사회적 지위가 바뀐 것을 알 수 있다. 농노들이 주인들로부터 해방되어, 바로 그 성골당에서든 아니면 성 마르티누스의 영지에서든 성인 '가족'의 일원이 되었다.[37] 물론 이 경우에 항상 명시적으로 신분 상승이 이루어졌던 것은 아니다. 8세기 상(上)이집트에 있는 대수도원의 수도사들은 이 수도원의 성인의 성골당에서 치료를 받았던 어린이들을 자신들의 영지로 불러들였다. 이것은 노동력을 확보하기 위해 대지주들이 고안해낸 잔인한 방법이기도 했다. 한 젊은이는 성골당에서 치료를 받은 대가로 일을 해줘야 했는데, 우연히 대수도원 원장과 자기 가족이 노동 조건에 관해서 협의하는 것을 엿들을 수 있었다. 마음에 드는 조건이 하나도 없자 청년은 몰래 빠져나와 보트를 타고 카이로로 도망갔고 다시는 마을로 돌아오지 않았다.[38] 이렇듯 치료를 받은 사람은 다른 "주인"들이 간섭하지 못하는 보이지 않는 "주인"의 자산이 되었다.

귀신쫓기, 좀더 일반적으로 병 치료의 모든 과정에서 후기 고대 사람들은 병을 치료하고 또 죄에서 궁극적으로 벗어나는 일이 사람 사이의 관계 망을 통해서만 이루어진다는 것을 분명히 알고 있었다. "치료의 권능을 가진 하느님의 오른손"은 후기 로마 시대 사법 제도를 완전한 형태로 유지하고 후기 로마의 종속 형식들을 모두 함축하고 있던 인간 관계를 통하지 않고서는 그렇게 명백하고 확실하게 인간에게 다가올 수 없었다. 심지어 황소조차도 "뿔을 쳐드는 것이 아니라 재판대에 출석하는 것처럼 두려움에 떨면서" 성 율리아누스의 성골딩에 나가셨던 것으로 기억되었다.[39]

모든 치료 행위의 기반으로서 사람들 사이의 관계를 매우 강조했던 것이 후기 로마 시대의 특색이었다는 것을 깨닫기 위해서는 그리스도교 공동체 밖의 세계를 살펴보면 된다. 성 마르티누

로마 시대 법관의 복장을 한 대천사, 모자이크, 성모 몽소승천 교회, 니케아, 터키
서로마 제국의 교회는 로마 시대 재판의 인간적인 합의를 끌어옴으로써 성인을 부각시키고 상대적으로 천사들의 중요성을 감소시켰다. 하지만 비잔티움 세계에서는 비교적 안정된 상류 사회의 관료적 위계가 남아 있어 보호 제도가 서쪽 지방에서처럼 유일한 대안으로 떠오르지 않았고, 따라서 천사들은 절대 군주인 하느님의 사령관으로서 여전히 중요한 역할을 담당했다.

스와 거의 동시대인으로 같은 지방 사람이며 의사였던 보르도의 마르켈루스의 저작 『치료에 관하여』를 살펴보자.[40] 치료의 기적, 특히 마르티누스가 행한 귀신쫓기의 기적을 마르켈루스의 책에 기록된 처방과 비교해보면 우리는 전혀 다른 세계로 들어가게 된다. 그러나 우리는 두 세계가 어떻게 다른지를 규정하는 문제에서는 신중을 기해야 한다. 두 세계는 여러 면에서 명백하게 중첩되어 있기 때문이다. 마르티누스의 사목 활동은 종종 귀족들의 농촌 빌라들이나 혹은 마르켈루스가 기록했던 것과 동일한 원로원 의원급 지주들의 집에서 누구든 출입이 허락되는 가운데 이루어졌다.[41] 귀신쫓기가 갈리아 주민의 "낮은 계층"들에게만 호소력이 있었다고 생각하는 것은 잘못이다. 오히려 마르켈루스야말로 "농촌 평민들의 소박하고 효험 있는 치료법"을 소개하고,[42] 토끼풀 같은 여러 약초에 켈트식 이름을 붙였다.[43] 따라서 우리는 대저택들과 도시에서 마르티누스에 의해 거행된 열정적이면서도 격식을 갖춘 귀신쫓기 의식들보다는 마르켈루스의 치료를 통해서 갈리아의 대중 습속에 훨씬 더 가까이 접근할 수 있다.

그러나 우리는 치료에 대한 태도가 드러내는 두 세계와 두 사람 사이의 차이를 흐릿하게 만들어서는 안 된다. 우리가 그러한 함성에 빠지기 쉬운 이유는 "이분 모델"이 집요하게 남아 있는 분야 중의 하나가 후기 고대의 의술에 관한 연구이기 때문이다. 만약 우리가 현대의 합리적인 의술을 잣대로 두 사람을 판단한다면, 이국적인 처방과 민간 요법의 조달자였던 마르켈루스나 귀신쫓는 사람이었던 마르티누스나 지적으로 받아들이기에는 둘 다

귀족의 빌라, 모자이크, 4세기, 바르도 박물관, 튀니지아
시골에 있던 귀족의 빌라는 공적 생활로부터의 은둔이라기보다는 오히려 사적으로 변한 시민 광장이라고 할 수 있다. 시민들의 잔치에는 피보호자, 해방 노예, 친구, 동료 시민들을 구별 없이 초대했다. 주교들과 그리스도교 공동체는 이들과 경합해야 했다. 즉 그리스도교 주교와 함께 빠르게 성장하고 있던 종교 공동체들이 이 세력가들과 이들의 주인인 황제 권력의 공공연한 행사를 통해 복원되고 유지되던 도시 세계에서 하나의 새로운 대안을 제공할 수도 있다는 것을 납득시켜야 했을 것이다. 하지만 과연 4세기에 새로운 그리스도교 교회가 공동체에 대한 교회의 독특한 관념을 고대 도시에, 즉 이처럼 아주 오랫동안 존재해왔지만 최근에 조심스럽게 복구된 도시에 강요할 수 있었는지는 확실하지 않다.

너무나 수준이 낮다. 이렇게 현대의 합리적인 관점이 뿌려놓은 안개는 둘 사이의 차이와 그 차이의 함의를 파악하는 데 방해가 된다. 그래서 사람들은 통상 히포크라테스 식 경험주의의 얄팍한 판 뒤로 두꺼운 층을 이루고 있는 민간 전승과 미신을 발견하고는, 놀랍다는 듯 눈썹을 치켜올린 채『치료에 관하여』를 읽곤 한다.[44]

따라서 그리스도교적인 치료 모델의 함의를 이해하고 그것이 그리스도교 갈리아의 주도적인 성골당에서 치료의 중요한 범주로 부각되었던 일의 중요성을 이해하고자 한다면 현대의 관점에서 벗어나야 한다. 그러한 습속이 우리가 가지고 있는 합리적 과학의 이미지와 맞는가 안 맞는가 하는 단일한 관점에서 후기 고대의 의술과 치료를 판단해서는 안되는 것이다. 우리는 고대 세계의 의술의 다원주의를 받아들여야 한다. 크라판자노가 현대의 모로코에 대해서 언급했듯이 "모로코에 최종적인 권위를 가진 단일하고 사회적으로 공인받은 치료 체제는 없다".[45] 현대의 모로코에서처럼 후기 고대에서 개인들은 치료 체제를 선택해야 했다.[46] 그리고 환자가 선택할 때는 사회적 분위기를 정확히 반영하는 기준들에 의지하곤 했다. 환자는 치료에 대한 정보를 얻기 위해 친척들이나 교분 있는 사람들로 이루어진 "지원 집단"에 의존할 것이고 이 경우에 그 집단이 효과가 있을 것이라고 생각하는 특정 치료법을 선택할 것이기 때문이다. 현대의 모로코 지역이나 후기 로마 시기의 갈리아 지역처럼 어떤 치료 체제도 최종적인 권위를 갖지 못하는 사회에서 선택 과정은 되풀이되었고, 그 결과 특정한 선택을 가능하게 하는 사회·문화적 기준들이 빈번히 동원되었다.

아침에 나는 피크로 가기로 결심했다. 남편이 "안 돼, 병원에 가야해" 라고 말했다. 그래서 나는 이렇게 대답했다. "아니에요, 그것은 병원에 갈 병이 아니에요. 그것은 피크에 갈 병이에요. (……) 나도 그것이 피크와 성인에게 가야 할 병이라는 것쯤은 잘 알고 있어요. 아이가 병에 걸려 열이 나고 숨쉬기가 곤란하다면 그건 피크에 갈 병이에요. 하지만 아이가 먹고 토할 때, 내장이 아플 때, 그런 때는 병원에 가야할 병이지요. 또 아이가 토하면서 질식한다면 그건 병원에 갈 병이지요. 나는 이웃들에게 이렇게 구별하는 법을 배웠어요."[47]

이처럼 후기 로마 사람들은 암묵적 계산 비슷한 과정을 거쳐 치료 체제를 선택했다. 그리스도교 성골당 앞에서 행해진 "사회가 인가한" 치료 체제와 마르켈루스가 호소했던 치료 체제 사이에서 눈에 띄게 대조적인 것은 후자에서는 종속 관계라는 강렬한 관용구가 거의 발견되지 않는다는 것이다. 마르켈루스가 호소했던 전통으로부터 치료 방법을 끌어낸 사람들과 그가 추천한 방법을 채택한 사람들은, '권능'의 행사나 정해진 '주인'과 '보호자'에 대한 종속이 치료 과정에서 반드시 수행되어야 하는 사회적 요소들이 아닌 세계에서 살고 있었다. 마르티누스와 마르켈루스 사이에서 누구를 선택할 것인가 하는 것은 어떤 유형의 인간 관계가 치료 과정에서 동원하고 되풀이하기에 바람직한 것인가를 선택하는 것이었다. 마르켈루스의 저작에서는 환자가 충분히 "자급자족"함으로써 다른 자의 '권능'에 대한 지나친 종속은 암묵적으로 배제된다. 루셀이 매우 독창적인 논조로 지적했듯이 마르켈루스의 독자들은 자신이 이용할 수 있도록 책에 정리된 대로 따라서 스스로 구원을 이루어내야 했다.

그는 스스로 적극적으로 치료하는 환자가 되었다. 자발적인 집중 덕택에 병은 부적과 주문의 효과에 맡겨지게 된다. 따라서 그는 관습의 차원에서 일반적인 치료를 받는다. 사람들은 영혼과 육체를 통해 자기 자신의 치료에 참여한다.[48]

이처럼 독특한 방식으로 접근한 데는 몇 가지 명백한 근거가 있었다. 『치료에 관하여』는 무엇보다도 의사, 특히 외과 의사 없이 사람들이 병을 치료하도록 훈련시키기 위해서 쓰여졌다.[49] 마르켈루스가 서문에서 약속하고 있는 가장 큰 이점은 그의 책이 독자들로 하여금 '의사의 개입 없이' 스스로 치료할 수 있게 해준다는 것이다.[50] 『치료에 관하여』는 자주 여행을 하고 도시의 의료 서비스로부터 고립된 채 영지에 머물러야 할 경우가 많았던 대지주들이 특히 신호했던 아주 오래된 "자가 의술 안내서"의 전통에 근거하고 있었다.[51] 미국 초기 식민지의 의술 편람들이 바로 이 장르의 직접적인 후손이다. "당신이 섭취하는 모든 음식물은 가볍고 따뜻해야 한다. 당신의 음료는 소렐 잎, 소나무 꼭대기, 재의 뿌리, 그리고 오래된 철로 주조된 맥주여야 한다."[52] 이러한 소책자들은 환자가 격렬하고 값비싼 치료 체제를 피해야 한다는 것을 전제로 육체에 대한 이미지를 그린다. 단순한 원료, 자기 절제, 환경의 축복에 대한 적절한 이해가 건강을 지켜나가는 데 필요한 높은 수준의 자급자족을 가능케 한다.

하늘이여, 찬양을 받으소서. 블라더에서는 돌에 관해서 이야기할 기회가 별로 없습니다. 이 식민지에는 돌들이 별로 없기 때문이지요. 상류 사회에서, 타르를 거의 포함하고 있지 않는 마데이라의 포도주와 부드럽고 깨끗한 몰라세스 맥주는 사치와 나태에 대한 천벌을 피하게 해줄 수 있는 행복한 방어물입니다.[53]

극히 평범한 치료법을 보더라도 작은 공동체가 질병에 대항하여 단순히 의학적인 차원뿐만 아니라 사회·도덕적 차원에서 어떤 구체적인 자원을 동원할 수 있으며 무엇이 필요없는지 암암리에 결정하고 있다는 사실을 알 수 있다. 마르켈루스가 의사가 아닌 다른 것에 의존하게 함으로써 독자를 자급자족하도록 만들었기 때문이다. 따라서 의존의 연계망은 분명히 지정된 사람으로부터 환자가 자기 방식 대로 쉽게 접근할 수 있고 널리 퍼져 있는 전통으로 교묘하게 옮겨졌다.

우리는 여기서 갈리아의 "독실한 귀족"의 후손인 마르켈루스를 만나게 된다.[54] 그는 태초부터 신들이 약초의 효력과 주술 및 치료의 정확한 결합을 사람들에게 알려주셨다고 썼다.[55] 자연 세계는 무한히 관대하고 신들은 자연의 이 은혜로운 자원들을 쉽게 이용할 수 있도록 끊임없이 인간을 자극한다는 심오한 인식이 『치료에 관하여』를 관통하고 있다.[56] 이러한 사실이야말로 그리스도교 신자로 추정되는 저자가 주로 그리스도교 상층 독자들을 위해서 썼던 책이 왜 그렇게 진한 다신교적인 색채를 띠는지 설명해준다. 마르켈루스의 다신주의는 그의 치료 체계에 있어 지극히 본질적인 부분이었기 때문이다. 마르켈루스와 같은 후기 고대의 학식 있는 의사들에게 전문 의료인의 독점을 벗어나서 모든 사람들이 치료를 행할 수 있다는 것은 인간이 신들과 교통하던 시기까지 뿌리가 거슬러 올라가는 의술 전통을 따르는 것을 의미했다.[57] 마르켈루스가 지역의 약재들을 이 저술 안으로 편입시켰던 것도 같은 맥락에서였다. 연구자들은 『치료에 관하여』에서 갈리아 언어의 단편과 오랫동안 잊혀졌던 켈트 주문들의 파편을 수집함으로써 갈리아 세계에서 다신교를 믿었던 마지막 세기를 찬찬히 살펴볼 수 있을 것이다.[58] 이것은 아마 아타울푸스를 보좌했고 '거룩한 땅'을 순례할 때 벅찬 상대인 히에로니무스에게 말을 걸었던 보르도의 의사 마르켈루스가 최후의 드루이드 단원²이었

2 고대 켈트 족의 지식층. 이들은 주로 참나무 숲에서 자주 모인 듯한데 드루이드라는 말은 참나무를 아는 사람이라는 뜻이다. 최초의 기록은 BC 3세기 때 보인다. 그 기록에 따르면 이들은 공적·사적인 제사를 주관했으며 많은 젊은이들을 가르쳤다. 또 모든 분쟁을 심판했으며 이 판결을 따르지 않는 사람은 제사에 참석할 수 없었다. 드루이드들은 전쟁에 참가하지 않았고 세금도 내지 않았으며 이런 특권 때문에 많은 사람들이 가족의 뜻에 따라 또는 자진해서 드루이드가 되었다고 한다. 드루이드는 그들의 시·자연 철학·천문학·신화를 배웠는데 어떤 이들은 20년 동안이나 학문을 닦기도 했다. 그리스도교가 들어온 뒤에는 사제 역할을 빼앗겨 시인·역사가·법관 역할에 국한되었다.

기 때문에 그러했던 것은 아니다.[59] 그보다는 관대한 신들이 고대 지중해인들의 지혜를 전하는 교양 있는 한 엘리트의 지적 전통뿐만 아니라[60] 갈리아 지역의 태곳적부터의 지혜까지 사람들에게 흠뻑 주었기 때문이다.[61]

마르켈루스의 종교적 편린이나 그가 행했던 치료들의 정확한 종교적 뿌리는 모호하다. 그러나 분명하게 말할 수 있는 것은 그런 책의 장르 자체와 함께 또 마르켈루스가 그런 책을 쓸 수 있도록 해준 여러 가정들이 각 개인들로 하여금 직접적이고 무매개적으로 각자의 환경에 의존할 수 있는 확고한 방식이 있었다는 것이다. 그러한 종류의 책은 그러한 자연 환경 속에 잠재해 있는 지혜를 망라하고 있다. "이탈리아 거리의 음악처럼" 그것은 모두에게 열려 있었다. 그리고 마르켈루스는 사람들에게 그렇게 말해주는 것이 자비로운 행위라고 생각했다.[62] 마르켈루스가 정리한 수많은 주문과 치료법들은 이러한 환경을 환자들이 쉽게 접근할 수 있는, '마술적 동감(magical sympathies)'이라는 더 넓은 세계의 일부로 제시했다. 거기에서는 의존과 권위를 다루는 어떤 심리극도 상연될 필요가 없었다.[63] 첫 제비를 보고 봄 냇가에서 눈을 씻으면서 기도하는 것으로도 일 년 내내 눈병을 막아주기에 충분했다.[64] 혹자는 이와 대조적인 사례로, 성 베니그누스가 준 똑같이 평범한 눈약 뒤에서 위엄으로 변화된 경외로운 고통을 보았던 투르의 그레고리우스를 떠올릴 수도 있을 것이다.[65] 루셀이 지적했듯이 켈트-갈리아에 있던 치료 효험이 있는 성소들에서는 "환자와 신적인 존재와의 접촉이 어느 정도 직접적으로 이루어진다".[66]

4세기까지 갈리아의 다신교 성소들은 여전히 상당한 영향력을 갖고 있었는데, 아무튼 그런 곳은 방문한 후 치료를 매개해주는 물이나 잠을 통해 신과 접촉하는 것은 여전히 가능했던 것 같다.[67] 당시 사람들이 그리스도교 성골당과 연결되어 있던 것으로 생각한 사람들이 행사했던 '권능'이라는, 엄격한 동시에 새롭게 혁신된 후기 로마의 언어도 이처럼 오래된 치료 방식을 건드리지는 않았던 것 같다. 다신교의 성소에서 행해지는 치유 뒤에는 목소리 없는 자연 자체의 권능이 있었을 뿐이다.

성골당에서 이루어지는 성인의 '권능'은 "수직적인" 의존 모델을 취하고 있었다. 성인의 권능은 개인적 의무의 엄격한 끈으로 사람들을 묶는다. 그러한 일은 성인의 '현존'을 찾기 위해 특정한 장소를 찾아가야 했던 힘든 여행의 날들로부터 시작되었을 것이다. 성인의 '권능'은 환자로 하여금 후기 로마 법정의 드라마를 체험하게 하거나, 때로 사회적 의존을 직접 경험하고 그것을 확실히 받아들이게 함으로써 끝났을 수도 있을 것이다. 이렇게 해서 치료를 받은 자는 보이지 않는 '주인'이 주재하는 교회의 농노가 되었다. 이와 반대로 마르켈루스는 여전히 "수평적인" 모델이 주도하는 세계를 요약해주었다. 환자는 '소인국 사람들[3]의' 망에 의해서 자기가 속한 환경의 광범하고 장구한 전통에 직접 묶여 있었다. 이런 모델은 환자들이 안전하게 파묻혀 있다고 생각하고 있는 환경으로부터 개인들을 분리시켜버릴 수도 있는

---

3 보호자나 주인처럼 자신보다 높은 사람들이 아니라 친구나 친척처럼 주변의 평범한 사람들을 뜻한다.

외부 '권능'의 개입을 암묵적이지만 확실하게 배제한다. 이러한 관점에서 보면, 소위 갈리아에서의 그리스도교 전파라는 사건은 장엄한 힘을 행사하며 성인의 '현존'을 극적으로 보여주는 거대한 성골당으로부터 그리스도교가 퍼져나가면서 인간의 사회적·환경적 지위를 다르게 가정하는 두 치료 모델이 대립하는 과정이기도 했다. 이제 이 대립에 대해 살펴보자.

이러한 대립은 투르의 그레고리우스의 관심을 끌기도 했다. 그레고리우스에게 그것은 두 단어로 요약될 수 있었다. '존경(reverentia)'과 그 반대말인 '조야함(rusticitas)'이 그것이었다. '존경'은 신앙을 보이지 않는 사람, 즉 예수와 '주의 친구들(성인들)'[68]에게 자발적으로 집중하는 태도다. 이를 통해 곧 (신성한 성인의 날을 지키는 등) 자기 삶을 확정된 리듬에 따라 살아가며, (성골당과 성인의 유골과 같은) 특정한 장소나 물건에 관심을 기울이고, 병과 위험에 대처할 때 이들 보이지 않는 사람들에게 의존하며, 주변 사람들의 경험을 통해 언제나 행운과 불운은 항상 이들 보이지 않는 사람들과 좋은 관계를 유지하느냐 못하느냐와 직접 연결되어 있다는 것을 의식하도록 해야한다는 것이다. 따라서 '존경'은 사회·문화적으로 고상한 치장을 전제한다. 그것은 경박한 믿음이나 신이교주의의 무성한 덤불이 아니었다. 그것은 초자연적인 존재의 몸짓 하나하나를 주의 깊게 살피며 그에 대한 예절을 배우는 일을 포함한다. 그레고리우스에게 그 반대말인 "조야함"의 중요성이 여기에 있었다. 이 말은 "촌스러움", "단정치 못함" 등으로 가장 잘 번역될 수 있다. 즉 보이지 않는 사람들

에 대한 적절한 의례를 삶의 준거로 삼지 않거나 혹은 적극적으로 그것을 거부하는 것을 말한다.[69]

그레고리우스가 사용한 '조야함'이라는 단어는 후기 고대의 마지막 시기에 갈리아 지역과 나아가 유럽 전역에서 그리스도교가 차지했던 지위를 조망할 수 있는 한 줄기 빛을 던져준다. 당시의 상황을 이해하려면 섬세한 해석이 필요하다. "도시"와 "농촌", "그리스도교"와 "다신교도"를 날카롭게 이분법적으로 구분하는 것은 의미의 미묘한 차이를 제대로 설명할 수 없기 때문이다. 그레고리우스가 황폐한 자취를 따라 관찰한 바에 따르면 "조야함"은 농촌 주민들의 습관과 상당히 중첩된다. 그러나 조야함이 전적으로 농촌 주민들에게만 해당된 것은 아니었다. 계층과 문화의 구분 없이 대부분의 사람들이 어떤 날이든 "조야함"을 저지를 수 있었다. 아를의 주민들이 '주님의 날'에 '조야한 사람'처럼 부인과 사랑을 나누었다가 주교 카이사리우스에게 엄숙한 경고를 들었던 것처럼, 심지어 안식일에도 그런 일들은 벌어질 수 있었다.[70] 이런 태도를 "농촌의 이교주의"와 동일시하는 것은 더욱더 옳지 않다. 우리가 살펴본 바에 따르면 비록 마르켈루스가 수용했던 치료 체계가 다신교적인 과거로부터 물려받은 것이긴 하지만 그것이 완고하게 '조야함'의 고립된 지역을 형성했던 이유는 그것이 다신교 숭배의 특정 양식과 밀접하게 연관되었기 때문이 아니라, 보이지 않는 인간적 존재의 '권능'에 분명하게 의존하는 치료의 리듬을 암묵적으로 부정했기 때문이다. 즉 마르켈루스의 체계에서는 친족, 이웃, 특히 지역 사회의 현명한 사람들이 고통받는 자에게 필요한 것을 모두 제공할 수 있다고 간주되었다.[71] 가령 그레고리우스 본인의 측근들이 역병을 피하기 위해 브리우드로 여행을 갔다가 한 동료를 치료하기 위해 그 지역 점쟁이가 준 부적을 이용한 일이 있었다. 이때 그레고리우스가 화를 냈던 것은 그들이 다신교도처럼 행동했기 때문이 아니라 그들이 성인들에 대한 '존경'을 상실했기 때문이었다. 그레고리우스는 이 일에 대해 특별히 더 화를 냈다.

환자가 순교자들의 보호를 구하도록 하라. (……) 환자가 진실로 예수의 친구라고 불리며 박해에 굴하지 않았던 고백자의 도움을 받도록 하기 위해 기도하게 하라.[72]

이리하여 그리스도교 성골당 근처에서는, 이웃들이 부적이나 점의 형태로 제공했던 사방의 풍부한 자원들이 이렇게 그레고리우스와 같은 주교들이 한층 정확하게 그려낸 이상적 인간 관계의 이미지와 부딪치게 되었다. 그레고리우스가 확신을 갖고 그려낸 이러한 이상적 인간 관계의 이미지에서 우리는 후기 로마 귀족 사회에서 오랜기간 갈고 닦아온 것이 무엇이었는지를 분명하게 알 수 있다.

따라서 우리는 두 치료 모델의 대립을 살펴봄으로써 그리스도교의 성장이 얼마나 큰 변화를 야기했는지 짐작할 수 있다. "전제주의가 모든 평지 지역으로 뻗어나가고 있으면서도 산악 지역에서는 첫번째 좁은 골짜기에 있는 첫번째 바위의 장애를 넘지 못하고 멈춰 있다"[73]는 한 여행가의 말처럼 산악 지역에 새로운 문화가 침투하는 것이 아주 힘들었음에도 불구하고 그리스도교의 생활 방식은 그처럼 험한 장애물을 넘어서 뻗어나갔다. 그리하여 지중해 전역에서 그레고리우스가 예로 든 리무진 지역의 영지에 있는 작은 목재 예배당에서든[74] 키루스의 주교 테오도루스가 평지 농촌 지역의 규율 잡힌 생활을 소탕하고 그리스도교 생활 방식을 전파했던 북시리아 내지의 산등성이에 위치한 분파 마을들에서든, 도시 밖으로 향하는 그리스도교의 전진은 곧 성인 '현존'의 전진이었다.[75] 지금까지 우리는 유골과 성골당의 형태로 발현했던 성인의 '현존'이 다양한 의미의 연관을 확보해나가는 과정을 살펴보았는데, 여기에는 이상적인 '권능'을 행사함으로써 보이지 않는 이상적 인간 존재와 맺게 되는 인간적인 상호 작용도 포함되어 있었다.

후기 고대에 농촌 지역에서 성인의 '현존'은 흔히 수세기 동안 진행되고 있던 분열 과정에 쐐기를 박았다. 지금 우리는 그리스도교 교회의 성장보다 훨씬 방대하지만 아주 조용한 변화를 다루고 있다. 갈리아와 스페인에서 켈트 방언을 대신하여 라틴어가 전파되고 그로 인해 로망스 언어가 성장한 것은 선사 시대부터 존재해오던 문화가 최종적으로 소멸했음을 의미한다. 그리스도교 교회는 이러한 변화의 결과를 계승했다.[76] 6세기에 이르러 인도 서쪽에서 아일랜드 동쪽 지역에 이르는 정착 문명 지역에서 고전 시대 이전까지 거슬러 올라가는 다신주의를 동요 없이 유지하고 있던 곳은 사산조 이란의 조로아스터교 문화권뿐이었다. 그 밖의 지역, 즉 이집트, 메소포타미아, 아나톨리아, 그리고 서유럽에서 고전 시대 이전의 오래된 세계는 확실히 종식되었다.[77] 그것은 로마 제국의 쇠퇴와 멸망보다 더 격렬하고 그리스-로마의 다신교도들이 숭배했던 도시 신들의 소멸보다 더 돌이키기 어려운 조용한 침강이었다. 갈리아와 스페인의 농촌 및 도시 지역에서 성인의 '현존'은 뒤늦게 예상치도 못했던 로마화의 열매를 수확했다. 서지중해 토착 문화들은 수세기 동안 도시나 농촌 빌라에 있던 영향력 있는 자들이 행정 체계와 보호 제도의 격자망을 통해 위로부터 느리지만 확실하게 가하는 압력에 의해 부지불식 중에 침식되어 갔는데, 이 과정을 최종적으로 완성한 것이 그리스도교의 '존경'의 확산이기 때문이다.[78] 서로마 제국이 멸망하고 한 세기가 지난 후 그레고리우스와 당대인들은 이제 더이상 모든 도로가 로마로 통하지는 않는다고 해도, 적어도 투렌에서는 모든 길이 '주인 마르티누스'를 향하여 투르로 통한다고 확신하게 되었다. 성 마르티누스의 성골당에서 나온 먼지 한 톨이 마을 치료사가 전수하는 모든 태곳적부터의 지혜보다 더 가치 있다고 여겨졌다.[79]

이제까지 살펴보았듯이 그레고리우스가 기대했던 '존경'은 조심스럽지만 끈질긴 "사회화" 과정으로부터 동력을 이끌어냈다. 이러한 과정이 진행된 세계에서 초자연적인 것에 대한 기대들은 대개는 도시화된 환경에 살던 후기 로마의 귀족들이 행사하던 권력과 보호 작용에서 흘러나온 것들을 충실하게, 또 급박한 어조로 하나로 꿰어맞춘 것이었다. 성인 숭배의 언어는 이렇듯 매우

귀족들의 시골 빌라 생활, 도미누스 아울리우스의 모자이크, 4세기 후반, 카르타고, 튀니지아
그림의 위와 아래 부분에 묘사된 장면들은 귀족들이 사냥을 하고, 공물을 받고, 귀족의 부인들이 일하는
하인들을 감독하고, 농부들이 일하는 모습이다.

독특한 분위기를 빨아들였다. 이 언어가 열성적이고 율동적으로 확산되어 사람들의 마음을 사로잡은 지역은 귀족 주교들의 보호 제도가 작동하고 있는 도시의 성골당이나 혹은 브리우드에 있는 성 율리아누스의 성골당처럼 도시와 폭넓게 연관되어 있는 귀족들이 주도하고 있는 농촌 지역의 성골당이었다.[80] 반대로 '존경'이 이런 "사회화"가 덜 이루어진 지역 속으로 파고 들어갔을 경우 도시와 귀족적인 치장에 덜 우호적인 생활 방식에 의해 암묵적인 저항을 받았다. 후기 고대와 중세 초기를 통틀어 그리스도교회 과정은 성인들에게 '존경'을 표하기 위해서 태곳적부터의 삶의 방식을 바꾸거나[81] 혹은 다른 '주인'을 즐겁게 하기 위해서 자기 습관을 버릴 마음이 없었던[82] 집단의 무언의 결의에 의해서 정체에 빠졌다. "노골적인 조야함"의 지역들이 그레고리우스의 예의 바른 세계를 에워싸고 있었다.[83]

그러나 때때로 갈등을 불러오는 의무들 속에서 길을 잃은 채 사방에 흩어져 있던 농촌 공동체의 혼란을 해소하고 그들을 결집시키기 위해 성인의 새로운 '현존'이 활용되기도 했다.[84] 성인의 일생에 대한 그레고리우스의 저작에서는 당황스럽고 억압적인 권력에 직면한 농촌의 불안을 보여주는 사건들이 강조되고 있다. 성인의 '현존'은 종종 "불결한" 의존 이외에 다른 대안이 없던 지역에 새롭고 "깨끗한" 권력이 등장했다는 사실로 인해 맹렬한 열기를 불러일으켰기 때문이다. 성 율리아누스의 유골이 인접 마을에서 데려온 임노동자들로 북적대던 샹파뉴의 들판을 통과할 때, 그 행렬을 둘러싼 광경에서 목도되었던 대중의 열망은 천 년 왕국을 향한 이후 어느 시기의 열망보다도 극적인 동시에 불길했다.

가장 축복받은 율리아누스가 우리 가까이로 오고 있는 것을 보라. 그의 권능을 보라! 그의 영광을 보라! 젊은이들이여, 달려라! 당신들의 쟁기와 소를 버리고. 우리 모두가 그를 따르게 하라![85]

노동 집약적인 곡물 재배 지역에서 성인의 일시적인 '현존'은 이 피곤에 지친 사람들에게 갈리아-로마 지주들의 가혹한 요구로부터 자신들을 해방시켜줄 이상적인 의존을 잠시나마 만나게 해주었다.[86] 성골당에서 치료를 구하며 고통에 시달리는 많은 사람들이 주인으로부터 풀려났거나[87] 가족을 버리고 변두리 지역에서 온 사람들이었다.[88] 다른 방어 수단 없이 모호한 보호 제도에 종속되어 있던 사람들은 — 이들 중에는 주로 여자들이 많았는데 — 변두리 지역에서 노골적으로 권력을 휘두르는 자들 대신에 극적으로 멀리 떨어진 성골당에서 이상적인 힘을 행사하는 '주인'에 의존하는 길을 선택했다.[89]

그레고리우스는 이 뿌리 뽑힌 남녀의 유입을 기꺼이 받아들였다. 점점 확장되는 성인의 '권능'을 흠잡을 수 없는 형식으로 승인하면서 그들 안에서 뭔가를 이야기하고 있는 것은 귀신들이었기 때문이다.[90] 그러나 주민들이 주교의 통제에서 벗어나 성인의 '현존'을 누릴 수 있는 자기만의 호주머니를 만듦으로써 '존경'이 요구하는 의무를 회피하려고 시도할 때마다 그레고리우스는 극도로 화를 냈다. 그의 『역사』와 다른 후기 자료들에는 갈리아 지역에서 도시 성인들의 지배가 폭발 직전의 대립 상황을 야기했음을 보여주는 사건들이 가득하다. 가령 역병이 계속해서 재발했던 543년 이후의 상황처럼 관습적인 치료 체제로 대처할 수 없는 위협에 직면할 때마다 공동체들은 비록 그리스도교적인 새로운 형식을 취하기는 했지만 예전의 "수평적인 모델"을 재주장함으로써 이에 대응했다.[91] 성인들의 환상을 보고 힘을 얻은 점쟁이들이 새로운 형태의 치료법을 퍼뜨렸고 신을 달래는 새로운 의식을 공표했다.[92] 예언자들은 도둑을 잡고 잃어버린 물건을 되찾고 다른 사람의 생각을 읽어내는 신령한 자로서 능력을 발휘하여 신의 노여움을 푸는 의식들을 확립했다.[93] 이런 움직임들은 성인의 '현존'을, 때때로 베드로와 바울로처럼 가장 권위 있지만 상상할 수 없을 정도로 멀리 떨어진 성인의 '현존'을 지역 공동체로 바로 가져오고자 하는 절박한 욕구를 보여준다. 주교들과 도시의 성골당은 '존경'이 부과하는 무거운 의무를 행하도록 요구했지만, 이들은 그런 요구 없이 성인의 '현존'을 모셔오고자 했다.[94] 심지어 그레고리우스조차도 그런 사람들 중에서 대단한 호적수를 만났다.

(불운했던 해, 587년 이후에) 데시데리우스라는 사람이 투르에 나타났는데 그는 자기가 너무나 비범한 사람이어서 많은 기적을 행할 수 있다고 공언했다. 특히 자기와 사도 베드로 및 바울로 사이에는 전령이 오간다고 자랑하기도 했다. 내가 투르에 없는 동안 농촌 사람들이

눈먼 자와 병든 자들을 데리고 때지어 그에게 몰려갔다. 그는 신성한 힘으로 사람을 치료하는 것이 아니라 지옥의 기교를 부려 사람들을 속이려 했다.[95]

그레고리우스가 우려한 것은 이것이 일회적인 사건이 아니라는 점이었다.[96] 이런 사건들은 6세기 초부터 중세 한창 때까지도 일어났다.[97] 우리는 이러한 사건들을 통하여 그리스도교 교회가 성장하고 그러한 교회의 구조가 농촌까지 확장됨에 따라 비극적으로 한쪽 구석으로 밀려나게 된 사람들이 그러한 상황에 대응했던 방식을 짐작해볼 수 있다. 완전한 의미에서의 종교, 즉 성인의 은총에 완전히 참가하는 일은 다른 곳, 즉 도시에서 일어났다.[98]

이것이 후기 고대의 그리스도교가 성인 숭배를 통해 뚜렷하게 자리잡으면서 발생한 역설이었다. 사람들은 보편적이면서도 배타적인 종교인 그리스도교가 알려진 세계의 모든 곳으로 뻗어나갔다고 주장했다.[99] 그러나 실제로 후기 고대의 그리스도교는 사방으로 뻗어나가면서도 메마른 지표 위에 있는 물웅덩이처럼 성인의 성골당 주변에만 머물고 있었다. 성인의 '현존'과 '권능'의 언어는 오직 특정 지역에서만 그리고 정확히 한정된 사회 환경에서만 그리스도교 공동체의 열렬한 바람을 소화롭게 대변할 수 있었기 때문이다. 후기 로마를 연상시키는 색깔을 모두 갖고 있는 팔레트로 '존경'을 그려낼 수 있는 지역 바깥에, 이미 오래 전에 토착 다신교주의의 다양한 색깔은 바래버렸지만 그리스도교는 단지 엷은 회색으로 그려질 수밖에 없었던 농촌이라는 넓은 지역이 있었다.[100] 그것은 슬픈 풍경이었다. 그리스도교의 '존경'은 그리스-로마 세계의 엘리트들이 상상조차 할 수 없었던 상황을 너무나 뚜렷하게 만들어냈다.[101] 이제 주민들은 원한다면 보편적인 종교의 치장에 완전히 참가할 수 있는 자와 물리적 거리와 '사회화'의 부재 때문에 같은 종교의 저급한 판본에 속할 수밖에 없는 자로 나뉘었다.[102] 서구 사회에서 다신교주의가 종말을 맞고 명백히 귀족적·도시적 형태를 띤 성인 숭배가 등장함으로써, 후기 고대 이래로 이제 유럽의 상층 문화는 항상 스스로를 농촌 문화의 '조야함'과 대비되는 것으로 인식하게 되었다.[103] 상층 문화 자체가 그러한 '조야함'을 만들어내는 데 적잖은 역할을 했음에도 말이다.

잠시 (다신교) 신들이 힘을 상실함으로써 수동적 위치로 전락한 자연 세계를 조망해보자. 나는 서유럽에서 그리스도교 교회의 성장이 가져온 가장 뚜렷한 특징은 풍경 자체의 구조에 종속되어 있던 것으로 보이던 전통들을 버리고 그 대신에 인간의 행정적인 구조와 보이지 않는 인간적인 존재, 그리고 그의 눈에 보이는 대리인, 즉 도시의 주교들과 연계된 이상적인 '권능'을 부과한 것이라고 생각한다.[104] 성 마르티누스는 전통적으로 자연과 신성한 존재들이 만나는 지점으로 여겨졌던 것들을 공격했다.[105] 즉 그는 신성하게 간주되던 나무들을 베어냈고[106] 경작지와 비경작지를 나누는 태곳적부터의 경계선을 따라 행진하던 관습을 깨뜨렸다.[107] 그의 후계자들은 나무, 샘, 그리고 동식물의 변화를 면밀히 관찰하여 미래를 알고자 하는 여러 형태의 점들을 신랄하게 비난했다.[108] 그들은 하늘에서 이루어지는 태양, 달, 행성의 느린 운동을 무시하고 대신 위대한 개인의 죽음과 관련된 순전히 인간적인 시간을 반영하는 일과 휴식의 리듬을 만들어 따르도록 했다.[109] 6세기 갈리아와 스페인에서 지루하게 반복되었던 다신교에 대한 논박과 공의회의 충고들에서 진정으로 문제가 되었던 것은 다름 아닌 인간과 자연의 관계에 대한 견해의 대립이었다.

그리스도교 순례지의 성격에 대해서 말하면서 뒤프롱은 이 점을 명확히 밝혔다.

> 풍부한 의미를 가진 그러한 장소는 모든 자연적인 사건들을 신성시하게 해주는 우주가 되었다. 그런데 역사를 통틀어서 그리스도교의 순례는 다신주의에 세례를 주는 것, 다시 말해 그 우주를 인격화시키는 것을 목표로 삼았다. (……) 순례지에 인간적인 투사막을 씌우는 것, 즉 "인간화"는 그리스도교적인 사고에 합당한 행위들이었다.[110]

이것은 5세기 야볼스 지역 주교의 견해와 정확히 일치하며, 그레고리우스 역시 그런 그의 활동들을 이렇게 기억했다. 그레고리우스는 오베르뉴에 그리스도교를 전파하고 있을 때 그 지역 농촌 사람들이 산꼭대기에 있는 분화구 안에 형성된 소택지 끝에서 제물을 바치며 3일 동안 축제를 여는 장면을 목격했다. 그는 "소택지에는 종교가 없다"고 말했다.

소택지에는 종교가 있을 수 없다. 그러지 말고 하느님을 인정하고, 그의 친구들을 존경하라. 이 곳에 유골이 안치된 하느님의 주교 힐라리우스를 숭배하라. 그는 하느님의 자비를 얻으려는 너희의 중재자가 될 수 있다.[111]

이후에 일어난 일은 별로 커다란 변화처럼 보이지 않을 수도 있다. 산꼭대기로 향하는 순례는 계속되었으니 말이다.[112] 하지만 '숭배'는 소택지에서 완전히 사라져버렸다. 대신에 인간이 만든 석조 건축물이 들어섰고 인간의 '현존'을 알리는 성 힐라리우스의 유골이 안치되었다. 또한 성 힐라리우스의 '권능'은 우정과 중재라는 진정으로 인간적인 관계를 통하여 작동하는 것으로 생각되었다. 그 장소 자체는 이제 신성한 풍경 속의 중요한 습곡(褶曲)으로서의 의미를 상실하고 도시에 있는 인간 거주자의 권위에 의존하는 행정 구조 속으로 편입되었다. 그 곳은 야볼스 주교의 관구에 속하는 교회가 되었다. 이런 식으로 보면 서유럽에서 그리스도교의 성장은 자연 세계를 "인간화"하는 데 있어 한 획을 긋는 중요한 사건이었다.[113]

이러한 승리를 입증하기 위해 현대 학자들이 투르의 그레고리우스처럼 열정적으로 애쓸 필요는 없을 것이다. 산 정상의 장엄함과 그리스도교 이전 유럽에서 오랫동안 간직되어온 지혜에 비하면 그레고리우스의 '존경'은 다소 불안하고 상당히 거칠게 느껴질 수도 있었다. 즉 이러한 '존경'의 확산은 비교적 빨리 성장한 '내적 성찰(inward-looking)'의 제도화를 반영하는데,[114] 그것은 보이지 않는 존재와의 관계를 후기 로마 도시와 귀족 사회라는 한정된 경계 안에서 형성된 인간 관계의 언어로써 이해할 필요에서 나온 것으로, 그것은 거의 집착에 가까웠다. 성인 숭배가 등장하기 시작했던 초기의 수백 년 기간 중 어느 지점을 주목하든, 우리는 좀더 모호하고 이해하기 어려운 이전 시대의 필연성을 누르고 인간 관계를 면밀히 관찰한 언어가 승리를 거두고 있는 모습을 보게 된다.

그럼에도 불구하고 우리는 파울리누스가 놀라에 정착하기로 결정한 이후부터 서유럽에서 로마의 지배가 무너지고 투르의 그레고리우스가 유년의 추억을 되새기게 되었을 때까지 위대한 네 세대가 내린 결단을 정당하게 평가해야 한다. 오래된 세계에는 한계가 있었다. 즉 『황금가지』에서 프레이저가 말했듯이 "하느님은 죄를 용서할 수 있지만 자연은 그렇지 않다".[115] 하느님과 그의 친구들은 죄를 용서할 수 있는 존재가 된 것이다. 이 책에서 우리가 만난 사람들에게, 당대의 의존 관계를 본떠 초자연적인 것에 대한 기대를 형상화하려는 강박적인 시도는 항상 권력과 보호의 행사와 관련된 언어를 선택하는 것 이상을 의미했다. 후기 로마의 상황에서 '권능'은 상당히 부드러운 이면을 가지고 있었다. 보호와 의존, 심지어 귀족적인 '우호'의 절박함은 우리에게는 딱딱하고 구속적인 관계로 보일 수도 있다. 그러나 후기 로마인들은 바로 이러한 관계들을 통해서 기적을 만들어낼 수 있는 행동의 자유를 얻기를 희망했는데, 정의라는 기적과 자비, 그리고 동료 인간과의 연대는 바로 그러한 자유로부터 오는 것이었다. 우리가 살고 있는 세계에서 정의와 자비 그리고 다른 사람들을 기꺼이 받아들이는 것은, 후기 로마 공동체에서 성인들의 '현존'과 관련된 은사를 입는 은혜로운 순간만큼이나 드물고 일시적인 것으로, 그렇게 하려면 사회에서 준수되고 있는 법 집행을 중단해야 할 형편이다. 이러한 세계에 살고 있는 우리는 자기들 세계 안에 동료 인간이면서 철저히 자비로운 존재가 머물 자리를 마련하고자 애썼던 후기 고대 그리스도교인들을 살펴보는 데 보다 진지한 공감과 보다 세심한 학문적 배려를 갖춰야 할 것이다.

■ 주요 사료

이 책에 인용된 사료들 중 세속 작가들이 쓴 것 거의 전부와 성직자들이 쓴 것 대부분을 Loeb Classical Library(London: Heinemann; New York: Putnam; and Cambridge: Harvard University Press)로 볼 수 있다. 각 자료들의 장, 절은 이 판과 다른 표준적인 판의 구분을 따랐다. 인용문을 쉽게 참고하도록 J. G. Migne, *Patrologiae cursus completus*(Paris, 1844 onwards)가 제시하고 있는 라틴 교부 문집(*Patrologia Latina:PL*)과 희랍 교부 문집(*Partologia Graeca:PG*)의 권수와 면 번호를 종종 표기했다. 다음 저술가들의 저작들을 이용했는데 그 몇몇은 계속해서 축약된 형태로 인용했다. 여기에 상세한 서지 사항을 모두 밝힌다.

Augustine, *De cura gerenda pro mortuis*

    Corpus Scriptorum Ecclesiasticorum Latinorum 41 (Vienna: Tempsky, 1890).

Augustine, *City of God. De Civitate Dei*

    Corpus Christianorum 47 and 48 (Turnhout: Brepols, 1955).

Gregory of Tours, *LH : Libri Historiarum*

    Greg. Tur. *LH: Gregorii episcopi Turonensis, Libri historiarum,* ed. B. Krusch and W. Levison, *Monumenta Germaniae Historica: Scriptores Rerum Merovingicarum* 1, 1 (Hanover: Hahn, 1951).

Gregory of Tours, *GM : Liber in gloria martyrum*

Gregory of Tours, *VJ : Liber de passione et virtutibius sancti Iuliani martyis*

Gregory of Tours, *VM : Liber I-IV de virtutibius sancti Martini episcopi*

Gregory of Tours, *VP* : *Liber vitae patrum*

Gregory of Tours, *GC* : *Liber in gloria confessorum*

위 다섯 작품은 *Gregorii episcopi Turonensis, Miracula et opera minora*, ed. B. Krusch, *Monumenta Germaniae Historica*: *Scriptores Rerum Merovingicarum* 1, 2 (Hanover: Hahn, 1885)에 실려 있다.

Paulinus *Carmina*

Corpus Scriptorum Ecclesiasticorum Latinorum 30, 2 (Vienna: Tempsky, 1894).

Venantius Fortunatus *Carmina*

Ed. F. Leo and B. Krusch, *Monumenta Germaniae Historica: Auctores Antiquissimi* 4 (Hanover: Hahn, 1881).

ILCV

E. Diehl, *Inscriptiones latinae christianae veteres,* vols. 1 and 2 (Zurich: Weidmann, 1925 and 1961).

이 책에서 이용한 사료 가운데 다음의 영어 번역물들이 독자들에게 도움이 될 것이다.

Augustine, *De cura gerenda pro mortuis*

The Care to be Taken for the Dead, in *Saint Augustine: Treatises on Marriage and Other Subjects*, trans. J. Lacy, The Fathers of the Church 27 (New York: Fathers of the Church, 1955).

Gregory of Tours *Libri histoiarum*

The History of Franks, trans. O. M. Dalton (Oxford: Clarendon Press, 1927) and Lewis Thorpe (Harmondsworth: Penguin, 1974).

Gregory of Tours *Miracula*

M. L. Brodin, *Livres des miracles*, in Société de l'histoire de la France 88 and

103 (Paris: J. Renouard, 1857 and 1860).

*Miracles of Saint Julian*과 *Miracles of Saint Martin*은 Scarborough College, University of Toronto에서 발행되는 Pontifical Institute for Medieval Studies Series에서 John Corbett가 곧 번역할 것으로 생각된다.

Jerome *Contra Vigilantium*

St. *Jerome: Letters and Select Works*, trans. W. H. Fremantle, in *A Select Library of Nicene and Post-Nicene Fathers*, ed. P. Schaff and H. Wace (New York: Christian Literature, 1893).

Paulinus *Carmina*

P. G. Walsh, *The Poems of St. Paulinus of Nola*, Ancient Christian Writers 40 (New York: Newman Press, 1975).

Paulinus *Epistulae*

P. G. Walsh, *Letters of St. Paulinus of Nola*, Ancient Christian Writers 35 and 36 (New York: Newman Press, 1966 and 1967).

Prudentius *Cathemerinon and Peristephanon*

Prudentius ed. and trans. H. H. Thomson. Loeb Classical Library (London: Heinemann, 1961; Cambridge: Harvard University Press, 1969).

Prudentius: "*Hymns for Every Day*" and "*The Martyrs' Crowns*," trans. M. C. Eagan, The Fathers of the Church 43 (Washington: Catholic University of America Press, 1962).

Sulpicius Severus *Vita Martini and Dialogi*

Trans. B. M. Peebles, *Niceta of Remesiana, Sulpicius Severus, Vincent of Lerins and Prosper of Aquitaine*, Fathers of the Church 7 (New York: Fathers of Church, 1949).

The Works of Sulpicius Severus, trans. A. Roberts, in *A Select Library of Nicene and Post-Nicene Fathers*, 2d. series, 11 (Ann Arbor, Michigan: Cushing, 1964).

Vitricius of Rouen *De laude sanctorum*

R, Herval, *Origines chrétiennes de la 2 Lyonnaise gallo-romaine à la Normandie ducale(6-11 siècles): Avec le texte complet et traduction du "De laude sanctorum" de saint Victrice* (396) (Paris: Picard, 1966).

■ 주

⟨서문⟩

1) F. W. Maitland, *Domesday Book and Beyond* (Cambridge: At the University Press, 1897): 596.

⟨1장⟩

1) Peter Brown, *The Making of Late Antiquity* (Cambridge: Harvard University Press, 1978): 16~18.
2) Augustine *Sermon* 18. 1.
3) F. Cumont, *Astrology and Religion among the Greeks and Romans* (London: Constable, 1912; reprint ed., New York: Dover Books, 1960): 92~110.
4) *ILCV* 391. 3~6: "영혼은 별들을 바라보고 육체는 땅의 휴식을 취한다." 이런 비문에 대한 섬세한 논평을 원한다면 Lidia Storoni Mazzolani, *Sul mare della vita* (Milan: Rizzoli, 1969)를 보라. 또한 Galla Placidia 대영묘의 돔에 총총히 박힌 별의 의미에 대해서는 E. Nordström, *Ravennastudien* (Uppsala: Almqvist and Wiksell, 1953): 31을 보라.
5) Plutarch, *Romulus* 28. 6.
6) Prudentius, *Cathemerinon* 10. 29. 이런 견해가 안정적으로 반복된 데 대해서는 Richmond Lattimore, *Themes in Greek and Latin Epitaphs* (Urbana: University of Illinois Press, 1962): 311~313을 보라.
7) G. Sanders, *Licht en Duisternis in de christelijke Grafschriften*, 2 vols.(Brussels: Vlaamse Akademie voor Letteren, 1956), 1: 502~513 그리고 "Les chrétiens face à l'épigraphie funéraire latine," in *Assimilation et résistance à la culture gréco-romaine dans le monde ancien*, Travaux du 6 Congrès International d'Etudes Classiques, ed. D. M. Pippidi(Bucharest: Editura Academiei; Paris: Les Belles Lettres, 1976): 283~299.
8) *ILCV* 1070. 5.
9) *Midrash Ps.* 16. 2: H. L. Strack and P. Billerbeck, *Kommentar zum Neuen Testament aus Talmud und Midrasch* (Munich: C. M. Beck, 1926), 1: 892.
10) 이 발전은 특히 갈리아 지역을 중심으로 연구되어왔다. 이에 대해서는 다음을 보라. J. Hubert, "Evolution de la topographie et de l'aspect des villes de la Gaule du 4 au 10 siècle," *Settimane di Studio del Centro Italiano di Studi sull'Alto Medio Evo* 16 (Spoleto: Centro di Studi sull'Alto Medio Evo, 1959): 529~558, P. A. Février, "Permanance et héritage de l'antiquité dans les villes de l'Occident," *Settimane di Studio* 21 (1974): 41~138, M. Vieillard-Troïekouroff, *Les monuments de la Gaule d'après les oeuvres de Grégoire de Tours* (Paris:

Champion, 1976).

11) Greg. Tur. *VM* 2. 50. 194.

12) E. Le Blant, *Les inscriptions chrétiennes de la Gaule* (Paris: Imprimerie Impériale, 1856), 1: 240.

13) Venantius Fortunatus *Carm.* 3. 7. 41 and 46:
금을 입힌 천장은 은하수의 빛남을 생각하고
(……)
땅은 자기만의 별들을 가진다고 믿었다.

14) Artemidorus, *Oneirocriticon* 1. 51.

15) Carl Andresen, *Einführung in die christliche Archäologie* (Göttingen: Vadenhouck and Ruprecht, 1971): 27~28은 방대한 문헌들을 개괄하고 있다.

16) B. Kötting, *Der frühchristliche Reliquienkult und die bestattung im Kirchengebäude* (Cologne: Westdeutsche Verlag, 1965; J. Guyon, "La vente des tombes à travers l'épigraphie de la Rome chrétienne," *Mélanges d'archéologie et d'histoire: Antiquté* 86 (1974): 594: "성벽 안에 매장하는 것을 종교적으로 금하는 천여 년 동안의 관습이 철폐된 것은 진실로 역사적인 변화의 상징이다." G. Dagron, "Le christianisme dans la ville byzantine," *Dumbarton Oakes Papers* 31 (1977): 11~19.

17) T. Klauser, "Christliche Märtyrerkult, heidnischer Heroenkult und spätjüdische Heiligenverehrung," *Gesammelte Arbeiten*, ed. E. Dassmann(Münster in Westfalen: Aschendorff, 1974): 221~229.

18) 나는 이 사실을 특히 강조하고 싶다. 물론 죽은 자가 오염을 일으키는 존재라는 맹목적인 느낌이 그리스-로마 고전 시대의 특징이라거나, 그리스도교인들이 그런 감각을 갑자기 제거했다고 말하려는 것은 아니다. 문제는 다른 사람들의 주검이었다. 가족의 주검이나 자기 도시 사람들의 주검은 관습적으로 용인되기만 한다면 불쾌감의 대상이나 초자연적인 위험의 원천이 아니었다.

19) F. Pfister, *Der Reliquienkult im Altertum*, 2 vols. (Giessen: Töpelmann, 1909~1912)

20) 이것은 여전히 열띤 논쟁이 이루어지는 주제이다. 이에 대해서는 E. Dyggve, *Dødekult, Kejserkult og basilika* (Copenhagen: P. Branner, 1943); A. Grabar, *Martyrium* (Paris: Collège de France, 1946); T. Klauser, "Von Heroon zur Märtyrerbasilika," *Gesammelte Arbeiten*, pp. 275~291; J. B. Ward-Perkins, "Memoria, Martyr's Tomb and Martyr's Church," *Journal of Theological Studies* 17 (1966): 20~38을 참조할 수 있다. 후자의 논문에 대해서는 Grabar가 *Cahiers archéologiques* 18 (1968): 239~244에서 논박한 바 있다.

21) A. D. Nock이 "The Cult of Heroes," *Harvard Theological Review* 37 (1944): 141~174와 *Essays in Religion and the Ancient World*, ed Zeph Stewart(Oxford: Clarendon Press, 1972), 2: 575~602에서 보여주고 있는 미묘한 차이를 참조하라.

22) L. Gernet, *Le génie grec dans la religion* (Paris: Albin Michel, 1932): 264: "영웅들이 중재자로 간주되지 않았다는 것은 인상적이다. 엄밀하게 말해 그들은 신들과는 직접적인 관련이 없었다."

23) 나는 이점이 성인 숭배의 많은 특징들을 다신교 습속에서 끌어오려는 고전적인 시도들의 결정적인 약점이라고 생각한다. Ernst Lucius, *Die Anfänge des Heiligenkultes in der christlichen Kirche* (Tübingen: Mohr, 1904): 14~48을 보라. 그리스도교 저술가들이 순교자들을 "영웅들"로 이야기할 때 그것은 우리가 그 말을 사용할 때만큼이나 숭배의 의미를 상실한 전적으로 문학적인 수사에 불과하다.

24) F. W. Deichmann, "Die Spolien in der spätantiken Architektur," *Sitzungsberichte der bayerischen Akademie der Wissenschaften: Philol. -hist. Klasse* 1975, no. 6.

25) Euripides *Hippolytus* 1437~1438, 제단 근처에 묻힌 사제 클라루스에 대한 놀라의 파울리누스의 *Ep.* 32. 25에 있는 말 "영혼들의 향기가 신성한 자들과 결합되었다"와 비교해보라.

26) Salvian *De gubernatione Dei* 2. 1. 3; Greg. Tur. *VJ* 1. 113.

27) Eunapius of Sardis *Lives of the Sophists* 472.

28) Julian *Contra Galilaeos* 335C.

29) Ibid., 339E. 『이사야』 65. 4를 인용하고 있다.

30) Julian, *Epistulae et leges*, ed. J. Bidez and F. Cumont (Paris: Les Belles Lettres, 1922): 194~195. *Essays in Religion*, 2: 530에서 녹은 이렇게 말했다. "그는 순종하는 것 이상을 바랐다. 그는 영혼의 재창조를 원했다." 가자의 주민들은 두들겨 맞아서 "순교한" 부제의 시체를 도시 안으로 가져온 주교를 공격했다. "순교자"는 곤봉으로 그 군중들을 공격해서 원상태로 되돌림으로써 사태를 수습했다! *Marc le Diacre: Vie de Porphyre* 25, ed. H. Grégoire and M. Kugener (Paris: Les Belles Lettres, 1930): 22.

31) Eunapius of Sardis 472.

32) Jürgen Christern, *Das frühchristliche Pilgerheiligtum von Tebessa* (Wiesbaden: F. Steiner, 1976): 221~260.

33) Paulinus *Carm.* 28. 177; R. C. Goldschmidt, *Paulinus' Churches at Nola: Texts, Translation and Commentary* (Amsterdam: North Holland, 1940); A. Weis, "Die Verteilung der Bildzyklen des Paulinus von Nola in den Kirchen von Cimitile(Campanien)," *Römische Quartalschrift* 52 (1957): 129-150.

34) Athanasius *Life of Anthony* 14: "사막이 수도사들에 의해서 도시가 되었다." 습지에 있는 도둑의 소굴들에도 비유되었던 이 미묘한 역설에 대해서는 Heliodorus *Aethiopica* 1. 5. 3을 보라. "이집트의 수많은 해적이 살고 있는 그런 곳에서".

35) 수도사인 파울리누스는 그의 동료들과 함께 실제로 성당 건축물 안에서 살았다. 이에 대해서는 Joseph T. Lienhard, *Paulinus of Nola and Early Western Monasticism*, Theophaneia

28 (Cologne: Peter Hanstein, 1977): 65, 70~72를 보라.

36) Jerome *Contra Vigilantium* 8, *PL* 23. 346.

37) Seleukia(Selefkne) 근교 Meriamlik에 있는 성 테크라의 성골당을 돌보던 사제는 자신을 성인의 대변인이자 그녀가 행하는 기적의 기록자라고 했는데, 이로 인해 한 주교로부터 끊임없는 파문의 압력을 받았다. 그는 이 주교를 "부랑아"라고 부르고 심지어 그의 후계자는 "큰 돼지"라고 불렀다. 이에 대해서는 G. Dagron, "L'auteur des 'Actes' et des 'Miracles' de Sainte Thècle," *Analecta Bollandiana* 92 (1974): 5~11, 그리고 *Vie et miracles de sainte Thècle*, no. 12, *Subsidia Hagiographica*, 62 (Brussels: Société des Bollandistes, 1978): 314~322, 410을 보라.

38) 예루살렘의 주교들이 신성한 장소와의 연계를 통해 자신들을 위한 별도의 관구를 만들면서 겪었던 어려움에 대해서는 H. E. Chadwick, "Faith and Order at the Council of Nicaea," *Harvard Theological Review* 53 (1960): 180~186을 보라.

39) Joachim Jeremias, *Heiligengräber in Jesu Umvelt* (Göttingen: Vandenhoeck and Ruprecht, 1958).

40) I. Golziher, "Veneration of Saints in Islam," *Muslim Studies*, ed. S. M. Stern, transl. C. R. Barker and S. M. Stern (London: Allen and Unwin, 1971): 255~341.

41) E. Gellner, *Saints of the Atlas* (London: Wiedenfeld, 1969) 그리고 M. Gilsenan, *Saint and Sufi in Modern Egypt* (Oxford: Clarendon Press, 1973). 이 두 학자는 나에게 무한한 충고와 끊임없는 영감을 주었다. 특별히 감사의 말을 전하고 싶다. V. Crapanzano, *The Hamadsha: A Study in Moroccan Ethnopsychiatry* (Berkeley and Los Angeles: University of California Press, 1973), D. Eickelman, *Moroccan Islam: Tradition and Society in a Pilgrimage Center* (Austin: University of Texas Press, 1976): 166~230, 그리고 Victor Turner and Edith Turner, *Image and Pilgrimage in Christian Culture* (New York: Columbia University Press, 1978)을 보라. 내가 빅토르 터너의 저작에 많은 것을 빚지고 있기는 하지만 그가 분석의 근거로 삼고 있는 자료들은 멀리 떨어진 성골당에 대한 마리아 순례단에 관련된 것임을 지적하고 싶다. 비록 그의 손에서 빛나고 있기는 하지만 그 자료들은 북아프리카 이슬람 성골당과 달리 후기 고대와의 유사성을 보여주지는 않는다.

42) H. Delehaye, "Loca sanctorum," *Analecta Bollandiana* 48 (1930). 이집트에서 성골당들이 "버섯"처럼 성장한 것에 대한 생생하면서도 비판적인 설명을 원한다면, L. Th. Lefort, "La chasse aux reliques des martyres en Egypte au 4 siècle," *La Nouvelle Clio* 6 (1954): 225~230에 번역된 설교를 보라.

43) Gregory of Nyssa *Encomium on Saint Theodore*, PG 46. 740B.

44) Jerome *Contra Vigilantium* 12, PL 23. 364C.

45) *Barsanuphe et Jean: Correspondance* 433, trans. L. Regnault and P. Lemaire (Solesmes: Abbaye de Solesmes, 1971): 297~298.

46) J. Drescher, "Apa Claudius and the Thievies," *Bulletin de la société d'archéologie copte* 8 (1942): 63~86.

47) J. Romilly Allen, *The Early Christian Monuments of Scotland* (Edinburgh: Society of Antiquaries of Scotland, 1903): 330, 351~353.

48) J. Sauvaget, "Les Ghassanides et Sergiopolis," *Byzantion* 14 (1939): 116~130, P. Peeters, "L'*ex voto* de Khusro Aparwez à Sergiopolis," *Analecta Bollandiana* 65 (1947); 5~56.

49) 콰스르-세리 지역에 있는 세르지오폴리스의 성골당에 대비되는 네스토리우스의 성골당에 대해서는 D. Oates, *Studies in the Ancient History of Northern Iraq* (London: British Academy, 1968): 106~117을 보라.

50) 이 숭배가 후대에 어떻게 발전하는가에 대한 윤곽을 알고 싶으면, Nicole Hermann-Mascard, *Les reliąues des saints: Formation coutumière d'un droit* (Paris: Klincksieck, 1975), Patrick J. Geary, *Furta Sacra: Thefts of Relics in the Central Middle Ages* (Princeton: Princeton University Press, 1978), Sofia Boesch Gajano, *Agiografia altomedioevale* (Bolona: il Mulino, 1976): 261~300을 보라. 여기에는 방대한 참고 문헌이 포함되어 있다.

51) *The Encyclopedia Of Philosophy* (New York: Macmillan, 1967), 4: 89.

52) David Hume, "The Natural History of Religion," *Essays Moral, Political and Literary* (London: Longman, Green, 1875), 2: 334.

53) David Hume, "The Natural History of Religion," p. 334.

54) Edward Gibbon, *The Decline and Fall of the Roman Empire*, ed. J. B. Bury (London: Methuen, 1909), 3: 225.

55) Ibid, p. 225.

56) Duncan Forbes, *The Liberal Anglican Idea of History* (Cambridge: At the University Press, 1952): 81.

57) Gibbon, 4: 136.

58) H. Milman, *A History of Latin Christianity* (New York: Armstrong, 1903), 3: 417. 이 태도는 수정되지 않고 계속되고 있다. Ronald C. Finucane, *Miracles and Pilgrims: Popular Beliefs in Medieval England* (London: Dent, 1977): 23~24.

59) J. H. Newman, *Difficulties of Anglicans* (Dublin: Duffy, 1857): 80~81.

60) H. Delehaye, *Les légendes hagiographiques* (Brussels: Société des Bollandistes, 1955): 16. F. Graus, *Volk, Herrscher und Heiliger im Reich de Merowinger* (Prague: Československá Akademia Věd, 1965): 31~32는 이 견해와 그 비슷한 견해들을 주의 깊게 제시하고 비판했다.

61) A. Mirgeler, *Mutations of Western Christianity* (London: Burns and Oates, 1964): 44~65.

62) Ramsay MacMullen, "Sfiducia nell'intelletto nel quarto secolo," *Rivista storica italiana* 84

(1972): 5~16.
63) E. Kitzinger, "The Cult of Images in the Age before Iconoclasm," *Dumbarton Oaks Papers* 7 (1954): 119~120, 146.
64) Patrick J. Geary, "L'humiliation des saints," *Annales* 34 (1979): 27~42는 하나의 의식이 그 의식에 참여하는 다른 집단들에게 다른 의미를 가질 수 있다는 것을 훌륭하게 보여주었다.
65) Tertullian, *Adversus Praxean* 3. 1. 그러나 우리가 테르툴리아누스와 비교한다면 대부분의 그리스도교인들은 "문맹(unlettered, idiotae)"으로 보일 것이며 "문맹"은 바로 특정한 언어와 그 언어에서 유래한 교양 있는 관점들을 모른다는 뜻이다(이 경우에 "문맹"은 그리스어로 oikonomia이다). 그러나 이 용어가 반드시 후대에 얻은 의미인 교양이나 지성의 총체적인 결여를 의미하는 것은 아니다. 이에 대해서는 H. Grundmann, "Literatus-illiteratus," *Archiv für Kulturgeschihte* 40 (1958): 1~65를 보라.
66) Josef Engemann, "Magische Übelabwehr in der Spätantike," *Jahrbuch für Antike und Christentum* 18 (1975): 22~48; Alexander Murray, *Reason and Society in the Middle Ages* (Oxford: Clarendon Press, 1978): 15~17: Geary, "L'humiliation des saints," p. 28.
67) P. Brown, *Making of Late Antiquity*, 9~10.
68) A. D. Momigliano, "Popular Religious Beliefs and Late Roman Historians," *Studies in Church*, Vol. 8 (Cambridge: At the University Press, 1971): 18, in *Essays in Ancient and Modern Historiography* (Oxford: Blackwell, 1977): 156.
69) 이 견해에 대한 빈틈없는 소개와 비판을 위해서는 다음을 참조하라. Natalie Z. Davis, "Some Tasks and Themes in the Study of Popular Religion," *The Pursuit of Holiness in Late Medieval and Renaissance Religion*, ed. Charles Trinkaus and Heiko A Oberman (Leiden: Brill, 1974): 307~336과 Dario Rei, "Note sul concetto di 'religione popolare,'" *Lares* 40 (1974): 262~280을 보라. R. C. Trexler, *Speculum* 52 (1977): 1019~1022.
70) M. P. Nilsson, *Geschichte der griechischen Religion* (Munich: C. H. Beck, 1950), 2: 498~516.
71) Gibbon, 3: 226.
72) E. O. James, "The influence of folklore on the history of religion," *Numen* 1 (1962): 3. "농민들은 원시인들처럼 순진하고 천진난만한 사람들이다."
73) Louis Ginzberg, *The Legends of the Jews* (Philalelphia: Jewish Publication Society of America, 1925), 5, viii: "'대중의 심성'에서 눈에 띄는 특징 중의 하나는 그것이 보수적이며 옛 형태들에 집착한다는 것이다." 후기 고대의 종교사에서 그런 견해에 대한 매우 친절하면서 통찰력 있는 비평을 보려면 다음을 참조하라. P. A. Février, "Le culte des morts dans les communautés chrétiennes durante le 3 siècle," *Atti del 9 congresso internazionale di archeologia cristiana* (Rome, 1977), 1: 245: "우리는 한편으로 심성의 역사를 기술하는 데에

필요한 장기 지속이라는 개념에도 민감해졌지만 (……) 또한 때때로 상대적으로 급격하게 이루어지는 변화에 대해서도 민감해졌다"를 보라.

74) 이런 유행의 시작에 대해서는 다음을 참조하라. A. D. Momigliano, "La riscoperta della Sicilia antica da T. Fazello a P. Orsi" *Studi Urbinati di storia filosofia e letteratura* 52 (1978): 16; J. C. Lawson, *Modern Greek Folklore and Ancient Religion* (Cambridge: At the University Press, 1910): 63: "오늘날의 농민은 더 높은 권세에 대한 개념과 그에 대한 태도에서 다신론자이자 이교도로 남아 있다"를 보라. 그리스의 민속에 대한 최근의 연구는 눈에 띄게 신중해졌다. 이에 대해서는 다음을 참조하라. Richard and Eva Blum, *The Dangerous Hour: The Lore of Crisis and Mystery in Rural Greece* (London: Chatto and Windus, 1970): 263~352 와 Margaret Alexiou, *The Ritual Lament in Greek Tradition* (Cambridge: At the University Press, 1974).

75) A. D. Nock, "The Study of the History of Religion," *Essays in Religion*, p. 331: "기이하게도 종족이나 지역이 다름에도 불구하고 인간의 영혼은 되풀이되는 여러 특징들을 가지고 있다."

76) Franz Dölger, *Der Exorzismus im altchristlichen Taufritual* (Paderborn: Schöningh, 1909): vi: "이러한 연구들에는 여러 장점이 있다. 그것들은 이전의 견해와는 달리 그리스도교의 세속적인 외관에 대해서 좀더 많은 가치를 부여하고, 종교적인 사람들이 갖고 있던 신적인 요소들에 그만큼 더 세속적인 가치를 부여한다." A. Dufrourcq는 이 합당한 견해에 찬성하고 있다. "어떤 의미에서 그리스도교는 지상에서 유래했다고 말하는 것이 옳다."

77) 다신주의와 그리스도교의 제설 혼합 문제를 학식 있고 균형 있게 다루는 것에 있어 Johannes Geffcken을 능가하기는 어렵다: Johannes Geffcken, *The Last Days of Graeco-Roman Paganism*, trans. Sabine MacCormack (Amsterdam: North Holland, 1978): 281~304.

⟨2장⟩

1) *ILCV* 1570.

2) *ILCV* 2127.

3) Giovanni di Pagolo Morelli, *Ricordi*, ed. V. Branca (Florence: F. LeMonnier, 1956): 182~183.

4) E. F. Bruck, *Totenteil und Seelengerät* (Munich: C. H Beck, 1926): 302~304.

5) L. Gernet, *Le génie grec dans la religion* (Paris: Aubin Michel, 1932): 160; O. C. Crawford, "Laudatio funebris," *Classical Journal* 37 (1941); 17~19.

6) L. Massignon, "La cité des morts au Caire," *Opera Minora* (Beirut: Dar al-Maaref, 1963), 3: 233~285.

7) Allan I. Ludwig, *Graven Images: New England Stonecarving and Its Symbols* (Middletown:

Wesleyan University Press, 1966): 57~58.

8) 피렌체에서 이루어지는 장례에 대한 엄격한 통제에 대해서는 Lauro Martines, *The Social World of the Florentine Humanists* (Princeton: Princeton University Press, 1963): 239~245를 보라. 통제 방식이 변화하면서 발생하는 효과에 대해서는 J. Coolidge, "Further Observations on Masaccio's Trinity," *Art Bulletin* 48 (1966): 382~384, "1420년대에 죽은 자에 대한 환호는 당대 공적 생활의 중요한 특징이 되었다. 이러한 방법들은 정치적 감정을 표현하는 경쟁적이고 사치스러운 방법이었는데 사회를 분열시키는 효과를 갖기도 했고 예술의 후원을 위한 중요한 기회들을 제공하기도 했다"를 보라. Gene Brucker 교수가 친절하게도 이 문헌을 나에게 알려주었다.

9) Augustine *Confessions* 6. 2. 2.

10) Augustine *Ep.* 29. 9.

11) J. Quasten, "'Vetus superstitio et nova religio': The problem of refrigerium in the Ancient Church of North Africa," *Harvard Theologocal Review* 33 (1940): 253~266과 Bruck, *Totenteil and Seelengerät*, p. 290은 이 설명을 받아들이고 있다.

12) J. N. D. Kelly, *Jerome* (London: Duckworth, 1975): 290.

13) Jerome *Contra Vigilantium* 4, PL 23. 357B.

14) Paulinus *Carm.* 31. 109~110: "저 불 가운데 있는 우리들의 영혼들에게 뿌려줄 것을 가까운 성인들의 피로부터 끌어오도록"

15) 이 편지를 쓸 때의 상황에 대해서는 P. Courcelle, *Les Confessions de saint Augustin dans la tradition littéraire* (Paris: Etudes augustiniennes, 1963): 595~600을 보라.

16) Augustine *City of God* 22. 8.

17) A. H. M. Jones, *The Later Roman Empire* (Oxford: Blackwell, 1964), 2: 963.

18) David Hume, "A Natural History of Religion", Essays Moral, Political and Literary (London: Longman, Green, 1875), 2: 319: "What age or period of life is most addicted to superstition? The weakest and most timid. What sex? The same answer must be given."

19) Jerome *C. Vigilant.* 7. 361A 그리고 9. 363B.

20) 특히 아우구스티누스가 그리스도교의 속인으로서 또 후에는 성직자로서 마니교도들 및 교육받은 다신교도들과 벌였던 논쟁을 보면 더욱 그런 것 같다. "진정한 예배에서조차 미신적인 자들, 그 미숙한 자들의 혼란을 따르지 않도록 하라." P. Brown, *Augustine of Hippo* (Berkeley and Los Angeles: University of California Press, 1967): 415를 보라.

21) P. A. Février, "Le culte des morts dans les comunautés chrétiennes durant le 3 siècle," *Atti del 9 congresso, internazionale di archeologia cristiana* (Rome, 1977), 1: 212~274가 제시하고 있는 철저하고 독창적인 개관을 보라.

22) 아프리카의 상황에 대해서는 다음을 참조할 것. P. Brown, "Christianity and Local

Culture in Roman North Africa," *Journal of Roman Studies* 68 (1968), reprinted in Religion and Society in the Age of Saint Augustine (London: Faber, 1972): 288. Johannes Geffecken, *The Last Days of Greco-Roman Paganism*, trans. Sabine MacCormack: 225~239는 여전히 모호한 채로 연구가 진행되었던 이 문제에 관한 가장 훌륭한 분석이다.

23) E. Marec, *Les monuments chrétiens d'Hippone* (Paris: Arts et Métiers graphiques, 1958): 43; H. I. Marrou, "La basilique chrétienne d'Hippone," *Revue des études augustiniennes* 6 (1960): 125~128 in *Patristique et humanisme, Partistica Sorbonensia* 9 (Paris: Le Seuil, 1976): 200~204.

24) 세례 지원자들의 이름을 낭독하는 것에 대해서는 *The Sixth Book of the Select Letters of Severus* 1. 60 ed. and trans. E. W. Brooks (Oxford: Clarendon Press, 1903), 2: 187을 보라. 그들의 발을 씻는 것에 대해서는 Caesarius of Arles, *Sermon* 204. 3, ed. G. Morin, *Corpus Christianorum* 104 (Turnholt: Brepols, 1953): 821을 보라.

25) F. W. Kent, *Household and Lineage in Renaissance Florence* (Princeton: Princeton University Press, 1977): viii.

26) Antoninus Placentinus 4, *Corpus Scriptorum Ecclesiasticorum Latinorum* 39. 161.

27) Sozomon *Historia Ecclesiastica* 5. 15.

28) P. Brown, *The Making of Late Antiquity* (Cambridge: Harvard University Press, 198): 77~78.

29) J. Stuiber, "Heidnische und christliche Gedächtniskalendar," *Jahrbuch für Antike und Christentum* 3 (1960): 24~33.

30) Cyprian *Ad Demetrianum* 10; Eusebius *Historia ecclesiastica* 7. 22; Julian *Ep.* 22. 그러나 다신교도를 묻는 것은 특별한 경우였다. 묘지를 제공하는 행위의 중요성에 대해서 명확하게 알고자 한다면 Paul Veyne, *Le pain et le cirque* (Paris: Le Seuil, 1976): 291~292를 보라.

31) Cyprian *Ep.* 1. 2.

32) Cyprian *Ep.* 12. 2 and 39. 3.

33) 3세기 중엽 로마 교회에는 155명의 성직자가 있었고 1500명의 과부와 가난한 자들을 돕고 있었다. Eusebius *Hist. Eccles.* 6. 43. 로마에서 가장 큰 직공 조합이 1200에서 1500명의 회원을 거느리고 있었다는 것을 생각해보면 그리스도교 공동체는 대부분이 그보다는 작았다고 할지라도 이미 위험할 정도로 거대한 단체가 되었던 것 같다.

34) Février, "*Le cult de morts*," p. 254는 3세기 후반 카타콤에 대해서 이렇게 언급하고 있다. "우리는 죽음 저 편으로 계층 대립이 이동하는 것을 목도하지 않을 수 없다."

35) G. Kretschmar, "Die Theologie der Heiligen in der frühen Kirche," *Aspekte frühchristlicher Heiligenverehrung*, Oikonomia: Quellen und Studien zur orthodoxen Theologie 6 (Erlangen: Zantner-Busch Stiftung, 1977): 111은 예루살렘의 전례와 관련해서 이 점을

명확하게 밝히고 있다. 그것은 명확하게 비길란티우스의 관심이었다: "어쨌든 성인 숭배가 성장함에 따라, 또 성인이 개인과 가족과 다른 사회 집단을 위해 중재하는 보호자로 바뀜에 따라 원래 예루살렘에서 특징적으로 발달했던 것처럼 성인을 교회의 논리에 국한시키는 일은 소멸되었다."

36) Jerome C. *Vigilant.* 6. 359A.

37) Ibid. 13. 349C.

38) Ibid. 9. 347C.

39) 이러한 환경에 대해서는 다음을 보라. J. Fontaine, "Société et culture chrétiennes sur l'aire circumpyrénéenne," *Bulletin de Littérature ecclesiastique* 75 (1974): 241~282; J. F. Matthews, *Western Aristocracies and Imperial Court,* A.D. 364 ~425 (Oxford: Clarendon Press, 1975): 146~153.

40) A. Goldberg, "Der Heilige und die Heiligen: Vorüberlegungen zur Theologie des heiligen Menschen im rabbinischen Judentum," *Aspeckte frühchrictlicher Heiligenverehrung,* p. 29 and Kretschmar, "Die Theologie der Heiligen," ibid., p. 89.

41) *Acta Maximiliani* 3, 4 ed. and trans. H. Musurillo, *The Acts of the Christian Martys* (Oxford: Clarendon Press, 1972): 248.

42) E. Dyggve, *History of Salonitan Christianity* (Oslo: Aschenhoug, 1951): 78

43) Février, "Le culte des morts," p. 269는 *ILCV* 2071을 인용하고 있는데 그 곳에서 329년에 비문을 만든 자들은 아프리카 순교자의 부모들이다.

44) *Gesta apud Zenophilum:* appendix to Optatus of Milevis *De schismate Donatistarum,* in *Corpus Scriptorum Ecclesiasticorum Latinorum* (Vienna: Tempsky, 1893), 7: 194; Augustine *Ad Catholicos epistula* 25. 73.

45) Optatus of Milevis *De schism. Don.* 1. 16.

46) *ILCV* 2148. 어떤 자는 이것을 원하지 않는다고 크게 선전했다. *ILCV* 1194. 5, "무덤에 매달리는 것은 전혀 기쁜 일이 아니고 오히려 부담스러운 일이다. 신성한 성인의 공적에 매달리는 것이 최고의 삶에 가깝다." 그러나 이 비문은 성 라우렌티우스의 성골당 바로 바깥에서 발견되었다.

47) Ludwig, *Graven Images,* p. 57.

48) Augustine *De cura gerenda pro mortuis* 4. 6. 키네기우스의 비문은 이 논란을 매우 명확하게 보여준다. *ILCV* 3482. 6: "그리스도의 심판을 받을 때 이렇게 그는 어린애로 간주된다" 플로라의 가족 관계에 대해서는 Matthews, *Western Aristocracies,* p. 144를 보라.

49) Augustine *De cura ger.* 18. 22; Courcelle, p. 699.

50) Augustine, *Ep.* 22. 6.

51) Brown, *Augustine of Hippo,* pp. 226~227.

52) Ch. Pietri, *Roma christiana*, Bibliothèque de l'école française d'Athènes et Rome 224, 2 vols. (Paris: Boccard, 1976), 1: 581.

53) Paulinus *Ep*. 13. 15. 그런 축제는 교황의 선전과 긴밀하게 연계되었다. Ch. Pietri, "'Concordia apostolorum et renovatio urbis' (Culte des martyrs et propagande pontificale)," *Mélanges d'archéologie et d'histoire* 73 (1961): 275~322. 이 학자의 저작 *Roma christiana*, p. 605, n. 1에는 약간 수정되어 있다. P. A. Février, "Natale Petri cathedra," *Comptes rendus de l'Académie d'Inscriptions et Belles Lettres* 1977: 514~531.

54) 아우구스티누스는 이를 알고 있었다. *Ep*. 20. 10에서 그는 특징적이게도 이 습속들이 주교의 통제가 잘 받아들여지지 않은 사례라고 설명했다. 그가 피에뜨리 교수의 저작을 읽을 수만 있었더라면!

55) 성 라우렌티우스의 거대한 묘지 성당과 묘지 지역 일반이 갖고 있던 중요성과 양면성에 대한 훌륭한 토론을 보려면 R. Krautheimer, "Mensa, coemeterium, martyrium," *Cahiers archéologiques* 11 (1960): 15~40, in *Studies in Early Christian, Medieval and Renaissance Art* (New York: New York University Press, 1969): 25~58을 보라. Praedestinatus *De haeresibus* 1. 86, *PL* 53. 616이 전하는 귀족들의 후원을 받은 이단 분파가 순교자의 성골당을 "독점" 할 수 있었다는 놀라운 사건을 주목하라.

56) *Collectio Avellana* 1. 9, *Corpus Scriptorum Ecclesiasticorum Latinorum* (Vienna: Tempsky, 1895), 35: 4.

57) Jerome, *Ep*. 22. 28.

58) E. Dassmann, "Ambrosius und die Märtyrer," *Jahrbuch für Antike und Christentum* 18 (1975): 49~68.

59) Amborse *Ep*. 22. 10; Dassmann, "Ambrosius," pp. 54~55.

60) Amborse *Ep*. 22. 9.

61) Augustine *Confessions* 6. 2. 2.

62) *ILCV* 1700; P. Courcelle, "Qulques symboles funéraires du néo-platonisme latin," *Revue des études anciennes* 46 (1944): 65~73.

63) *ILCV* 1825. 6~9; 11~13.

64) Augustine *City of God* 22. 8: 카르타고에서 영향력 있는 한 귀부인이 치료를 받고도 도시에 그것을 공개하시 않았다는 소리를 듣고 그는 "크게 화가 났다".

65) H. Delehaye, "Les premiers 'libelli miraculorum,'" *Analecta Bollandiana* 29 (1910): 427~434.

66) *Miracula sancti Stephani* 1. 14, 2. 1, *PL* 40. 841~842.

67) N. Himmelmann-Wildschütz, *Typologische Untersuchungen an römischen Sarkophagreliefs des 3. und 4. Jahrhunderts* (Mainz: Zabern, 1973): 24~28; Février, "Le culte des morts,", pp.24

5~251 and "À propos du culte funéraire: Culte et sociabilité," *Cahiers archéologiques* 26 (1977): 29~45.

68) Augustine *Sermon* 310. 2; John Chrysostom *In sanctum martyrem Ignatium* 1, *PG* 50: 587; Maximus of Turin *Sermon* 3. 2, ed. A. Mutzenbecher, *Corpus Christianorum* 23 (Turnholt: Brepols, 1962): 11. 보호자가 연회를 베푸는 것에 대해서는 다음을 참고하라. S. Lancel, "Le populus Thuburbusitanus et les gymnases de Quintus Flavius Lappianus," *Karthago* 6 (1958): 142~157. S. Mrozek, "Munificentia privata in den Städten Italiens der spätrömischen Zeit," *Historia* 27 (1978): 355~368.

69) Paulinus *Carm.* 27. 511~536.

70) Ibid. 542~567.

71) Greg. Tur. *VJ* 36. 129.

72) Pseudo-Athanasius *canon* 16, cited by E. Wipszicka, *Les ressources et les activités économiques des églises en Egypt*, Papyrologica Bruxellensia 10 (Brussels: Fondation égyptologique Reine Élizabeth, 1972): 110.

73) Aline Rousselle, "Aspects sociaux du recrutement ecclésiastique au 4 siècle," *Mélanges d'archéologie et d'histoire: Antiquité* 89 (1977): 333~370. 약간 후대의 사례를 보려면 주교 Rusticus와 그 후원자들의 건축 활동을 보라: *ILCV* 1806, with H. I. Marrou, "Le dossier épigraphique de l'évêque Rusticus de Narbonne," *Rivista di archeologia cristiana* 46 (1970): 331~349, and Matthews, *Western Aristocracies*, pp. 341~342.

74) Paulinus of Milan *Vita Ambrosii* 4; Augustine *Confessions* 6. 13. 22.

75) N. Gussone, "Adventus-Zeremoniell und Translation von Reliquien: Victricius von Rouen 'De laude sanctorum,'" *Frühmittelalterliche Studen* 10 (1976): 126~127.

76) Sidonius Apollinaris *Ep.* 7. 1. 7.

77) Jones, *Later Roman Empire*, 2: 894~910; W. Zeisel, Jr., "An Economic Survey of the Early Byzantine Church" (Ph. D. diss., Rutgers University, 1975); R. M. Grant, *Early Christianity and Society* (New York: Harper and Row, 1977); R. Staats, "Deposita pietatis-Die Alte Kirche und ihr Geld," *Zeitschrift für Theologie und Kirche* 76 (1979): 1~29.

78) Ramsay MacMullen, *Roman Social Relations* (New Haven Yale University Press, 1974):101~102. 4세기 관찰자들 가운데는 성직자들이 유산을 노리고 행동하는 것에 대해서 극도로 민감한 사람들도 있었다: Ammianus Marcellinus 27. 3. 14; *Collectio Avellana* 1. 9; *Codex Theodosianus* 16. 2. 20.

79) Augustine *Ep.* 126. 7.

80) 이 때문에 아우구스티누스는 부유한 성직자인 레포리우스에게 외국인을 위한 숙소와 순교자의 성골당을 짓도록 충고했고 그의 후계자인 Heraclius는 성 스데파노의 성골당을 지었다: *Sermon* 356. 7 and 9.

81) J. Gaudemet, *L'eglise dans l'Empire romain* (Paris: Sirey, 1958): 311~315; Grant, *Early Christianity*, pp. 55~65. Athanasius *Historia Arianorum* 78. 1을 보라. 사람들은 "세금을 면제받고 보호권을 행사하기 위한 기회를 가질 수 있다는 무시할 수 없는 이점 때문에 주교가 되었다". 후기 로마인들에게 이보다 더 매력적인 이유는 없었지만 이보다 더 시기를 받는 일도 없었다.

82) 동방 제국에서 자기 보호의 형태로 주교들이 공공 건축물을 지었던 것에 대해서는 Theodoret of Cyrrhus *Ep.* 68 and 61을 보라. 주교들과 심지어 그들의 자식들도 검투사 경기를 주최하는 일이 금지되었다: *Breviarum hipponense* 11, ed. C. Munier, *Concilia Africae*, A. 345~A.525, *Corpus Christianorum* 259 (Turnhout: Brepols, 1974): 37, and Innocent I *Ep.* 2. 2, *PL* 20. 478A.

83) E. Patlagean, *Pauvreté économique et pauvreté sociale à Byzance, 4~7 siècles* (Paris: Mouton, 1977): 181~195; 426~427.

84) Palladius *Dialogus de vita Johannis* 6, *PG* 47. 22.

85) 다신교도 관리들은 도시 성벽과 신전들에 대항하여 건축물을 세우는 성직자들을 기꺼이 고소했다: Symmachus *Relatio* 22 and the anonymous *Carmen adversus paganos* 39.

86) 심지어 이런 일들도 도시 당국과 긴장을 빚어내곤 했다: Paulinus *Carm.* 21. 655~717은 펠릭스의 성골당에 물을 공급하는 것과 관련하여 도시 놀라와 빚었던 충돌을 기록하고 있다.

87) Prudentius *Peristephanon* 2. 137~184에는 부제인 라우렌티우스가 로마 시장에게, 이것은 교회의 "부"일 뿐이라고 주장하면서 거지와 불구자들의 무리를 보여주려고 하는 장면이 있다. 의심을 품었을 수도 있지만, 5세기의 한 독자도 이렇게 알고 있었다. 아우구스티누스 *Ep.* 126. 7은 비록 히포 교회의 부가 그가 상상할 수 있었던 것보다 더 많아졌지만, 자신이 개인적으로 그것을 소유하는 것이 아니라 예수를 위해서 소유한다는 것을 강조하고 있다.

88) 로마의 주교들에 대해 암미아누스 마르켈리누스는 매우 부정적인 설명을 했다. 그는 주교직을 놓고 경쟁이 벌어지는 것을 당연하게 여겼고, 교황의 부와 영향력을 너무도 흔했던 '도시 재산'의 과시의 일례에 불과한 것으로 여겼다: Ammianus Marcellinus 27. 3. 12. 로마시 시장은 교황 다마수스와 이런 농담을 하기도 했다. "나를 도시 로마의 주교로 만들어주시오. 그러면 나는 즉각 그리스도교 신자가 될 것이오!": Jerome *Contra Johannem Hierosolymitanum*, *PL* 23 361. 이제 로마의 부세에 관해서 말해야겠다. "숭고한 명예도 신분도 그를 표현하지 못한다": *ILCV* 1195. 7.

89) 보호 성인을 계승한 '보호자'로서 주교에 대해서는 다음 논문들을 참고하라. A. B. Orselli, *L'idea e il culto del santo patrono cittadino nella letteratura latina cristiana* (Bologna: Zanichelli, 1965): 97~119, reprinted in Sofia Boesch Gajano, *Agiografia altomedioevale* (Bologna: il Mulino, 1976): 85~104; Peter Brown, *Relics and Social Status in the Age of Gregory of Tours*, Stenton Lecture (Reading: University of Reading Press, 1977): 15~19. 모

로코 성골당의 미즈와르가 자신의 일상적인 역할과 성골당에서 행해지는 선물 주기와 관련된 "이상적인 교환 체계"의 우두머리로서의 역할을 "구분하는" 방식에 대해서는 V. Crapanzano, *The Hamadsha: A Study if Moroccan Ethnopsychiatry* (Berkeley and Los Angeles: University of California Press, 1973): 117~23을 보라.

90) *ILCV* 1825. 1~4.

91) 1장과 Krautheimer, "Mensa, coemeterium, martyrium," pp. 42~48을 보라.

92) Jerome, *Ep.* 107. 1.

93) Pietri, *Roma christiana*, pp. 127~129; 중요한 축일 전야 예배들은 따뜻한 여름밤에 열렸다.

94) Victor Turner, "Pilgrimages as Social Processes," *Dramas, Fields and Metaphors* (Ithaca: Cornell University Press, 1974): 166~230.

95) William A. Christian, Jr., *Person and God in a Spanish Valley* (New York: Seminar Press, 1972): 70.

96) Prudentius *Peristephanon* 11. 191~92; 199~202. Matthews, *Western Aristocracies*, pp. 368~369는 로마에서 그리스도교 축제가 가지고 있는 이 측면을 잘 살피고 있다.

97) Ibid. 11. 203~209. 산간 지역 사람들이 지중해 도시에 끼친 영향에 대해서는 F. Braudel, *The Mediterranean and the Mediterranean World in the Age of Philip II*, trans. S. Reynolds (London: Collins, 1972): 44~47보라. 그는 Stendhal, *Promenades dans Rome*의 다음 문장을 인용했다. "그들은 성 베드로의 축일을 기념하고 미사에 참가하기 위해서 산에서 내려온다. 그들의 혼란스러운 검은 머리 뒤로 야만스러운 눈이 보인다. 이들은 똑같은 야만스러운 가족들을 대동했다." 제국의 법이 그 지역에서 산적을 통제했다. *Cod. Theod.* 9. 30. 1~5과 31. 1; MacMullen *Roman Social Relations*, pp. 30~40과 notes on pp. 156~161은 도시인들이 농촌 사람들을 경멸하고 착취했던 것에 대한 포괄적이고 지나칠 정도로 상세한 예들을 제공한다.

98) Paulinus *Carm.* 13. 25~29; 18. 105~108; 21. 655~711 and 816~18.

99) 안티오크에서 상층의 여자들은 나귀를 타고서만 외출할 수 있었다: John Chrysostom *De virginitate* 66. 1, *PG* 48. 583, and *Hom.* 7 *in Matth.* 5, *PG* 57. 80. 로마에서도 마찬가지였다: Jerome *Ep.* 66. 13.

100) Theodoret of Cyrrhus *Historia religiosa* 20, *PG* 82. 1429.

101) Jerome *C. Vigilant.* 9.363B; *Ep.* 107. 9: 성인들을 위한 축일 전야 예배에서 그리스도교 소녀는 어머니로부터 손가락만큼도 떨어지면 안 되었다; John Chrysostom *Homilia in Martyres*, *PG* 50. 663; Schenute of Atripe, in A. Zoega, *Catalogus Codicum Copticorum* (Leipzig: Hinrichs, 1903): 423; Augustine *Confessions* 3. 3. 4; *Miracula sanctae Theclae* 14, *PG* 85. 597 AB, ed. G. Dagron, *Vie et miracles de Saint Thècle* no. 33. *Subsidia Hagiographica* 62 (Brussels: Société des Bollandistes,1978): 378: 우연히 만난 위험한 사람인 그 여자는 사탄으로 판명

되었다; Hamza b. Abī Salāma, *Masālik al~Ahsar* 313~316 cited in H. Putman, *L'eglise et l'Islam sous Timothée* 1 (780~823) (Beitur: Dar el-Mashreq, 1975): 122; H. Idris, "Fêtes chrétiennes en Ifriqiya," *Revue africaine* 98 (1954): 273.

102) 순례 길에 오른 로마의 숙녀에 대해서는 특히 Jerome *Ep.* 54. 13을 보라. Gregory of Nyssa, *Ep.* 2, *PG* 46. 1012B에도 같은 내용이 있다.

103) Turner, "Pilgrimages," p. 208: "따라서 사회·문화적 차별이 철폐되지는 않았다. 그러나 그 차별이 가지고 있는 사회를 분열시키는 독침은 제거되었다." Cf. A. Dupront, "Pèlerinages et lieux sacrés," *Mélanges F. Braudel* (Toulouse: Privat, 1973), 2. 201: "순례단의 사회는 혼합된 사회였다. 따라서 그 하나된 사회에 사람들은 나이, 성, 위계 질서, 심지어 성직자와 속인들의 구별 없이 서로 교제하면서 참여했다."

104) 특히 M. Meslin, *La fête des kalendes de janvier dans l'empire romain* (Brussels: Collection Latomus, 1970)을 보라. Libanius *Oration* 9. 10은 초하룻날의 분위기가 일년 내내 계속되었다면 사람들이 '축복받은 자들의 섬'을 동경할 필요가 없었을 것이라고 말했다. 후기 고대 세속 도시 의식들은 아직 그 중요성에 걸맞는 연구나 사회학적 관심을 받지 못하고 있다. James W. Halporn, "Saint Augustine 'Sermon 104' and the Epulae Venerales" *Jahrbuch für Antike und Christentum* 19 (1976): 82~88에 실려 있는 사려 깊은 언급들을 보라. 또한 O. Pasquati, *Gli spettacoli in Giovanni Crisostomo: Paganesimo e cristianesimo ad Antiochia e Costantinopoli* (Rome: Pontificium Institutum Orientalium Studiorum, 1976) and Y. M. Duval, "Des Lupercales de Constantinople aux Luprecales de Rome," *Revue des études grecques* 55 (1977): 222~270을 보라.

105) 따라서 여자들이 공동묘지를 방문하는 것에 대해서는 보편적인 의심이 있었다. Synod. of Elvira (A.D. 306) *canon* 35: "여자들이 공동묘지에서 밤을 세우는 것을 금지하기로 결정했다. 거기서 그들은 기도를 핑계로 사악한 짓을 자행하기 때문이다."; Calif al-Hakim(A.D. 1101)도 같은 의견을 가지고 있었다: "여자들이 무덤을 방문해서는 안 되고, 따라서 단 한 명의 여자라도 공공의 축제일에 공동묘지에서 눈에 띄면 안 된다." Bernard Lewis, *Islam* (New York: Harper Torchbooks, 1974), 1: 55.

106) *Mirac. Theclae* 8. 577B and 10. 581B: *Vie* nos. 24 and 26, ed. Dagron, pp. 350 and 536; 젊은 남자들은 소풍날 그 나무 아래서 소녀들을 만나려고 했다: 19, 600B: *Vie* no.34, ed Dagron, p.380. Pégé에 있는 성골체에 대해서는 Procopius, *The Buildings* 1. 3. 6을 참조하라: "그 곳에는 빽빽한 삼나무 숲이 있고, 교회 소유지 한 가운데 꽃들이 만발한 풀밭이 있고, 아름다운 관목들로 가득한 공원이 있고, 달콤한 물이 부드럽게 흐르면서 고요한 물소리를 내는 개울이 있다. 이는 특히 성소에 어울리는 것이다." Fatima Mernissi, "Women, Saints and Sanctuaries," *Signs* 39 (1977): 101~112는 북아프리카 이슬람 사원 앞에 있던 여성들을 생생하고 통찰력 있게 설명하고 있다.

107) *Miracula sancti Stephani* 2. 2. 1, *PL* 40: 843.

108) Ibid. 2. 2. 1. 844.

109) Ibid. 2. 2. 5. 846.
110) Ibid. 2. 2. 7. 847.
111) Ibid. 2. 2. 5. 846; 2. 2. 6. 847; 2. 2. 9. 848.
112) Ibid. 2. 2. 6. 847.
113) Ibid. 2. 2. 6. 846~847.
114) Patlagean, *Pauvreté*, pp. 114~28.
115) Ambrose *De viduis* 11. 54, *PL* 16. 250.
116) Turner, "Pilgrimages," p. 177: 말하자면 순례는 정해진 지위가 중요했던 사회 질서 속에서 의무와 선택의 대립이라는 딜레마를 상징적으로 재현하는 것이다.
117) Greg. Tur. *VJ* 9. 118; 12. 119; *VM* 1. 31. 153; 1. 40. 154.
118) Jerome *Ep*. 66.5 and 79. 2 and Brown, *The Making of Late Antiquity*, p.79 and p. 128 n. 98.
119) Patlagean, *Pauvreté*, pp. 17~35; Veyne, *Le pain et le crique*, pp. 45~66.
120) A. Chastagnol, *La préfécture urbaine à Rome sous le bas-empire* (Paris: Presses universitaires, 1960): 312~334; J. M. Carrié, "Les distributions alimentaires dans les cités de l'empire romain tardif," *Mélanges d'archéologie et d'histoire: Antiquité* 87 (1975): 995~1101.
121) A. Alföldi, *Die Kontorniaten* (Leipzig: Harrassowitz, 1943); H. Stern, *Le calendrier de 354* (Paris: Geuthner, 1953).
122) S. Mazzarino, *Aspetti sociali del quarto secolo* (Rome: Bretschneider, 1951): 217~269; L. Ruggini, *Economia e società nell' "Italia annonaria"* (Milan: A. Giuffré, 1961): 116~176.
123) Ambrose *De officiis* 3. 45~51; Ammianus Marcellinus 14. 6. 17; H. P. Kohns, *Versorgungskrisen und Hungerrevolte im spätantiken Rom* (Bohn: Habelt, 1971); L. Cracco-Ruggini, "'Fame laborasse Italiam': Una nuova testimonianza della carestia del 383," *Athenaeum*, fascicolo speciale 1976 (Pavia: Tipografia del Libro, 1976): 83~98.
124) Matthews, *Western Aristocracies*, pp. 18~21.
125) Veyne, *Le Pain et le cirque*, pp. 682~701.
126) Ammianus Marcellinus 27. 3. 5.
127) Harnack, *Mission und Ausbreitung*, pp. 59~67. 기부자로서 그리고 교회의 비밀 "원로원"으로서 로마 여성의 역할은 3세기 후반 다신교도인 포르퓌리에게는 이미 명확한 것이었다: Porphyry, *Gegen die Christen*, no, 94, ed. A. Harnack, *Abhandlungen der preussischen Akademie der Wissenschaften. Philos. -Hist. kl.* 1916, 1: 104; J. -M. Demarolle, "Les femmes chrétiennes vues par Porphyre," *Jahrbuch für Antike und Christentum* 13 (1970): 42~47.
128) 콘스탄티노플의 경우에 이런 사례들이 잘 기록되어 있다: Kenneth G. Holum, "Pulcheria's Crusade A.D. 421~422 and the Ideology of Imperial Victory," *Greek Roman*

and Byzantine Studies 18 (1977): 153~172; 이것은 곧 출간될 그의 책 *Theodosian Empresses: Women and Imperial Dominion in Late Antiquity*의 중요한 주제이다.

129) S. Mazzarino, *The End of Ancient World*, trans. G. Holmes (London: Faber, 1966): 131~132.

130) *Cod. Theod.* 6. 4. 17.

131) Lampadii의 문양을 보라: R. Delbrueck, Die *Consulardiptychen* (Berlin: de Grutyer, 1929): 218~221.

132) Peter Brown, "Pelagius and his Supporters," *Journal of Theological Studies* n. s. 19 (1968): 98~100, reprinted in Religion and Society, pp. 189~192; Matthews, *Imperial Aristcracies*, pp. 289~291. A. Demandt and G. Brummer, "Der Prozess gegen Serena im Jahre 408 n. Chr.," *Historia* 26 (1977): 479~503.

133) Matthews, *Imperial Aristcracies*, p. 365.

134) A. H. M. Jones, J. R. Martindale and J. Morris, *The Prosography of the Later Roman Empire* (Cambridge: At the University Press, 1971): stemmano. 7, p. 113.

135) Augustine *Ep.* 150; Pelagius *Ep. ad Demetriadem* 14, PL 30. 30B; Jerome *Ep.* 130. 3에는 가문 남자들의 위신을 능가하는 듯한 행위들이 잘 묘사되어 있다.

136) Zosimus *Historia nova* 6. 7.

137) Jerome *Ep.* 130. 6.

138) *Liber pontificalis*, ed. L. Duchesne (Paris: de Boccard, 1886), 1: 238 and 531.

139) Katherine M. D. Dunbabin, *The Mosaics of Roman North Africa: Studies in Iconography and Patronage* (Oxford: Clarendon Press, 1978): 70.

140) Ramsay MacMullen, *Enemies of the Roman Order* (Cambridge: Harvard University Press, 1967): 170~179; Alan Cameron, *Circus Factions* (Oxford: Clarendon Press, 1976): 157~192; Veyne, *Le pain et le cirque*, pp. 682~701.

⟨3장⟩

1) Theodoretus *Curatio affectionum graecarum* 8. 67, PG 83. 1033A.

2) Gregory of Nyssa *Encomium on Saint Thodore*, PG 46. 745D.

3) *Miracula sancti Demetrii* 1. 14, PG 116. 1213A.

4) Plutarch *De facie lunae* 28, 943A: Peter Brown, *The Making of Late Antiquity* (Cambridge: Harvard University Press, 1978): 68~72.

5) Plotinus *Ennnead* 3. 4. 3은 이 점을 명확하게 보여준다.

6) Peter Brown, *The Making of Late Antiquity*, p. 72 and p. 121 n.64.

7) Ammianus Marcellinus 21. 14. 3; M. Riley, "The Purpose and Unity of Plutarch's De Genio Socratis," *Greek, Roman and Byzantine Studies* 18 (1977): 257: "플루타르코스는 그 보호가 어떻게 작동하고 생각하는 사람과 행동하는 사람 사이의 간극이 어떻게 메워질 수 있는지 보여주기를 원했다."

8) A. Henrichs and L. Koenen, "Der Kölner Mani-Kodex," *Zeitschrift für Papyrologie und Epigraphik* 19 (1975): 23; *The Cologne Mani Codex. "Concerning the Origin of his Body"*. ed. and trans. Ron Cameron and Arthur J. Dewey (Missoula, Mont.: Scholars Press, 1979): 20~21.

9) Panegyrici Latini 7. 21. 4. *Cologne Mani Codex*, pp. 18~19와 비교하라.

10) Origen *Contra Celsum* 7. 34.

11) Grogory Thaumaturgus *In Origenem* 4, *PG* 10. 1064A. 그레고리우스의 정체성에 대해 서는 늘 논란이 있었다. P. Nautin, Origène: *Sa vie et son oeuvre* (Paris: Beauchesne, 1977): 82~86. Raymond Ven Dam의 호의에 힘입어 나는 이 부분을 보완할 수 있었다.

12) Syneius *Hymm* 4. 264, trans. A. Fitzgerald, *The Essays and Hymns of Synesius of Cyrene* (Oxford: Clarendon Press, 1930), 2: 384.

13) W. H. C. Frend, "Paulinus of Nola and the Last Century of the Western Empire," *Journal of Roman Studies* 59 (1969): 1~11; Joseph T. Lienhard, *Paulinus of Nola and Early Western Monasticism*, Theophaneia 28 (Cologne: Peter Hanstein, 1977): 24~29.

14) J. F. Matthews, *Western Aristocracies and Imperial Court A. E. 364~425* (Oxford: Clarendon Press, 1975): 77~87.

15) Augustine *City of God* 1. 10; Sulpicius Severus *Vita Martini* 24: "Praestantissimum exemplum"; Ambrose *Ep.* 58 1~3; Lienhard, *Paulinus of Nola*, p. 29.

16) Paulinus *Carm.* 21. 344~346.

17) E. Lucius, *Die Anfänge des Heiligenkultes in der christlichen Kirche* (Tübingen: Mohr, 1094): 302.

18) Helen Waddell, *Wandering Scholars* (London: Constable, 1927): 12.

19) Lienhard, *Paulinus of Nola*, p. 141: "그의 저작은 아우구스티누스의 저작이나 히에로니무스의 저작보다 훨씬 더 초기 서구 수도사들의 상대적인 소박함, 아니 순진함을 암시한다." 비록 Lienhard가 파울리누스의 수도사로서의 각별한 헌신을 강조한 것이 옳았다고 해도 우리는 서구의 수도사들이 순진하지 않다는 정도는 이미 알고 있다. 훌륭한 연구인 Philip Rousseau, *Ascetics, Authority and the Church in the Age of Jerome and Cassian* (Oxford: Clarendon Press, 1978)을 보라. A. Michel, *In hymnis et canticis: Culture et beauté dans l'hymnique chrétienne latine* (Louvain: Publications universitaires, 1976): 50 "이 시기 그리스도

교인들은 이 시구들에서 급격한 개종의 언어와, 동시에 섬세한 한 교양인의 참으로 소박한 성취를 읽는다."

20) Lienhardt, *Paulinus of Nola*, p. 151: "그는 순수하고 기쁜 마음으로 성인 숭배가 성장하는 것을 받아들였다." G. Boissier, *La fin du paganisme* (Paris: Hachette, 1891), 2: 105~117.

21) J. Fontaine, "Valeurs antiques et valeurs chrétiennes dans la spiritualité des grands propriétaires terriens du 4 siècle occidental," *Epektasis: Mélanges patristiques offerts au cardinal Jean Daniélou* (Paris: Beauchesne, 1972): 571~595.

22) A. Michel, *In hymnis et canticis*, p. 50: "파울리누스가 갔던 길의 끝에 있었던 것은 사막이 아니라, 농촌과 자연과 베르길리우스였다."

23) Aline Rousselle, "Deux exemples d'évangélisation en Gaule à la fin du 4 siècle: Paulin de Nole et Sulpice Severe," *Béziers et le Biterrois, 43 Congrès de la Fedération historique du Languedoc méditerranéen et du Rousillon* (Montpellier, 1971): 91~98; Rousseau, *Ascetics, Authority and the Church*, pp. 143~165. 파울리누스는 비엔나에서 마르티누스를 만났다: Paulinus, *Ep*. 8. 9; 마르티누스가 그의 눈병을 고쳐주었다: Sulpicius Severus *Vita Martini* 19. 3. 그리고 파울리누스는 술피키우스를 "마르티누스의 축복을 가장 많이 받은 단골 손님"으로 알고 있었다: Paulinus *Ep*. 11. 13. 노 멜라니아가 파울리누스를 방문했을 때 파울리누스가 그녀에게 읽어준 것은 바로 술피키우스의 『마르티누스의 생애』였다: Paulinus, *Ep*. 29. 14: "나는 그런 이야기들에 대해 열성적인 그녀를 위해 우리의 마르티누스를 읽어주었다."

24) Rousseau, ibid., p. 94: "반드시 강조되어야 할 것은 모델들에 대한 필요성과 그 모델들을 이용한 문학이 서구에 고유한 금욕적 생활의 특징이라는 것이다."

25) F. Nietzsche, *Die fröhliche Wissenschaft* 3. 261 (Stuttgart: Alfred Kröner, 1956): 175~176.

26) Plotinus *Enneads* 3. 4. 3.

27) Porphyry *Life of Plotinus* 10; Peter Brown, *The Making of Late Antiquity*, p. 69 and p. 120 n. 54.

28) Marcus Aurelius *Meditations* 5. 27.

29) Horace *Ep*. 2. 2. 183; Firmicus Maternus *Mathesis* 2. 19. 12.

30) Paulinus *Carm*. 15. 188: "이제 예수와 모든 면에서 결합되어 있는 그에게".

31) 따라서 예수가 환영으로 성 펠릭스의 모습을 하고 나타나는 일도 가능했다: Paulinus *Ep*. 49. 3.

32) Paulinus *Carm*. 21. 355~357; cf. *Carm*. 15. 5~6.

33) Paulinus *Ep*. 5. 4.

34) Paulinus *Carm*. 22. 80.

35) Ibid.23. 214: "그러니 오소서, 영혼의 영원한 보호자 펠릭스여." 심지어 개종하기 이전에도 파울리누스는 성골당 앞에서 "수염을 기르는" 로마의 전통적인 의식을 수행하려고 결심하였다. *Carm.* 21. 377~378; Lienhardt, *Paulinus of Nola*, p. 26, n. 56. 일반적인 것에 대해서는 E. Cesareo, *Il Carme Natalizio nella poesia latina* (Palermo: Società tipografica "Orfani di Guerra," 1929): 169~179를 보라.

36) Paulinus *Carm.* 21. 175~177; 183~186; 448~459, and *Carm.* 27. 146~147: "특별히 그 날에 하늘에 있는 그의 별에서 영원한 보호자가 태어났다."

37) Paulinus *Ep.* 30.2: "이제까지 땅의 형상들의 더러움으로 오염되고 두번째 아담[예수 — 옮긴이]보다는 첫번째 아담을 닮아 육체의 감각을 따르고 세속의 행동을 했던 이 가련하고 불쌍한 내가 어떻게 감히 당신에게 나를 그리게 할 수 있겠습니까"; Prophyry *Life of Plotinus*1: "그는 또한 화가나 조각가의 모델이 되는 것을 극단적으로 싫어했다. (……) '자연이 우리에게 준 이 형상을 가지고 다니는 것으로 충분하지 않는가? 너는 정말로 내가 후대의 탐나는 구경거리로서 그 형상의 형상을 남겨야 한다고 생각하느냐'; *Acts of John* 29, trans. M. R. James, *The Apocryphal New Testament* (Oxford: Clarendon Press, 1924): 234: "너는 죽은 자의 죽은 외관을 끌어오고 있다."

38) Gregory of Nyssa *Vita Macrinae*, *PG* 46. 961B; *Grégoire de Nysse: Vie de sainte Macrine*, Sources chrétiennes 178, ed. and trans. P. Maraval (Paris: Le Cerf, 1971): 146~147을 보라. 마크리나가 테클라와 너무 닮아서 한 여자는 테클라라고 불리는 딸을 보고 성녀인 테클라가 다시 태어났다고 말했다! *Vie et Miracles de Sainte Thècle* 11. ed. G. Dagron, Subsidia Hagiographica 62 (Brussels: Société des Bollandistes, 1978): 314.

39) Gregory of Nyssa *Vita Macrinae*: 964D.

40) Ibid. 969CD.

41) Peter Brown, *The Making of Late Antiquity*, pp. 73~76. 황제가 즉위 시 별들로부터 독립된 새로운 정체성을 얻었고 그 날이 '생일'로 여겨졌다는 것을 참고하라. H. Stern, *Le calendrier de 354* (Paris: Geuthner, 1953): 74; Sabine MacCormack, "Roma, Constantinopolis, the Emperor and His Genius," *Classical Quarterly* 25 (1975): 137~138.

42) A. Poidebard and R. Mouterde, "A propos de saint Serge," *Analecta Bollandiana* 67 (1949): 114.

43) J. Wilpert, *Die Malereien der Katakomben Roms* (Freiburg in Breisgau: Herder, 1903): 392, pl. 132, 2; F. Cumont, *Recherches sur le symbolisme funéraire des romains* (Paris: Geuther, 1942): 29; B. Andreae, *Studien zur römischen Grabkunst* (Heidelberg: F. H. Kerle, 1963): 30~39.

44) P. Styger, *Römische Märtyrergrüfe* (Berlin: Verlag für Kunstwissenschaft, 1935), 1: 168.

45) Matthews, *Western Aristocracies*, p. 5; P. Fabre, *Saint Paulin de Nole et l'amitié chrétienne* (Paris: de Boccard, 1949).

46) Paulinus *Carm.* 27. 346~348.

47) Uranius *De obitu sancti Paulini* 2, PL 53. 860A.
48) Paulinus *Carm.* 10. 21~22 and 29; C. Witke, *Numem Littarum* (Leiden: Brill, 1971): 44~46 and 80~83.
49) Paulinus *Carm.* 10. 148~152.
50) Ibid. 11. 47~48.
51) Ibid. 10. 54~46, trans. Waddell, *Wandering Scholars*, p. 11.
52) Uranius *De obitu* 3. 861A.
53) G. N. Knauer, *Psalmenzitate in Augustins Konfessionen* (Göttingen: Vandenhouck and Ruprecht, 1955). 비록 『시편』의 언어가 파울리누스에게서도 폭넓게 사용되긴 했지만, 그 방식이 예전과는 매우 달랐다. P. G. Walsh, *The Poems of Paulinus of Nola*, Ancient Christian Writers 40 (New York: Newman Press, 1975): 18~19 and Lienhard, *Paulins of Nola*, pp. 129~130.
54) Augustine *City of God* 10. 1, 1, 3, 7, and 20.
55) Ibid. 8. 27.
56) Ibid. 10. 16.
57) Augustine *Sermon* 319. 8. 7.
58) G. Dix, *The Shape of the Liturgy* (London: Dacre Press; A. and C. Black, 1945): 380~382; E. Nordström, *Ravennastudien* (Uppsala: Almqvist and Wiksell, 1953): 21~24. G. E. M. de Ste Croix "Suffragium: From Vote to Patronage," *Britisch Journal of Sociology* 5 (1954): 46; G. Gagov, "Il culto delle reliquie nell'antichità riflesso nei due termini 'patrocinia' e 'pignora,'" *Miscellanea Franciscana* 58 (1958): 481~512; A. B. Orselli, *L'idea e il culto del sancto patrono cittadino nella letteratura latina* (Bologna: Zanichelli, 1945): 40~61.
59) 동정녀 마리아와 같은 인간 중재자에 의해 대체됨으로써 중세 이탈리아 예술에서 대천사들의 중요성이 최종적으로 소멸하는 것에 대해서는 C. Lamsy-Lassalle, "Les archanges en costume impérial dans la peinture murale italienne," *Synthronon: Art et archéologie, de la fin de l'antiqyité et du moyen âge: Recueil d'etudes par André Grabar et un groupe de ses disciples* (Paris: Klincksieck, 1968): 189~198을 보라. 천사들은 절대적인 군주인 하느님의 연상물을 가지고 다녔고 종들의 호위를 받았으며 보호 제도의 조정에는 적당하지 않았다. E. Peterson, *The Angels and the Liturgy* (New York: Herder and Herder, 1964): 25. 비잔티움 세계에서 천사들이 계속해서 중요했던 것은 당연하다. 살아남은 동쪽 제국은 보호 제도가 비록 운영되고 있었지만 결코 서쪽에서만큼 명백하게 실행 가능한 유일한 대안으로 부각되지 않았다. 그 곳에서는 안정된 상류 사회의 관료적 위계가 있었기 때문이다. 대천사 미카엘이 하느님으로부터 사령관의 특허장을 받았다는 콥트 전설은 비잔티움 궁정에 표현된 것과 정확히 일치한다. C. Detlef and G. Müller, *Die Engellehre der koptischen Kirche* (Wiesbaden: Harrassowitz, 1959): 16. R. Rémondon, "Les contradictions de la société égyptienne à l'époque byzantine," *Journal of Juristic Papyrology* 13 (1974): 17~22를 보라.

60) Maximus of Turin *Sermon* 12. 1, ed. A. Mutzenbecher, *Corpus Christianorum* 23 (Turnholt: Brepols, 1962): 41.
61) Ibid. 12. 2. 41~42.
62) Ibid. 36. 2. 141.
63) Ibid. 83. 2. 336.
64) R. C. Trexler, "Ritual Behavior in Renaissance Florence" *Medievalia et Humanistica* n. s. 4 (1973): n. 59: "개인적인 전례에 창조적인 형식을 부여하기 위해서는 보호자와 피보호자 모두에게 격식화된 행위가 필요하다."
65) Origen *In Num. hom.* 10. 2; W. Rordorf, "La 'diaconie' des martyrs selon Origène," *Epektasis*, p. 395~402.
66) E. Dassmann, *Sündenvergebung durch Taufe, Busse und Märtyrerfürbitte in den Zeugnissen frühchristlicher Frömmigkeit und Kunst* (Münster in Westfalen: Aschendorff, 1973): 438은 수세기 동안 성인들의 중재에 대한 믿음이 카타콤의 예술에 반영되지 않았다는 사실에 당황해하고 있다. 사실 한 집단이 실제로 믿는 것과 그러한 믿음을 표현하는 시각적 양식 사이에는 항상 간극이 존재할 수 있다.
67) Clifford Geertz, "Art as a cultural system," *Modern Language Notes* 91 (1976): 1478, 예술 형식에 대해서: "그것들은 경험의 방법을 물질화했다. 심성의 특정한 주형을 물체의 세계로 가져와서 사람들이 그것을 바라볼 수 있게 했다."
68) E. Josi, "Il 'coemeterium maius,'" *Revista di archeologia cristiana* 10 (1933): 11~13, fig. 6.
69) Nordström, *Ravennastudien*, pp. 42~45; 80~81, and 83~87. A. Grabar, *Christian Iconography: A Study of its Origins* (Princeton: Princeton University Press, 1968) L 31~54; Ch. Pietri, *Roma Christiana Bibliothèque de l'Ecole française d'Athènes et Rome*, 224 (Paris: de Boccard, 1976), 2: 1413~1654.
70) Gibbon, *The Decline and Fall of the Roman Empire*, ed. J. B. Bury (London: Methuen, 1909), 3: 164. 그는 덧붙였다. "내가 늘 그 대조됨에 의해서 놀라는 좋은 취향과 좋은 감각 사이의 결합은 당연한 것이다." 그는 『마르티누스의 생애』에 대해 놀라움을 표현한 마지막 논평자는 아니었다.
71) R. Rémondon, *La crise de l'empire romain* (Paris: Presses universitaires de France, 1964): 304: "그들은 사회 계층 (예를 들어서 군인, 자치시 의원들, 성직자들) 간의 갈등 위에서 작동하고 있는 보호 제도와 (그렇지 않은) 보호 제도를 대립시켰다."; P. Brown, "The Rise and Function of the Holy Man in Late Antiquity," *Journal of Roman Studies* 61 (1971): 85~87; 또 성인과 여성의 관계에 대해서는 이 책 2장 118~119면을 참조하라.
72) 이 동일화는 적당히 친밀한 것이었다. 파울리누스가 묘사하고 있듯이 성 펠릭스는 외부인이었다. 그는 아브라함처럼 낯선 곳에 자신의 무덤을 만들기 위해서 왔다. *Carm.* 15. 61ff. 이는 바로 당대 작가들이 파울리누스를 묘사했던 말이기도 하다. Ps. -Jerome, Ep. 2:

Ad Geruntii filias 7, *PL* 30, 50A. 상속권을 자신의 형제에게 주어버렸기 때문에(*Carm.* 15. 76), 펠릭스는 재산을 포기하는 사람들의 모델이 되었다: *Carm.* 21. 530: "언젠가 가난해질 사람". 사람들이 재산이 없고 고문에 시달린 펠릭스와 동일화한 것은 410~411년 고트족의 침입 시 펠릭스가 모범적인 용기와 초연함을 보여주었다는 증거이다: Augustine *City of God* 1. 10.

73) 이 책 2장 116~117면을 참조하라.

74) Frend, "Paulinus of Nola," pp. 6~8.

75) P. Brown, *Augustine of Hippo* (Berkely and Los Angeles: University of California Press, 1967): 146~157 and *The Making of Late Antiquity*, pp. 98~99.

76) Peter Brown, *The World of Late Antiquity* (New York: Hacourt Brace, 1972): 107~108 and *Relics and Social Status in the Age of Gregory of Tours*, Stenton Lecture (Reading: University of Reading Press, 1977): 10; Averil Cameron, *Agathias* (Oxford: Clarendon Press, 1970): 53~56; L. Cracco-Ruggini, "The Ecclesiastical History and the Pagan Historiography: Providence and Miracles," *Athenaum* 55 (1977): 107~126.

77) W. Liebeschuetz, "Did the Pelagian Movement have Social Aims?" *Historia* 12 (1963): 228~232; Matthews, *Western Aristocracies*, pp. 7~31; F. Pedersen, "On Professional Qualifications for Public Posts in Late Antiquity," *Classica et Medievalia* 31 (1975): 180.

78) Rousselle, "Deux exemples d'évangélisation en Gaule," p. 96.

79) Sulpicius Severus *Vita Martini* 7. 7.

80) Sulpicius Severus *Ep.* 2, *PL* 20. 178~179.

81) Ibid. 179C.

82) Ambrose *De excessu Satyri* 1. 29; R. I. Frank, "Commendabilis in Ammianus Marcellinus," *American Journal of Philology* 88 (1967): 309~318.

83) J. Wilpert, *Die Malereien der Katakomben Roms*, p. 394, pl. 247.

84) Brown, *The Making of Late Antiquity*, pp. 99~100; G. M. H. Hanfmann, *The Season Sarcophagus in Dumbarton Oaks* (Cambridge: Harvard University Press, 1951), 1: 237~238: "3세기에 울려퍼졌던 새로운 선율은 개인의 영혼 및 영원한 우주의 질서와 영혼의 연계에 대한 진지한 지각이었다." 4세기에 이러한 인식은 그리스도교의 석관들에서 개인의 종속의 이미지들로 대체되었다. 이전에는 혼자서 천국에 있는 것으로 제시되었던 영혼 옆에는 이제 일련의 당당한 보호자들이 서 있다: F. Gerke, *Die christlichen Sarkophage der vorkonstantinischen Zeit* (Berlin: de Gruyter, 1940): 60.

85) Tertullian *De anima* 53. 6.

86) P. Nautin, "L'évolution des ministères au 2 et 3 siècle," *Revue de droit canonique* 23 (1973): 57: "콘스탄티누스의 개종과 주교들이 제국의 궁정에 합류한 것이 사람들이 생각

하는 것만큼 크게 교회의 생활을 바꾸지는 않았다. 사람들은 현대의 기대에 부합하지 않는 존재 형태나 행동 방식을 교회에서 발견할 때면 그것이 이른바 '황제-교황주의'의 결과라고 이야기한다. 이것은 역사적 사실과는 맞지 않는 호교론자들의 견해일 뿐이라는 것을 알아야 한다. 결코 콘스탄티누스에게 잘못을 돌려서는 안 된다. 우리가 언급한 구조, 심성, 행동들은 모두 4세기 이전의 것들이다." 후기 고대와 초기 교회를 연구하는 학자들에게 이 명료한 경고는 아무리 자주 해도 지나치지 않다.

87) C. Andresen, *Die Kirchen der alten Christenheit* (Stuttgart: Kohlhammer, 1971): 401.

88) 이 책의 2장 86~91면을 참조하라.

89) Brown, *Augustine of Hippo*, pp. 177~179 and *The Making of Late Antiquity*, pp. 89~94.

90) Gregory of Nyssa *Vita Macrinae*: 948B; *Grégoire de Nysse: Vie de sainte Macrine*, ed. P. Maraval, pp. 74~77. J. Ntedika, *L'évocation de l'au delà dans la prière pour les morts* (Louvain: Nauwelaerts, 1971): 259는 죽음의 순간에 악마가 영혼을 가로채갈지도 모른다는 걱정이 증가했다는 사실에 주목하고 있다.

91) Brown, *Augustine of Hippo*, pp. 29~30.

92) Augustine *Confessions* 9. 13. 36.

93) I. Guidi, "Vita di Daniele," *Revue de l'Orient chrétien* 5 (1900): 563.

94) E. Le Blant, *Les inscriptions chrétiennes de la Gaule* (Paris: Imprimerie Impériale, 1856), 2: no. 708.

〈4장〉

1) *ILCV* 1549.

2) Prudentius *Cathemerinon* 10. 161~162.

3) Ibid. 10. 45. 그의 어머니의 장례식에서 그리스도교인들 전체가 슬픔의 마비 효과를 억누르고 있던 것에 대해서는 Augustine *Confessions* 9. 12. 29~33을 참고하라. 현대의 우리들과 초기 그리스도교 세계의 차이를 알고자 한다면 후기 중세의 '비탄에 잠긴 어머니'의 이미지와 암브로시우스의 십자가 앞 마리아(*De obitu Valentiniani* 39: "나는 울고 있는 그녀가 아니라 꿋꿋이 서 있는 그녀를 따른다")를 비교하면 된다: Millard Meisse, *Painting in Florence and Siena after the Black Death* (Princeton: Princeton University Press, 1951): 128~130. 그리스도교 장례식에서 애도를 엄격히 금지했던 것에 대해서는 Ernesto de Martino, *Morte e pianto rituale nel mondo antico* (Turin: Einaudi, 1958): 334~336; *Grégoire de Nysse: Vie de sainte Macrine, Sources chrétiennes* 178, ed. and. trans. P. Maraval (Paris: Le Cerf, 1971): 77~89를 보라.

4) Prudentius *Cathemerinon* 10. 158: "그것들로 어둠과 죽음에 대해서 승리한".

5) A. Mócsy, *Pannonia and Upper Moesia* (London: Routledge, 1974): 334~335, pl. 40c.

6) A. Mossay, *La mort et l'au delà dans saint Grégoire de Nazianze* (Louvain: Publications universitaires, 1960); Robert C. Gregg, *Consolation Philosophy* (Cambridge, Mass: Philadelphia Patristic Foundation, 1975). Jaroslav Pelikan, *The Shape of Death: Life, Death and Immortality in the Early Fathers* (New York: Abingdon Press, 1962)라는 훌륭한 연구를 제외하면 초기 그리스도교 세계에서 죽음이 무엇을 의미하고 매장 습속에서 그 의미가 어떻게 표현되며 애도에 대한 태도가 어떠했는지에 대한 연구가 없다. P. A. Février, "Le culte des morts dans les communautés chrétiennes durant le 3 siècle," *Atti del 9 congresso internazionale di archeologia cristiana* (Rome, 1977), 1: 265: "사실 최근의 연구 가운데 죽음에 대한 관념은 물론 죽음에 대한 연구가 보이지 않는다는 것은 기이한 일이다."

7) Gregory of Nyssa *Vita Macrinae*, PG 46. 996A.

8) Gregory of Nyssa *Encomium on Saint Theodore*, PG 46. 737C.

9) Greg. Tur. *GC* 72. 341.

10) Greg. Tur. *VP 1*. praef.: 213.

11) P. Brown, *Augustine of Hippo* (Berkeley and Los Angeles: University of California Press, 1967): 403~407.

12) J. Chéné, "Le origines de la controverse semipélagienne," *Année théologique augustinienne* 13 (1953): 90.

13) Brown, *Augustine of Hippo*, p. 407.

14) Augustine *De corruptione et gratia* 12. 35.

15) Augustine *De dono perseverantiae* 7. 14.

16) R. Bernard, *La prédestination du Christ total chez saint Augustin* (Paris: Etudes augustiniennes, 1965).

17) J. Gagé, "Membra Christi et la déposition des reliques sous l'autel," *Revue archéologique* 5. ser. 29 (1929): 137~153.

18) A. Grabar, Martyrium (Paris: Collège de France, 1946), 2: 57, ol. 56, 2: "사람들은 이보다 더 완벽한 예수와 순교자 도상의 결합을 상상할 수 없었다."

19) H. J. W. Drijvers, "Spatantike Parallelen zur altchristlichen Heiligenverehrung unter besonderer Berücksichtigung des syrischen Stylitenkultes," *Aspeckte frühchristlicher Heiligenverehrung*, Oikonomia: Quellen und Studien zur orthodoxen Theologie (Erlangen: Zantner-Busch Stiftung, 1977): 71~72.

20) Augustine *Sermon* 344. 4.

21) P. Brown, "Pelagius and His Supporters," *Journal of Theological Studies* n. s. 19 (1968): 108~114 in *Religion and Society in the Age of Saint Augustine* (London: Faber, 1972): 193~207.

22) Paulinus *Carm*. 19. 18.

23) Ibid. 15: "순교자는 그 장소의 별인 동시에 숭배자들의 치유처이다."

24) Greg. Tur. *LH* 2. 6. 47.

25) Ibid. 8. 33. 402~403. 그는 다른 모든 가옥들이 나무로 만들어졌다는 것을 밝히고 있지만 강조하지는 않았다!

26) 이 성직자가 인용한 창세기 3. 19, 그리고 시편 103; Greg. Tur. *LH* 10. 13. 496을 보라.

27) Allan I. Ludwig, *Graven Images: New England Stone Carving and Its Symbols* (Middletown: Wesleyan University Press, 1966): 17.

28) Grabar, *Martyrium*, 2: 39.

29) Greg. Tur. *LH* 10. 13.

30) Edward Gibbon, *The Decline and Fall of the Roman Empire*, ed. J. B. Bury (London: Methuen, 1909), 3: 223.

31) Maximus of Turin, *Sermon* 14. 2, ed. A. Mutzenbecher, *Corpus Christianorum* 23 (Turnholt: Brepols, 1962): 55.

32) Greg. Tur. *LH* 2. 16. 64; 2. 31. 77; *GC* 94.359.

33) Robert Murray, *Symbols of Church and Kingdom: A Study in the Early Syriac Tradition* (Cambridge: At the University Press, 1975): 261.

34) Sulpicius Severus *Vita Martini* 13. 1~2; 그러나 *Sulpice Sévère: Vie de saint Martin*, Sources Chrétiennes 134, ed. and trans. J. Fontaine (Paris: Le cerd, 1968), 2: 741을 보라. E. Mâle, *La fin du paganisme en Gaule* (Paris: Flammarion, 1950). F. Graus, *Volk, Herrscher und Heiliger im Reich der Merowinger* (Prague: Československá Akademie Ved, 1965): 186~188.

35) Greg. Tur. *GM* 90: 98.

36) Greg. Tur. *GC* 50: 328. 여기서 "세베루스"의 무덤이 술피키우스 세베루스의 무덤을 말하는 것이라면 적절한 인용이 될 것이다.

37) Greg. Tur. *GC*, 40. 323.

38) Greg. Tur. *LH* 4. 12. 143.

39) Paulinus *Carm*. 21. 633~35. 따라서 신성한 무덤들에는 은혜로운 활력이 있다. 이것은 예수 안에서 매장된 자들이 때가 이를 때까지 육신이 죽음 없이 평안하게 잠들어 있음을 입증한다.

40) Prudentius *Cathemerinon* 10. 97~100.

41) Greg. Tur. *VP* 7. 3. 328.

42) A. H. M. Jones, *The Later Roman Empire* (Oxford: Blackwell, 1964), 2: 963~64.

43) Augustine *City of God* 22. 9.

44) Brown, *Augustine of Hippo*, pp. 415~418.

45) Augustine *Sermon* 344. 4.

46) M. I. Marrou, *The Resurrection and Saint Augustine's Theology of Human Values* (Villanova, Pa.: Villanova University Press, 1966); in a French Version, "Le dogme de la résurrection des corps et la théologie des valeurs humains selon l'enseignement de saint Augustin," *Revue des études augustiniennes* 12 (1966): 111~136 in *Patristique et Humanisme*, Patristica Sorbonensia 9 (Paris: Le Seuil, 1976): 429~455 -이 부분은 정말로 거장의 저작답다. M. R. Miles, *Augustine on the Body*, American Academy of Religion Dissertation Series 31 (Missoula, Mont.: Scholars Press, 1979).

47) Victricius of Rouen *De laude sanctorum* 11, PL 20. 454 B.

48) Ibid. 10. 453A.

49) H. Buschhausen, *Die spätrömischen Metallscrinia und frühchristlichen Reliquiare* (Veinna: Böhlau, 1971).

50) Paulinus *Ep.* 31. 1.

51) Paulinus *Carm.* 19. 358~362; Greg. Tur. *GM* 12. 46. Gregory Nazianus, *Oratio* 4, 664; *PG* 35. 589C와 비교하라.

52) Victrcius of Rouen *De laude sanctorum* 10. 452B.

53) Ibid. 12. 456CD.

54) *Decretum Gelasianum*, PL 59. 171; M. Férotin, *Le Liber Mazoarabicus Sacramentorum* (Paris: Firmin-Didot, 1912): 394, 성 라우렌티우스의 순교에 대해서: "왜 그런고 하니, 누가 조직들로 결합된 연약한 육체가 당신 없이도 그런 고통을 견뎌낼 수 있다고 믿을 수 있겠습니까?"

55) *Passio Perpetuae et Felicitatis* 15. 5~6, ed. and trans. H. Musurillo, *The Acts of the Christian Martyrs* (Oxford: Clarendon Press, 1972); 123~135.

56) Augustine *Gesta cum Felice* 1. 12.

57) Grabar, Martyrium, 2. 14: 한 자그마한 성배에는 격자 위에서의 성 라우렌디우스의 순교와 천국에 있는 그의 영혼, 또 거꾸로 성골당에 있는 그 영혼이 나란히 그려 있다.

58) Aelius Aristides *Sacred Tales* 3. 15, trans. C. A. Behr (Amsterdam: Hakkert, 1968): 244.

59) H. Delehaye, *Les Passions et les genres littéraires* (Brussels: Société des Bollandistes, 1921): 313.

60) B. de Gaiffier, "La lectur des Actes des martyrs dans la prière liturgique en Occident,"

Analecta Bolladiana 72 (1954): 134~166.

61) Greg. Tur. *VM* 2. 43. 174.

62) Joseph Engemann, "Zu der Apsis-Tituli des Paulinus von Nola," *Jahrbuch für Antike und Christentum* 17 (1974): 33.

63) Paulinus *Carm.* 20. 28~32. C. Witke, *Numen Litterarum* (Leiden: Brill, 1971): 80~90.

64) Eusebius, *Vita Constantini* 1. 10; *Scriptores Historiae Augustae: Quadriga Tyrranorum* 1. 2, "신비스러운 책들과 자신을 연관시켰던" 마리우스 막시무스가 저자는 아닐 것이다. 물론 우리 중에 그의 말을 곧이곧대로 믿을 사람은 없을 것이다. R. Syme, *Ammianus and the Historia Augusta* (Oxford: Clarendon Press, 1968): 2~3.

65) G. Rodenwaldt, "Eine spätantike Kunstströmung in Rom," *Römische Mitteilungen* 36/37 (1921/1922): 67~83.

66) Greg. Tur. *GM* 75. 89.

67) Greg. Tur. *LH* 5. 4. 200.

68) Greg. Tur. *GM* 79. 92. Emil H. Walter, "Hagiographisches in Gregors Frankengeschichte," *Archiv für Kulturgeschichte* 48 (1966): 298~303은 이러한 특성을 잘 파악하고 있다.

69) Greg. Tur. *VM* 1 praef.: 135; *GC* 6. 302.

70) Greg. Tur. *GC* 94: 359.

71) Greg. Tur. *VM* 2. 14. 163; 2. 29. 170; 2. 49. 176.

72) Greg. Tur. *VJ* 16. 121.

73) Sabine G. MacCormack, "Latin Prose Panegyrics," *Revue des études augustiniennes* 22 (1976): 41~54.

74) Greg. Tur. *GM* 63. 81.

75) T. Baumeister, *Martyr Invictus* (Münster: Regensberg, 1972): 169.

76) R. W. Gaston, "Prudentius and Sixteenth-Century Antiquarian Scholarship," *Medievalia et Humanistica*, n. s. 4 (1973): 169: "본능적이고, 거의 외설스러울 정도로 사실적인".

77) Prudentius *Peristephanon* 1. 26.

78) Ibid. 3. 91~93.

79) Ibid. 3. 144.

80) Angel Fábrega Grau, *Pasionario hipánico* (Barcelona: Instituto P. Enrique Florez, 1955), 2: 76~77. 스페인의 의식에는 회중이 참여했을 것으로 생각되고 있다. M. Férotin, *Liber Mozarabicus* p. 482: "이루어진 일들을 이야기하는 동안, 그들이 믿는 바를 기념하도록 권고하면서 또 대중들이 신실하게 현재 낭독되고 있는 일이 자신들에게도 있기를 기대할 수

있도록" 그리고 484: "순교자들의 고통을 함께 기뻐하는 이 대중을 자비롭게 주목하소서. 성인들에게 적들을 이기도록 허락하셨던 당신께서 그들이 원하는 바를 주소서."

81) Venatius Fortunatus *Carm.* 5. 3. 11.

82) Greg. Tur. *VJ* 25. 125.

83) Greg. Tur. *GM* 50. 73.

84) Venatius Fortunatus *Carm.* 2. 7. 38 and 41~42.

85) Helen Waddell, *Wandering Scholars* (London: Constable, 1927): 30.

⟨5장⟩

1) G. W. F. Hegel, *The Philosophy of History*, trans. J. Shibree (New York: Wiley Book Co., 1944): 377.

2) *ILCV* 1831; Y. M. Duval and Ch. Pietri, "Membra Christi: Culte des martyrs et théologie de l'Eucharistie," *Revue des études augustiniennes* 21 (1975): 289~301.

3) A. Dupront, "Pèlerinages et lieus sacrés," *Mélanges F. Braudel* (Toulouse: Privat, 1973), 2: 190.

4) Victor Turner and Edith Turner, *Image and Pilgrimage in Christian Culture* (New York: Columbia University Press, 1978): 15: "순례자는 '전혀 낯선' 분위기 속에서 가려지지 않고 더럽혀지지 않은 찬란한 빛 가운데 있는 자기 신앙의 근본적인 요소들과 구조들을 대면하기 위해 종교에 대한 세속적인 부속물들을 벗어버린 자이다(이런 부속물들은 통상 종교 습속의 지역적 상황과 연계된다)."

5) Dupront, "Pèlerinages", p. 191. 그러므로 교화(敎化)의 편지들에서 진정한 종교를 찾기 위해서 예루살렘에 가는 것이 좋은가 아니면 고향에 머물러 있는 것이 좋은가 하는 문제가 계속해서 다루어졌다. 가는 것을 찬성하는 문헌으로는 다음을 보라. *Epistola "Honorificentiae tuae"* 2, ed. C. P. Caspari, *Briefe, Abhandlungen und Predigten* (Christiania: Mallingsche Buchdruck, 1890): 8: "나도 고국에 머물고 있을 때 내 스스로 하느님의 숭배자라고 생각하고 우쭐해 있었다." 반대하는 문장으로는 Gregory of Nyssa, *Ep.* 2 PG. 46. 1012C; Jcrome *Ep.* 58. 3이 있나. 하지민 이 글 역시 '거룩한 땅'에서 쓰여진 것이다: G. Constable, "Opposition to Philgrimage in the Middle Ages," *Studia Gratiana* 19 (1976): 123~146

6) Urs Peschow, "Fragemente eines Heiligensarkophags in Myra," *Istanbuler Mitteilungen* 24 (1974): 225~231: 평평한 대리석 벽에는 치료 효과가 있는 미라를 엿볼 수 있도록 구멍이 뚫려 있었다.

7) J. Christern, Das frühchristliche Pilgerheiligtum von Tebessa (Wiesbaden: F. Steiner, 1976): 245~246; Dupront, "Pèlerinages et lieus sacrés,", p. 204; "순례의 끝에서 다시 행진하기 위하여"

8) Charles Pietri, *Roma Christiana* (Paris: de Boccard, 1976): 39~40.
9) Greg. Tur. *GM* 27. 54
10) Ibid. 27. 54.
11) Ibid. 27. 54.
12) *Collectio Avellana* 218, *Corpus Scriptorum Ecclesiasticorum Latinorum* (Vienna: Tempsky, 1895), 36: 678~679.
13) 이 책의 2장 118~119면을 참조하라.
14) *Miracula sancti Stephani* 2. 6, *PL* 41. 847.
15) *ILCV* 2129: "주인이신 라우렌티우스를 위하여 구입된 무덤".
16) 이 책의 4장 185~192면을 참조하라; J. M. McCullon, "The Cult of Relics in the Letters and Dialogues of Pope Gregory the Great: A lexicographical study," *Traditio* 32 (1975): 158~161.
17) F. Prinz, "Stadtrömischen-italische Märtyrer und fränkische Reichsadel im Maas-Mosel-Raum," *Historische Jahrbuch* 87 (1967): 1~25는 예전의 주변 지역들이 이탈리아의 유골들을 수입함으로써 자신들의 점점 커가는 정치적 중요성에 상응하는 면모를 어떻게 갖추었는지를 보여주는 좋은 예이다. 이 이야기는 앵글로 색슨 잉글랜드나 중부 유럽에도 똑같이 적용된다.
18) F. Pfister, *Der Reliquienkult im Altertum* (Giessen: Töpelmann, 1912), 2: 614는 이것이 고대 다신교도 세계에서는 거의 없었던 유골 숭배의 한 측면임을 명확히 밝혔다.
19) Patrick J. Geary, *Furta Sacra: Thefts of Relics in the Central Middle Ages* (Princeton: Princeton University Press, 1978).
20) W. Liebeschuetz, "Did the Pelagian movement have Social Aims?" *Historia* 12 (1963): 228~338; J. F. Matthews, *Western Aristocracies and Imperial Court, A.D. 364~425* (Oxford: Clarendon Press, 1974): 7~31; Paulinus *Ep.* 31. 1: 유골을 약속하면서 "그러나 나는 이 선물을 충분히 많이 갖고 있지 않았으며 그가 성 실비아로부터 오는 동일한 은총에 대한 희망을 가지고 있다고 말했기 때문에……"; Greg. Tur. *GM* 5. 41: "도대체 어떤 점에서 그가 받아 마땅한 만큼의 은총이 거기서 그에게 있었는가?" 유골을 가져온 자에게 의심 많은 주교가 던진 이 첫번째 질문에 대한 대답은 상당히 고무적이었다. "그는 내가 예루살렘을 떠날 때 대 수도원장 푸텐을 만났는데 그는 존귀하신 소피아를 모심으로써 큰 은총을 받고 있었다고 말했다."
21) Santo Mazzarino, *Stilicone e la crisi imperiale dopo Teodosio* (Rome: Signorelli, 1942): 78~91; G. Dagron, *La naissance d'une capitale: Constantinople et ses institutions de 330 à 451* (Paris: Presses universitaires de France, 1974): 72; S. G. MacCormack, "Roma, Constantinopolis, the Emperor and his Genius," *Classical Quarterly* 25 (1975): 148.
22) *ILCV* 2068.

23) Helen Waddell, *Wandering Scholars* (London: Constable, 1927): 28.

24) Paulinus *Ep.* 32. 3.

25) E. D. Hunt, "Saint Silvia of Aquitaine: The Role fo a Theodosian Pilgrim in the Society of East and West," *Journal of Theological Studies* n.s. 23 (1972): 357~373; Kenneth G. Holum, "Pulcheria's Crusade A.D. 421~422 and the Ideology of Imperial Victory," *Greek, Roman and Byzantine Studies* 18 (1977): 153~172; Kenneth G. Holum and Gary Vikan, "The Trier Ivory, Adventus Ceremonial and the Relics of S. Stephen," *Dumbarton Oaks Papers* 33, in press.

26) Victor Turner and Edith Turner, *Image and Pilgrimage*, p. 233.

27) Augustine *Sermon* 319. 6. 6.

28) 루키아누스의 아랍어 편지들에 대해서는 P. Peeters, *Le tréfonds oriental de l'hagiographie byzantine* (Brussels: Société des Bollandistes, 1950): 56을 보라.

29) *Epistula Luciani* 2, *PL* 41. 809.

30) Ibid. 8: 815.

31) Ibid. 9: 815.

32) Sozomen *Historia ecclesiastica* 9. 17; Glenn F. Chesnut, *The First Christian Historians* (Paris: Beauchesne, 1977): 167~200.

33) N. H. Baynes, "The Supernatural Defenders of Constantinople," *Byzantine Studies and Other Essays* (London: Athlone Press, 1960): 248~260; P. J. Alexander, "The Strength of the Empire and Capital as Seen through Byzantine Eyes," *Speculum* 37 1962): 349~357.

34) Augustine *Sermo de urbis excido* 9는 그런 특별한 순간의 분위기를 잘 전하고 있다.

35) Dagron, *Formation d'une capitale*, p. 102 n. 7; 성 스데파노 유골의 도착 장면을 묘사하는 상아의 기념적 성질에 대하여 Holum and Vikan, "The Trier Ivory" (in press)를 보라. 도시의 구제를 위한 의식에서 세속적이고 다신교적인 요소들로 돌아가려는 힘이 있었다는 것을 잊어서는 안 된다. 시민들은 "재앙을 막기 위해서 희생물과 횃불과 향을 가지고" 콘스탄티누스의 반암 조각상 기단에 모이곤 했다. Philostorgius *Historia ecclesiastica* 2. 7; 도시와 도시의 보호를 위한 전적으로 비그리스도교적인 신화의 사례들을 더 찾아보려면 Dagron, *Formation d'une capitale*, pp. 307~309를 참고하라.

36) C. W. Bowersock, *Greek Sophists in the Roman Empire* (Oxford: Clarendon Press, 1969): 58.

37) Gregory of Nyssa *Vita Macrinae*, *PG* 46: 981B.

38) 이 책의 3장 157~158면을 참조하라.

39) Paulinus, *Ep.* 31.1: "따라서 당신들과 모든 좋은 것을 공유하고자 원하는 한 마음의 형제들로부터 받으라."

40) Galienus의 법정에서 관심을 표현했던 헤르모폴리스 마그나의 명사들이 한 철학자에게 보낸 편지를 보라. 그들은 "우리들의 고향 신인 헤르메스가 영원히 당신 곁에 있기를" 이라고 기도했다. G. Méautis, *Hermoupolis la Grande* (Lausanne: Université de Neuchâtel, 1918), p. 175. 파울리누스는 여행길에 항상 펠릭스의 보호를 경험했다. *Carm.* 12.25 and 13; 그는 "매일 매일의 보호와 치료를 위하여" '성 십자가'의 조각을 술피키우스가 몸에 지니고 다니기를 기대했다. *Ep.* 32. 7; 인질이 되어 북쪽으로 추방될 때 투르의 그레고리우스의 아버지는 이름도 알지 못하는 자의 유골들을 담은 작은 상자를 가지고 갔다. Greg. Tur. *GM*. 83. 94; 이 유골들은 다른 호신부처럼 보호를 제공했다. e. g. *Codex Bonnensis* 218 (66a) in J. Tambornino, *De Antiquorum Daemonismo* (Giessen: Töpelmann, 1909): 26; 그레고리우스 자신도 성 마르티누스의 유골을 목에 걸고 다녔다. "이것은 계층에 관계없이 허락되었다": Greg. Tur. *VM* 3. 17. 187; J. Engemann, "Magische Übelabwehr in der Spätantike," *Jahrbuch für Antike und Christentum* 18 (1975): 22~48.

41) Ambrose *Ep.* 22. 12; 교황 다마수스도 카타콤에 묻힌 성인들과 자신의 개인적인 관계를 강조함으로써 자신이 그들 무덤의 발견자이자 확인자라고 은근히 내세웠다.

42) Sidonius Apollinaris *Ep.* 7. 1. 7.

43) P. Brown, *Relics and Social Status in the Age of Gregory of Tours*, Stenton Lecture (Reading: University of Reading Pres, 1977): 15.

44) Gaudentius of Brescia *Sermon* 17, *PL* 20. 965A.

45) Ibid. 964A.

46) Ibid. 965A: "존경받는 우리가 그런 책임을 받아들이는 것이 적절하다."

47) Ibid. 971A.

48) Ibid. 960A.

49) Paulinus *Ep.* 18. 9.

50) Ibid. 18. 4.

51) E. Demougeot, "La Gaul nord-orientale à la veille de l'invasion germanique," *Revue historique* 236 (1966): 17~46.

52) 갈리아 총독의 아내는 사후에 매장을 위해 트리어에서 파비아로 옮겨졌다. E. Gabba and G. Tibiletti, "Una signora di Traveri sepolta a Pavia," *Athenaeum* n.s. 38 (1960): 253~262.

53) Paulinus *Ep.* 18. 5.

54) Innocent *Ep.* 2, *PL* 20. 469B.

55) Victricius of Rouen *De laude sanctorum* 1, *P/L* 20. 443B.

56) H. Delehaye, *Les origines du culte des martyrs* (Brussels: Sociéte des Bollandistes, 1912): 65.

57) Victricius *De laude* 1: 444B.

58) Ibid. 2: 445A.
59) Ibid. 6: 448B; cf. Paulinus *Ep.* 32. 17: "여기에서 그 성골함은 경건한 무리를 하나로 모았고 동시에 그 작은 품으로 그렇게 많은 민족을 포용했다."
60) Ibid. 7: 449E.
61) Ibid. 1: 444A; J. Gagé, "Membra Christi et la déposition des reliques sous l'autel," *Revue archéologique* 5 ser. 9 (1929): 137~153.
62) 세바스테 40인 순교자들의 유골들은 재가 되었기 때문에 전혀 구분할 수 없었다. 따라서 한 집단의 완벽한 이미지가 분해할 수 없이 결합되어 있었다: Gaudentius *Sermon* 17. 971A.
63) A. P. Billanovich, "Appunti di agiografia aquileiense," *Rivista di storia della chiesa in Italia* 30 (1976): 5~24.
64) Ch. Pietri, "Concordia Apostolorum et Renovatio Urbis (Culte des martyrs et propagande pontificale)," *Mélanges d'archéologie et d'histoire* 73 (1961): 257~322 and *Roma Christiana*, BiBliothèque de l'Ecole française d'Athènes et Rome, 224 (Paris: De Boccard, 1976), 1: 350~351: 한 반항적인 공동체에게는 모세와 마찬가지로 베드로가 화합의 상징이었다. P. A. Février, "Natale Petri de cathedra," *Comptes rendus de l'Académie d'Inscriptions et Belles-Lettres*, 1977: 514~531.
65) *Chromace d'Aquilée: Sermons*, Sources chrétiennes 154, ed. J. Lemarié (Paris: Le Cerf, 1969): 182.
66) 이 책의 2장을 보라.
67) I. N. Wood, "Early Merovingian Devotion in Town and Countryside," *The Church in Town and Countryside*, Studies in Church History 16, ed. D. Baker (Oxford: Blackwell, 1979): 72.
68) Greg. Tur. *VJ* 30. 126~127; 여러 개별 도시들의 회합 장소로서 브리우드에 관해서는 Wood, "Early Merovingina Devotion," p. 74를 보라; 또 현대에 Le Puy가 비슷한 역할을 하고 있다는 주장에 대해서는 Victory Turner and Edith Turner, *Image and Pilgrimage*, pp. 200~201를 참고하라: "큰 행정 중심지와 따로 떼어져".
69) Greg. Tur. *LH* 9. 20. 438: 588년 안델로트 협약에서 왕들은 각자에게 "하느님의 이름으로 순선하고 단일한 화합"을 약속했다. 프랑크인들의 화합은 아마도 사절늘을 통해서 비잔티움 사람들에게 하나의 신화로 전해졌다: Agathias *Historia* 1. 2. 화합에 대한 욕구는 갈리아-로마 주교단과 귀족들의 태도에 영향을 끼쳤을 것이고, 메로빙거 왕들 사이에 권력의 분할이 영역에 기반할 수 있도록 했을 것이다: I. N. Wood, "Kings, Kingdoms and Consent," *Early Medieval Kingship*, ed. P. H. Sawyer and I. N. Wood (Leeds: The School of History, University of Leeds, 1977): 6~29-이는 닳아빠진 주제에 대한 새로운 출발점이다. 빈번하게 열린 공의회에서 성직자들이 공유했던 연대에 대해서는 Council of Orléans (A.D. 541), canon 38, ed. C. de Clercq, *Concilia Galliae*, Corpus Christianorum 148A

(Turnholt: Brepols, 1963): 142를 보라. "주교들의 일치를 통하여 교회의 규율이 빛나고 사제들의 제도가 변함없이 유지되도록".

70) Greg. Tur. *VJ* 50. 133.

71) Sabine G. MacCormack, "Change and Continuity in Late Antiquity: The ceremony of Adventus," *Historia* 21 (1972): 751~752; N. Gussone, "Adventus-Zeremoniell und Translation von Reliquen: Victricius von Rouen De laude sanctorum," *Frühmittelalterliche studien* 10 (1976): 125~133; 비엔나에서 이전을 묘사하는 6세기의 조각에 대해서는 *Bulletin de la sciété des amis de Vienne* 67 (1971): 31, fig. 2; 갈리아에서 세속적인 형태의 '도착' 의식에 대해서는 Greg. Tur. *LH* 6. 11. 281; 8. 1. 370을 보라.

72) Sabine G. MacCormack, *Art and Ceremonial in the Later Roman Empire* (Los Angeles and Berkeley: University of California Press, 1980), in press.

73) Victrcius *De laude* 12: 454D~455A; Venantius Fortunatus *Carm.* 5. 3. 3.; Greg. Tur. *LH* 8. 1. 370; 황제를 환영하는 행렬에는 히브리어와 시리아어로 찬양하는 유대인들과 시리아인들도 포함되어 있었다. Gregory Nazianzenus *Oratio* 21, 29; *PG* 35. 1116B와 비교하라.

74) Victricius De laude 2. 446B: "이 곳에서부터 당신의 위엄을 둘러싸고 드디어 전체 인민들의 일치가 이루어졌도다."

75) P. Andrieu-Guitrancourt, "La vie ascétique à Rouen au temps de saint Victrice," *Recherches de science religieuse* 40 (1952): 90~106.

76) Victricius *De laude* 3. 445C.

77) Becco 백작이 정장을 하고, 수행원들을 거느리고, 성 율리나의 성골당으로 왔다. 이때 특별히 좋은 기회가 있지는 않았다. 축제에 매년 참석하는 것이 그의 의도였다. Greg. Tur. *LH* 16. 121.

78) 나는 이 사실과 507년 투르에서 클로비스가 집정관의 상징물을 받으면서 행한 복잡한 의식 사이에는 깊은 관련이 있다고 생각한다. 클로비스를 위한 의식은 모든 점에서 성 마르티누스 숭배와 연계해서 이루어지는 행진의 노정과 연계되어 있었다. Greg. Tur. *LH* 2. 38. 89.

79) Venantius Fortunatus *Carm.* 4. 26. 14~17; *Carm.* 2. 8. 23~37은 Launebodis와 그의 아내 Bercthruda의 이야기를 전한다. 그들은 Saint Severinus의 교회를 지었는데, 이것은 어떤 로마인도 하지 않았던 일이었다. 또 Bercthruda는 직접 자선품을 나누어주었다. 자선을 통하여 여성이 (사회에) 통합되는 것에 대해서는 이 책의 2장 124~127면을 참조하라.

80) Greg. Tur. *VM* 2. 28. 169. 이 행동은 부활절이 가까워오면서 이루어졌다. 이 공동체의 주도 인물들은 모두 빌라에 머물러 있지 말고 주교의 축복을 받기 위해서 의식에 참석하라는 명령을 받았다. Council of Orleans, cannon 25, *Concillia Galliae*, p. 11; *Concilium Epaonense* 35: 33; Clermont 15: 109.

81) Greg. Tur. *VM* 2. 14. 163.

82) Greg. Tur. *VM* 1. 114. 145.

83) Greg. Tur. *VJ* 9. 118: "그에게는 많은 사슬들이 그 팔다리로부터 땅으로 떨어지는 것처럼 보였다." Greg. Tur. *GC* 86. 354; 93. 357.

84) 주교의 위상에 대한 이 의식의 영향에 대해서는 Brown, *Relics and Social Status*, pp. 19~21을 보라. 그가 선출된 것은 공동체의 '합일'이 그에게 유리하게 작용한 결과였다. 따라서 성인 축제의 '합일'은 그의 선출을 재연하고 재확인하는 것이었다. 그 성인의 성골당에 미즈와르가 "행차"했을 때 있었던 합일의 유사한 사례에 대해서는 V. Crapanzano, *The Hamadsha: A Study on Moroccan Ethnopsychiatry* (Los Angeles and Berkeley: University of California Press, 1973): 116~117을 보라. 이상적인 주교는 높은 수준의 화합을 유지하는 자였다. Venantius Fortunatus *Carm*. 3. 4. 25~26의 보르도의 Leontius에 대한 언급을 보라. "그가 자신의 동료들에게 너무나 온화한 음성으로 충고했기 때문에 당신은 그가 자신의 지체에게 말하고 있다고 생각할 것이다." 이것은 먼 이상으로 남아 있었다. Brown, *Relics and Social Status*, pp. 17~20.

85) 폭력적으로 처형된 자의 연상물에 대해서는 A. D. Nock, *Sallustius: Concerning the Gods and the Universe* (Cambridge: At the University Press, 1926) 1002 n. 219, 그리고 "Tertullian and the Ahori," *Vigiliae Christianae* 4 (1950): 129~141 in *Essays in Religion and the Ancient World*, ed. Z. Stewart (Oxford: Clarendon Press, 1972), 2: 712~719를 보라. 성 마르티누스는 한 성골당 안에 있는 무덤이 순교자의 것인지 처형당한 산적의 것인지를 결정해야 했다. Sulpicius Severus *Vita Martini* 11.

86) Sulpicius Severus *Vita Martini* 20; *Dialogi* 2. 3; 2. 5; 3. 4; 3. 8; 3. 11~13.

87) Victricius *De laude* 1. 443A.

88) 이것은 우리가 생각하는 것보다 훨씬 널리 퍼져 있던 경향이었다. 그리스도교 공동체는 로마의 세속 권력에 의해서 부당하게 처형당했다고 생각되는 자라면 누구라도 순교자로 기꺼이 경배하려고 했다. Vercelli에서 발생했던 사건에 관해서 적은 「일곱 번 두들겨 맞은 여자에 관하여」라는 히에로니무스의 독특한 편지 1을 보라. 발렌티니아우스 1세는 Pannonia의 3개 도시의 의원들을 처형하지 못했다. 그가 밀라노에서 처형했던 궁정 신하들이 그랬듯이 그들도 순교자로서 숭배될 것을 염려했기 때문이었다. Ammianus Marcellinus 27. 7. 5~6; H. I. Marrou, "Ammien Marcellin et les 'Innocents' de Milan," *Recheres de science religieus* 40 (1952): 179~190.

89) Prudentius *Peristephanon* 2. 313~488는 성 라우렌티우스의 떠들썩한 순교에 대해서 생생하게 기록하고 있다. 당시 그리스도교 교회의 재산이 시기를 받은 정도로 많았던 데다가 주교들이 도시의 다신교도 시장의 사법적 고문을 받았다는 사실을 사람들이 믿게된 지 얼마 되지 않았기 때문에 프루덴티우스의 시 전체가 화제 거리가 되었다. Symmachus *Relatio* 21.

90) *Miracula sancti Stephani* 2. 5. 851.
91) Ibid. 2. 5. 852.
92)   Ibid. 2. 5. 852.
93) 카르타고에서 총독의 활동은 대중의 판단에 영향을 받았다. 대중들은 목록에서 혐의자들의 이름이 낭독될 때 환호하거나 야유를 보냄으로써 의사를 표현했다. pseudo-Prosper of Aquitaine (Quodvultdeus) *Liber de promissionibus et praedictionibus Dei* 5. 14~15, *PL* 51. 855.
94) P. Brown, *Augustine of Hippo* (Los Angeles and Berkeley: University of California Press, 1967): 336~337.
95) Greg. Tur. *VJ* 16. 121에 전하는 오베르뉴의 프랑크 족 백작과 브리우드에 있는 성 율리아누스의 성골당과의 관계에서처럼 베코 백작의 경우도 그렇다. 같은 책 43. 121에 전하는 성골당에 걸려 있던 비단의 권능도 치료의 효과가 있었다. "재판관의 권능은 너무 지나치게 되면 사방으로 흩어져 사라졌다."
96) *Epistula Severi ad omnem ecclesiam*, *PL* 41. 821~832.
97)   Ibid. 2. 822.
98)   Ibid. 4. 823.
99)   Ibid. 10. 825. 그들은 심지어 이렇게 위험한 순간에도 서로의 꿈에 대한 이야기를 나누었다. ibid. 8. 824.
100) Ibid. 4. 823: "그러나 그리스도교인들은 (……) 권세로 인하여 심한 굴욕을 당했기 때문에 보호자 스데파노의 보호를 간절히 바랐다."
101)   Ibid. 5~6. 823. 양쪽 다 "군대"로 이야기되었다. 그들은 지팡이, 돌, 투석기로 무장하고 로마법이 산적들을 잡을 때만 허락했던 폭력을 행사했다. 일부 유대인 개종자들은 노골적으로 야만성을 드러냈다. ibid. 14. 829: "따라서 나는 이제 내가 처한 위험을 생각하고 필요한 피난처를 찾기 위하여 교회로 나아갑니다."
102) Ibid. 3. 823.
103) Ibid. 10. 825.
104) Ibid. 11. 826: 13, 827~828.
105) 비록 세베루스가 암모나에 어떤 유대인도 정착하지 않기를 원했지만 그와 그의 지지자들이 그 섬에서 유대인을 쫓아냈다거나 혹은 그렇게 할 수 있는 위치에 있었다는 증거는 없다. Ibid. 2. 822.
106) Ibid. 12. 826; 14. 829; 17. 831; 18. 832: 여기에서 유대 가족들의 지위와 상호 관계에 대한 주목할 만한 일화들을 엿볼 수 있다. 한 가족의 젊은이가 테오도루스에게 말했다. "테오도루스님, 무엇을 두려워하십니까? 당신이 확실히 안전하고 영예롭고 풍요롭기를 원하신다면 내가 믿었듯이 예수를 믿으십시오. 당신이 계속 예수를 믿지 않는다면 내가 주교들과 함께 앉을 것입니다." 공동체의 공동 지도자로서 주교들 옆에 앉아 있는 속인 보호자들의 중요성에 대해서는 Julian *Ep.* 18, 450C를 보라.

107) Ibid. 15: 830. 처음에 그들은 그가 천사라고 생각했다.
108) Ibid. 15: 830.
109) Ibid. 17: 831.
110) *Miracula sancti Stephani* 2. 1. 843.

⟨6장⟩
1) Jerome *Ep.* 103. 13.
2) J. D. Mansi, *Sacrorum conciliorum nova et amplissima collectio* (Venice, 1776), 9: 771B.
3) Greg. Tur. *VP* 15. 3. 272.
4) Augustine *Ep.* 78. 3: "기이하고 두렵게도 귀신들이 죄를 고백하는 곳에서".
5) J. Stuiber, "Heidnische und christliche Gedächtniskalendaemones," *Jahrbuch für Antike und Christentum* 3 (1960): 30.
6) N. Z. Davis, "The Reasons of Misrule," and "The Rites of Violence," *Society and Culture in Early Modern France* (Stanford: Stanford University Press, 1975): 97~123; 152~187.
7) 다음 저작들로부터 크게 도움을 받았다. S. M. Shirokogoroff, *The Psycho-Mental Complex of the Tungus* (Peking and London: Routledge, 1935); M. Leiris, *La possession et ses aspects théâtraux chez les Ethiopiens de Gondar* (Paris: Plon, 1958); *Spirit Mediumship and Society in Africa*, ed. J. Beattie and J. Middleton (London: Routledge, 1969); I. Lewis, *Ecsatic Religion* (Harmondsworth: Penguin, 1971)
8) "Exorzismus," *Reallexikon für Antike und Christentum* (Stuttgart Hiersemann, 1969), 7: 4 4~117; "Geister," ibid. 1975), 9: 546~797.
9) P. Brown, "The Rise and Function of the Holy Man in Late Antiquity," *Journal of Roman Studies* (1971): 88~89.
10) Greg. Tur. *VJ* 30. 127.
11) Paulinus *Carm.* 14. 35: "보복의 신이 숨어 있고, 징벌이 눈에 보인다."
12) Vitricius of Rouen *De laude sanctorum* 11, *PL* 20. 453D~454A.
13) T. Mommsen, *Römischer Strafrecht* (Leipzig: Dunckner and Humbolt, 1899): 405~408.
14) Sulpicius Severus *Dialogi* 3. 6, *PL* 20: 215C: "심문이 없었다면 박해받는 자가 자신의 죄를 고백하는 장면을 당신이 볼 수 있었겠는가."
15) Ibid.
16) *Vita sancti Severi Viennensis presbyteri, Analecta Bollandiana* 5 (1886): 422: "구체적인 장소에서 눈에 띄지 않고 오히려 암흑 속에서 일거리를 찾아 헤매다니는 자들은 환상과 공상으로 인해 귀신과 떨어질 수 없기 때문에"
17) Sulpicius Severus *Vita Martini* 21. 1.
18) Sulpicius Severus *Dialogi* 2(3). 15. 220~221.
19) Sulpicius Severus *Vita Martini* 18. 2.
20) K. K. Kirk, *The Vision of God* (London: Longman, 1931): 275~279.
21) *Vita Rusticulae* 13, *Monumenta Germaniae Historica, Scriptores Rerum Merovingicarum*

(Hanover: Hahn, 1892), 4: 346.
22) 성 펠릭스의 축제가 다가옴에 따라서, 그의 성골당에서는 더욱 빈번하게 귀신들림이 발생했다: Paulinus *Carm*. 23. 58. 파울리누스는 귀신들림과 바쿠스 신 축제의 환각 상태 사이의 유사함을 매우 잘 알고 있었다: *Carm* 19. 276: "옛 신들의 기억들을." 그러나 그는 성인에 의한 사법적 심문을 통해서 귀신들림이 시작되고 또 해결된다고 생각했다.
23) *Statua ecclesiae antiqua* 62 and 64, ed. G. Morin, *Sancti Caesari Arelatensis Opera Varia* (Maresous, 1942), 2: 94~95.
24) Greg. Tur. *LH* 8. 29. 349.
25) Ibid. 4. 11. 142.
26) Greg. Tur. *VP* 17. 2. 279.
27) Paulinus *Carm*. 14. 34.
28) Paulinus *Carm*. 26. 307~318.
29) Jerome *Ep*. 108. 13.
30) Paulinus *Carm*. 23. 66~68; 88~94.
31) Paulinus *Carm*. 26. 352.
32) F. Dölger, *Exorzismus im altchristlichen Trafritual* (Paderborn: F. Schöningh, 1909): 56~62; 75~76.
33) Paulinus *Carm*. 23. 124~125; Venantius Fortunatus *Carm*. 1. 1. 1: "완벽하고 권능 있는 그 정원은 견고한 금속으로 빛나고, 그로 인해서 밤이 없이 낮이 계속되며, 그 장소가 스스로 신을 영원한 빛 아래로 초대한다."
34) *ILCV* 1769A.
35) Augustine *EP*. 78. 3.
36) Saint Medardus 포도원에 침입한 도둑에게 말하는 Venantius Fortunatus *Carm*. 2. 16. 30을 참조하라: "네가 거기 있는 한 죄인은 있을 수 없다."
37) Greg. Tur. *VM* 2. 4. 161; 2. 57. 178; 2. 58. 178; 2. 59. 179; 3. 46. 193; 4. 46. 211; *GC* 67. 338.
38) W. C. Till, "Die koptischen Rechtsurkunden aus Theben," *Sitzungsberichte der österreischen Akademie der Wissenschaften* 244, 3 (Vienna, 1964): 173; L. S. B. MacCoull, "Child Donations and Child Saints in Coptic Egypt," *East European Quarterly* 13 (1979): 409~415.
39) Greg. Tur. *VJ* 31. 127. 축제에서 위험할 수도 있는 동물을 군중과 함께 두는 고대적인 구상이었다. Stratoniceia에서 제우스 파나마로스 행렬에 참가한 황소에 대해서는 L. Robert, *Hellenica* 11~12 (1960)을 보라. (여기서 기적은 그 황소가 희생 제물로 쓰이거나 잡혀먹히지 않고 가버렸다는 것이다. "더구나 이 용감하고 사교적인 황소는 행운을 잡았다.") 그러나 이 경우에 사람들은 황소가 신의 사법적 '존재'를 반영하는 것이 아니라 희생 제의를 주재하는 사제의 한 치의 흠도 없는 종교적 단정함을 보여준다고 생각했다.
40) Marcellus Burdigalensis, *De medicamentis*, ed. M. Niedermann, trans. J. Kollesch and D. Niebel, *Corpus Medicorum Latinorum* 5, 2. vols. (Berlin: Akademie Verlag, 1968); Aline Rousselle, "Du sanctuaire au thaumatuuge: La guérison en Gaule au 4 siècles," *Annales* 31

(1976): 1085~1107.
41) J. F. Matthews, *Western Aristocracies and Imperial Court* (Oxford: Clarendon Press, 1974): 155~156; 159~160.
42) Marcellus, *De medicamentis*, praef. 2. 2.
43) J. Grimm, "Über Marcellus Burdigalensis," *Kleinere Schriften* (Berlin: F. Dümmler, 1865): 121~125.
44) (H. J. Rose), "Superstition," *The Oxford Classical Dictionary*, 2d. ed. (Oxford: Clarendon Press, 1970): 1024: "보르도의 마르켈루스로부터 우리에게 전해내려오는 것은 전통적인 치료와 주술의 놀라운 혼합이다."
45) V. Crapanzano, *The Hamadsha: A Study in Moroccan Ethnopsychiatry* (Berkeley and Los Angeles: University of California Press, 1973): 133. Loring M. Danforth, "The Role of Dance in the Ritual Therapy of the Anastenaria," *Byzantine and Modern Greek Studies* 5 (1979): 144~148.
46) *Miracula sanctae Theclae* 2, *PG* 85: 568C, ed. G. Dagron, *Vie et Miracles de Ssinte Thècle* no. 18, Subsidia Hagiographica 62 (Brusssels: Société des Bollandistes, 1978): 338. "Ava라 는 여자는 아직 다신교도였다. 그러나 그녀는 유대인들을 혐오하지 않았고 그리스도교인 들을 멀리하지 않았다. 그녀는 모든 종류의 사람과 의식을 찾아헤매었다." 투르에 있는 성 마르티누스의 성골당에서 치료를 받은 소녀는 그녀의 고향으로 돌아가서 다신주의로 회귀 했다. Greg. Tur. *VM* 1. 2. 137.
47) Crapanzano, *The Hamadsha*, p. 179.
48) Rousselle, "Du sanctuaire au thaumatuuge," p. 1095.
49) 외과 의사에 대한 공포에 대해서는 수술을 기다리는 남자가 느꼈던 공포를 전하고 있 는 Augustine *City of God* 22. 8. 106~119를 보라.
50) Marcellus, *De medicamentis*, praef. 3. 2.
51) Marcellus, ibid., p. 34는 Pliny the Younger *Ad amicos de medicina*를 인용하고 있다; Oribasius, *Liber ad Eunapium*, Corpus Medicorum Graecorum 6, 3(Leipzig: Teubner, 1926): 317~318.
52) *Every Man His Own Doctor; or, The Poor Planter's Physician* (1734); Williamsburg, Va.: Printing and Post Office, 1971) Guy Lytle의 호의 덕분에 나는 이 재미있는 소책자 한 권을 참고하여 인용할 수 있었다.
53) Ibid. p. 45.
54) Rousselle, "Du sanctuaire au thaumaturge," p. 142.
55) Marcellus ibid. *carmen de speciebus* 1~4. 624.
56) Ibid. 20~21. 624: "자기에게 속한 것들의 양육자이자 창조자인 저 자연이 선한 자들 을 위해 땅과 바다에서 생겨나게 한 것들을 누가".
57) "아스켈피우스의 후손들"로서 의사들에 대해서는 Glen Bowersock, *Greek Sophists in the Roman Empire* (Oxford: Clarendon Press, 1969): 69~70을 보라.
58) J. Grimm, "Über die marcellischen Formeln," *Kleinere Schriften*, pp. 152~172.

59) J. F. Matthews, "Gallic Supporters of Thodosius," *Latomus* 30 (1971): 1083~1087.
60) 5세기의 독자들이 읽었을 책들, 가령 아우구스투스의 누이인 옥타비아가 이용했던 치약을 위한 소책자(*Marcellus De medicamentis* 13. 1:2)와 리비아 아우구스타의 종기와 고혈압 치료를 위한 처방과 같은(ibid. 15. 6: 248; 35. 6: 588) 많은 책들에서 광범위한 재료들이 발췌되었다. 그 재료들은 알려진 모든 세계로부터 온 것으로 생각되었다: Marcellus *Carmen de speciebus* 41~67.
61) Marcellus *De medicamentis, praef.* 2: 2.
62) Ibid. 4: 2.
63) 따라서 많은 다신교도들이 치료의 방법으로 귀신쫓기를 혐오했다. 그들이 그렇게 거부했던 것은 귀신의 존재에 대한 믿음이나 귀신들림의 가능성을 부정해서가 아니라 그 치료에 함축되어 있는 권위와 종속의 심리극이 싫었기 때문이다: Plotinus *Enneads* 2. 9. 14: "그러한 구실은 입을 다물지 못하고 마술사들을 바라보는 군중들에게 그들의 중요성을 각인시킬 것이다." 이런 행위야말로 정확하게 그리스도교의 성골당 앞에서 대중들이 할 법한 일로 생각되었다: Paulinus *Carm.* 14. 40: "입을 딱 벌린 사람들의 무리가 공포에 떨면서 모여들었다."
64) Marcellus, *De Medicamentis* 8. 30: 122.
65) Greg. Tur. *GM* 50: 73; 이 책 4장을 보라.
66) Rousselle, "Du sanctuaire au thaumaturge," p. 1095.
67) 갈리아에 있는 성골당에서 병이 낳기를 바라며 신전에서 밤을 새우는 일이 그 모든 함의를 간직한 채 행해졌던 것 같지는 않다: P. Brown, "Eastern and Western Christendom in Late Antiquity: A Parting of the Ways," *The Orthodox Churches and the West*, Studies in Church History 13, ed. D. baker (Oxford: Blackwell, 1976)"18~19.
68) Greg. Tur. *VJ* 46: 132
69) Brown, *Relics and Social Status in the Age of Gregory of Tours*. Stenton Lecture 1976 (Reading: University of Reading Press, 1977): 8~9.
70) Caesarius of Arles *Sermon* 44. 7, ed. G. Morin, *Corpus Christianorum* 103 (Turnholt: Brepols, 1953): 199.
71) Greg. Tur. *VM* 1. 26: 프란키아 숲에서 돌연한 두려움으로 고통받던 한 사냥꾼은 가장 먼저 그의 친척에게 치료를 받았다. "그가 조야한 습속을 가지고 있었기 때문에 점쟁이들과 주술사들이 그에게 동여맬 것과 음료를 가져다주었다."
72) Greg. Tur. *VJ* 46: 132.
73) *Memoirs of the Baron de Tott on the Turks and Tartars*, Vol. 1 (LondonL 1785) cited in F. Braudel, *The Mediterranean and the Mediterranean World in the Age of Philip 2*, trans. S. Reynolds (London: Collins, 1972): 40.
74) Greg. Tur. *GM* 100: 105.
75) Theodoret of Cyrrus *Historia religiosa*, PG 82. 1444BC. 이 곳에서 성인은 매우 명확하게 "도시의 보호자"로 불렸다.
76) Sebastian Mariner, "La difusión del cristianismo como factor de latinización," in

Assimiliation et résistance à la culture gréco-romaine dans le monde ancien, Travaux du 6 Congrès International d'Etudes classiques, Madrid 1974 (Bucharest: Editura Academiei; Paris: Les Belles Lettres, 1976): 271～282; J. Whatmough, *The Dialects of Ancient Gaul* (Cambridge: Harvard University Press, 1970): P. Brown, "Christianity and Local Culture in Late Roman Africa," *Journal of Roman Studies* 58 (1968), reprinted in *Religion and Society in the Age of Saint Augustine* (London: Faber, 1972): 289～290. J. Ropert, "Mentalité religieuse et régression culturelle dans la Gaule du 4 and 8 siècle," *Les cahiers de Tunisie* 24 (1976): 45～68.

77) J. Geffcken, *The Last Days of Greco-Roman Paganism*, trans. Sabine MacCormack (Amsterdam: North Holland, 1978): 25～29: 번역자는 그 책 85～87 쪽에서 최신판 서지 사항을 추가했다. E. Wightman, "Il y avait en Gaule deux sortes de Gaulois," *Assimiliation et résistance*, pp. 407～420은 올바르게 갈리아에서 과거로부터의 단절을 가져온 이유에 대해서 설명하면서 로마인들의 영향보다는 켈트 사회에 이미 존재했던 분열을 강조했다.

78) F. Dölger, "Christliche Grundbesitzer und heidnische Landarbeiter," *Antike und Christentum* 6 (1958): 297～320.

79) Greg. Tur. *VM* 1. 27: 151; C. E. Stancliffe, "From Town to Country: The Christianisation of the Touraine," in *The Church in Town and Countryside*, Studies in Church History 16, ed. D. Baker (Oxford: Blackwell, 1979): 43～51은 사려 깊은 개요를 하고 있다.

80) I. N. Wood, "Early Merovingian Devotion in Town and Country," The Church in Town and Countryside, p. 72.

81) Greg. Tur. *VP* 80: 349: 한 농민은 성인의 축제 기간에 일하지 말라는 율법을 거부하였다: "성인을 숭배하는 것보다 집에서 필요한 일을 하는 것이 진실로 좋다."

82) Estemadura 지역의 황량한 농촌에서 농민들은 새로이 정착한 신성한 자를 그냥 죽여 버렸다: "그런 주인을 섬기는 것보다는 죽여버리는 것이 낫다": *The Vitas Patrum Emeritensium* 3. 8, ed. and trans. J. N. Garvin (Washington, D. C.: Catholic University of America, 1940): 158.

83) Greg. Tur. *VP* 80: 349: "항상 하느님과 그의 친구들에게 불평하는 오, 거친 조야함이여."

84) 기원전 4～3세기 Thrace의 그리스의 영향을 받은 변두리 지역을 따라서 민중들 사이에서 치료 숭배의 성장에서 나타난 유사함에 대해서는 I. Chierassi-Colombo, "Acculturation et cultes thérapeutiques," in *Les syncrétismes dans les religions de l'antiquité*, ed. F. Dunand and P. Lévêque (Leiden: Brill, 1975): 96～111을 보라. 그리스의 신 아폴로가 병과 치료를 가져왔고 또 변용을 야기했다.

85) Greg. Tur. *VJ* 27: 127.

86) M. Renard, "Techinique et agriculture en pays trévire et rémois," *Latomus* 18 (1959): 321～333; J. Kolendo, "La moissonneuse antique," *Annales* 15 (1960): 1099～1114.

87) Greg. Tur. *VM* 1. 25: 150: "새로이 태어난 그가 (이 곳에) 있다고 생각하느냐."

88) Greg. Tur. *VM* 1. 25: 151: "그는 부모를 잊고 받은 바 은총에 보답하기 위해서 지금

까지 그 곳에서 열심히 섬기고 있다."
89) Greg. Tur. VM 3. 46: 193: Poitiers의 농촌에서 온 한 여자는 옛 주인들이 그녀를 돌아오게 하려고 하자 다시 마비되어 버렸다; VM 2. 59: 179: 자신의 자유를 산 한 여자가 있었다. 그녀의 옛 주인의 아들들이 야만인들에게 그녀를 팔아넘기려고 하자 그녀는 마비되어버렸다. "성인들 덕분에 그녀는 쉽게 보호되었다." 이런 방식으로 성골당은 여성들을 보호했다. 이 책의 2장 118~119면을 참조하라.
90) Greg. Tur. VJ 45: 131.
91) J. Biraben, Les hommes et la peste en France et dans les pays européens et méditerranéens (Paris: Mouton, 1976), 1: 25~48.
92) Greg. Tur. VP 11. 2: 254: Leubella라는 여자에게 나타난 성 마르티누스의 환영이 571년 역병이 일어난 기간에 신에게 어떻게 봉헌 의식을 올려야 하는지 말해주었다.
93) Greg. Tur. LH 7. 44: 365, 기근 시에.
94) Greg. Tur. LH 9. 6: 418.
95) Ibid. 417: "그는 자신이 축복받은 마르티누스보다 뛰어나다고 말하면서 자신을 사도들과 같은 반열에 놓았다."
96) Ibid. 420: "왜냐하면 이러한 속임수를 행하여 농촌 사람들을 죄에 빠뜨리기를 멈추지 않는 자들이 많기 때문이다."
97) Saint Bonifacius가 방랑 설교사인 Aldebertus를 억압하려고 하자, 민중들은 불평했다. "내가 그들에게서 가장 신성한 사도를 탈취했고 보호자, 변론가, 덕 있는 사람, 징표를 보여주는 사람을 빼앗았다고 해서": Concilium romanum ab annum 745, Monumenta Germaniae Historica: Concilia (Hanover: Hahn, 1908), 2: 39~43. Aldebertus는 자기 이름으로 헌정한 연설과 기도들을 남겼다. 그는 사람들이 로마까지 순례를 갈 필요가 있냐고 물었다. 그는 들판과 샘들 앞에 십자가를 놓고 연설했다. 그는 죄를 사면해주었는데 그때 죄지은 자가 고백할 필요는 없다고 생각했다. 그는 자신의 머리카락과 손발톱을 성 베드로의 유골과 함께 나눠주었다.
98) Severus Endelechius Carmen bucolicum de virtute signi Crucis 105, PL 19. 798: "그들이 거대한 도시들에서 홀로 숭배받는 십자가 하느님의 징조라고 말한 것".
99) Leo Sermon 82. 1, PL 54. 422~423; the anonymous De vocatione ommium gentium 2. 16, PL 51. 704A; Patrick Confessio 16, PL 53. 809; Martin of Braga In Basilica, ed. C. W. Barlow, Martini Bracarensis opera omnia (New Haven, Conn.: American Academy at Rome. 1950): 282. 이 책은 마조리안 황제를 숭배하기 위해서 모인 종족들에 대하여 전적으로 Sidonius Apollinaris Carm. 5, 7ff를 따르고 있다.
100) 투랭에서는 켈트인들의 매우 큰 신성한 장소가 로마 시대에 사용되지 않았고 로마화된 숭배나 건축물로 대체되지 않았던 것 같다. J. Boussard, "Le peuplement de la Touraine du 1 au 8 siècle." Le Moyen Age 60 (1954): 261~291: 5~6세기가 경과하면서 주민들은 이전의 중심지로부터 이전보다 더욱 분산되었다. Stancliffe, "From Town to Country," pp. 45~46.
101) J. Fontaine, "Séance de clôture," Assimilation et résistance, p. 549: "로마의 평화 시대

에 제시된 모델은 공존의 모델이었다." 비그리스도교인들과 이단들을 "야만인"으로 간주하는 태도의 강화에 대해서는 P. Brown," Approaches to the Religious Crisis of the Third Century," *English Historical Review* 83 (1968), reprinted in *Religion and Society*, pp. 90~91을 보라.

102) 전례에 구속적 성질이 있으며 사회 구조의 구체적인 형태 사이에 긴밀한 상호 의존성이 있다는 것을 깨닫는 데 있어서 나는 Mary Douglas, *Natural Symbols* (New York: Vintage Books, 1973)의 영향을 크게 받았다.

103) J. Le Goff, "Paysans et monde rural dans la litérature du haut moyen-âge," *Settimane di Studi del Centro Italiano di Studi sull'Alto Medio Evo* 13 (Spoleto: Centro di sull'Alto Medio Evo, 1966): 723~741 and "Culture cléricale et tradition folklorique dans la civilisation mérovingienne," *Annales* 26 (1971): 587~603 in *Pour un autre moyen-âge* (Paris: Gallimard, 1977): 131~144. 민속이 (속인) 상층 속으로 다시 파고든 것은 12세기 와서의 일이다: J. Le Goff, "Mélusine maternelle et défricheuse," *Annales* 26 (1971): 587~603, *Pour un autre moyen-âge*, pp. 307~334; 후기 중세 중앙 유럽에서도 비슷한 "부흥"이 발생했다: F. Graus, *Volk, Herrscher und Heiliger im Reich der Merowinger*, Prague: Československa Akádemie Věd, 1965): 195~196.

104) I. N. Wood, "Early Merovingian Devotion in Town and Country," *The Church in Town and Countryside*, p. 76: "이교, 즉 '조야함'은 너무나 쉽게 나타날 수 있었고 도시가 이에 맞서는 진정한 종교의 요새였다." 후기 고대의 상황은 모로코에서의 이슬람의 상황과 유사했다: Ernest Gellner, *Saints of the Atlas* (London: Weibenfeld, 1969): 1~8, 모로코에서 성인숭배는 '조야함'으로 물들어 있다는 점이 근본적인 차이다.

105) William A. Christian, Jr., *Person and God in a Spanish Valley* (New York: Seminar Press, 1972): 181: "예전의 신성한 무리들은 최고 신과의 중재자이기보다는 자연과의 중재자였다. (……) 그들은 마을과 마을 그리고 경작 지역과 비경작 지역의 경계를 구분했다. 스페인 전역에서 그들은 생태계의 중요한 지점들, 다른 세계와 접촉하는 지점들을 표시했다."

106) Sulpicius Severus *Vita Martini* 13.

107) Ibid. 12. 군인이었고 도시민이었던 사람의 전형적인 특징을 보이며 마르티누스는 장례 행렬을 그런 행렬로 오해했다.

108) Martin of Braga, *De correctione rusticorum* 8, 10, 12, 16, ed. C. W. Barlow, p. 138; S. MacKenna, *Paganism and Pagan Survivals in Spain up to the Fall of the Visigothic Kingdom* (Washington, D. C.: Catholic University of America, 1938); M. Meslim, *La fête des kalendes de Janvier dans l'empire romain* (Brussels, Collection Latomus, 1970): 119~123.

109) Graus, *Volk, Herrscher und Heiliger*, pp. 481~484.

110) A. Dupront, "Pèlerinage et lieux sacrés," *Mélanges F. Braudel* (Toulouse: Privat, 1973), 2: 190~191; Rousselle, "Du sanctuaire au thaumaturge," p. 1104: "그러나 이것은 거대한 차이를 만들어낸다. (……) 그것은 장소를 사람으로 대체하는 것이다."

111) Greg. Tur. *VP* 2: 300.

112) 이 곳이 그 지역 사람들이 모이는 곳으로서 하던 기능이 바뀌지 않았기 때문에 이

자체로는 놀라운 일이 아니다: Victor Turner and Edith Turner, *Image and Pilgrimage in Christian Culture* (New York: Columbia University Press, 1978): 33: "대규모로 공동체가 스스로를 표현하는 일이 잦았던 곳이면 어디든지, 비록 다른 종교 체제에 연결되어 있을 때조차도 그것이 재생할 가능성이 있었다."

113) Greg. Tur. *VP* 2: 300. 브리우드에 있는 성 율리아누스의 성골당 창설 신화도 똑 같은 이야기를 한다. 이 성골당은, 정규적으로 축제가 열리던 인접한 다신교도 신전과 봉납물을 두고 경쟁했다. 브리우드가 중심지였던 그 공동체는 이미 창설 신화에서 스페인에서 트리어에 이르까까지 펼쳐져 있던 귀족들의 보호 관계의 망에 연결되어 있었다. Greg. Tur. *VJ* 4~7: 116~117.

114) P. Brown, *The Making of Late Antiquity* (Cambridge: Harvard University Press, 1978): 99~100.

115) Sir James Frazer, *The Golden Bough*, pt. 2 (New York: MacMillan, 1935), 3: 218.

옮긴이 후기

유익하고 좋은 책을 읽는 것보다 더 큰 즐거움은 없을 것이다. 책 읽는 것을 직업으로 삼고 있는 역자는 이런 의미에서 지난 몇 년간 행복한 시간을 보냈다. 피터 브라운의 저작들을 만났기 때문이다. 역자는 『후기 고대 세계』, 『후기 고대의 형성』, 『서구 그리스도교의 등장』과 같은 저작들을 읽으면서 브라운의 광대한 지식과 예리한 통찰력, 그리고 무엇보다도 아름다운 서술에 매료되었다.

그러나 이 세 책은 개설서들이기 때문에 브라운의 진면모를 보여 주기에는 부족하다. 브라운은 초기 그리스도교 연구의 최고 권위자로서 그리스도교의 탄생과 발전에 대한 경이로운 저작들을 내놓았다. 『히포의 아우구스티누스』, 『후기 고대의 사회와 성스러운 자』, 『몸과 사회』, 『성인 숭배』 등이 그의 대표 저작들이다. 이 저작들은 초기 그리스도교 연구에 획기적인 전환을 가져오면서 큰 반향을 일으켰다.

브라운의 저작들이 획기적인 것은 크게 보아 세 가지 이유 때문인 것 같다. 먼저 브라운은 후기 고대 사회를 새로운 관점에서 바라보고 있다.『로마 제국 쇠망사』의 저자인 기번 이래 후기 고대 사회는 쇠락하고 타락한 시대로 평가되어왔다. 미개한 게르만 족이 그리스, 로마의 고전 문명을 파괴하여 폭력과 미신이 팽배했던 시대로 파악되어온 것이다. 브라운은 이러한 생각을 반박하고 후기 고대 시대가 놀라운 창조력을 발휘한 위대한 시대임을 역설했다. 아우구스티누스, 히에로니무스와 같은 교부들의 저작은 인간과 신에 본질에 대해서 어느 시대보다도 뛰어나고 심오한 성찰을 하고 있다. 이렇게 훌륭한 저작들이 나올 수 있었던 것은 이 시대의 사회와 경제가 안정 속에 새로운 변화를 모색하고 있었기 때문이다.

다음으로 피터 브라운은 그리스도교의 발전을 사회와 역사의 변화 속에서 설명하고 있다. 사실 종교를 신앙의 대상으로만 생각하고 연구하는 사람이 아니라면 누구나 종교의 변화를 사회의 변화와 연계시키고 역사적인 맥락에서 설명하고 싶은 욕구를 느낄 것이다. 그러나 이 작업은 매우 난망한 일이다. 종교 자체뿐만 아니라 역사적인 사실과 변화에 대해서도 해박해야 하기 때문이다. 지금까지 초기 그리스도교 연구에 대한 많은 저작이 나왔지만 신학자들의 연구는 교리의 변화와 교회사 연구에 치중했고 역사가들의 연구는 초기 그리스도교가 가지고 있던 사회적인 의미를 파악하는 데 치중했다. 피터 브라운은 이 장벽을 거둬버리고 종교와 역사를 넘나들면서 양자의 융합을 추구했다. 그가 초기 그리스도교에 대해서 세세하고 방대한 지식을 가지고 있으며 후기 고대 사회의 구성과 운영에 대해서 깊은 통찰력을 가지고 있기에 가능한 일이었다.

마지막으로 피터 브라운의 저작들은 아름다운 그림을 보는 듯한 감동과 동시에 송곳으로 찌르는 듯한 분석을 제공한다. 그는 신화, 문학 작품, 전기 등의 사료를 자유롭게 이용하면서 마치 재미있는 옛날 이야기를 하듯이 글을 풀어가고 있으며 그 가운데서도 그리스도교의 본질을 예리하게 파헤치고 있다.

본서 『성인 숭배』는 피터 브라운의 장점을 유감 없이 보여주는 저작이다. 이 저작에서 피터 브라운은 성인 숭배가 결코 그리스도교의 타락에 의해서 생긴 저급한 현상이 아니라 후기 고대인들의 심성 구조가 거대한 변화를 일으키면서 생긴 산물임을 입증하고 있다. 그리고 더불어 이 심성 구조의 거대한 변화와 그에 따른 성인 숭배의 팽창은 후기 고대의 사회 구조와 그 운영의 원리가 바뀌면서 생긴 현상임을 입증하고 있다. 이 책은 서양의 종교와 사상, 나아가 인간과 신의 본질에 대해서 고민하는 독자들에게 많은 도움을 줄 것이다.

역자의 자질이 미천하여 잘못 번역하거나 문장의 뜻을 제대로 살리지 못했을까 두렵다. 특히 역자가 신학을 전공하지 않았고 신자도 아니기 때문에 종교에 관련된 부분에서 뜻을 제대로 파악하지 못한 부분이 있었을까 두렵다. 혜안을 가지신 분들의 많은 가르침을 바란다. 번역을 마치기까지 여러 분들께 큰 도움을 받았다. 늘 인생의 모범을 보여주시고 라틴어 구절들을 한구절 한구절 살펴주신 강대진 선생님께 감사 드린다. 또 어려운 글을 역자와 같이 읽어준 서울대학교 역사교육과 학생들, 군산대학교 사학과 학생들에게 감사드린다.

마지막으로 초고의 오류들을 꼼꼼하게 검토해준 새물결 출판사 편집부에게도 감사드린다.

■ 찾아보기

(ㄱ)

가우덴티우스(Gaudentius of Brescia) 224, 226, 227, 229, 230
겔라시아누스의 포고(Decretum Gelasianum) 189
『고백록』 150, 152, 165
그라바르, 앙드레(Grabar, André) 180
그레고리우스 타우마투르구스 (Gregrius Thaumaturgus) 136
그레고리우스(Gregorius of Langres) 184
그레고리우스(Gregorius of Nyssa) 60, 145, 168, 169
그레고리우스(Gregorius of Tours) 35, 109, 170, 174, 178~184, 195, 198, 199, 202, 209, 224, 230, 235, 237, 253, 260, 270, 272~276, 278~281, 283~285
기번, 에드워드(Gibbon, Edward) 68, 69, 74, 76, 157, 181

(ㄴ)

니체, 프리드리히(Nietzsche, Friedrich Wilhelm) 141
니케티우스(Nicetius of Trier) 248

(ㄷ)

다니엘(Apa Daniel) 165
다마수스(Damasus) 104

다스만, 에른스트(Dassmann, Ernst) 105
데메트리아스(Demetrias) 126, 127
데시데리우스(Desiderius) 280
데이비스, 나탈리(Davis, Natalie) 252
될거, 프란츠(Dölger, Franz) 75
뒤프롱(Dupront, Alphonse) 208, 283
들르아에, 이뽈리뜨(Hippolyte Delehaye) 71
디모테오(Apa Timothy) 61

(ㄹ)

라자로(Lazarus) 161
『라틴 그리스도교사』 69
람파디우스(Lampadius) 121
로물루스(Romulus) 39
『로마 제국 쇠망사』 68
루드비히, 앨런(Ludwig, Allan) 179, 180
루셀, 알랭(Rousselle, Aline) 161, 267, 270
루키아누스(Lucianus) 217
루킬라(Lucılla) 100
『르네상스기 피렌체에서의 가족과 혈통』 93

(ㅁ)

마니(Mani) 134
『마르티누스의 생애』 139, 161

마르켈루스(Marcellus of Bordeaux) 263, 266~271, 273
마크리나(Macrina) 145, 146 165, 169, 222
막시무스(Maximus of Turin) 121, 153, 154, 181
막시밀리아누스(Maximilianus) 99
메게티아(Megetia) 118, 211
모니카(Monica) 165
모밀리아노, 아르날도(Momilgliano, Arnaldo) 74
밀만, 딘(Milman, Dean) 69

(ㅂ)
배교자 율리아누스(Julianus the Apostata) 40, 51
베난티우스 포르투나투스(Venantius Fortunatus) 35, 199, 202, 203
베네란다(the lady Veneranda) 148
벤 하마(Pinhas ben Hama: 랍비) 40, 58
브란데아(brandea) 209, 212
브릭티오(Brictio) 256
비길란티우스(Vigilantius of Calagurris) 87, 91, 97
비비아(the lady Vibia) 146
비코, 지암바티스타(Vico, Giambattista) 69
빅토르(Victor) 99
빅트리키우스(Victricius of Rouen) 189, 188, 226, 227, 229, 231, 234, 239, 254

빈켄티우스(Vincentius) 146

(ㅅ)
사도 요한(John the Divine) 153
사튀루스(Satyrus) 161
성 게르마누스(Saint Germanus) 248
성 게르바시우스(Saint Gervasius) 105, 223
성 나보르(Saint Nabor) 105
성 라우렌티우스(Saint Laurentius) 209, 212
성 루푸스(Saint Lupus) 248
성 마르티누스(Saint Martinus) 42, 53, 141, 157, 182, 226, 234, 237, 238, 248, 254, 256, 258, 260, 276, 282
성 바실리우스(Saint Basilius) 224
성 바우델리우스(Saint Baudelius) 166
성 바울로(Saint Paulus) 56, 178, 216, 229, 280
성 베니그누스(Saint Benignus) 199, 270
성 베드로(Saint Pietro) 148, 211, 212
성 베드로 성골당(Shrine of Saint Pietro) 53, 80, 121, 209
성 세르기우스(Saint Sergius) 63, 146
성 스테파노(Saint Stephen) 90, 107, 118, 119, 126, 127, 152, 153, 184, 211, 217, 218, 240~242, 244, 245
성 아우구스티누스(Saint Augustinus) 30, 86~92, 97, 101~104, 106~108, 111, 117, 136, 138, 141, 150, 152, 153, 158, 165, 172, 173,

176, 184, 185, 217, 241, 260
성 안토니우스(Saint Antonius) 53
성 알렉산데르(Saint Alexander) 107, 113, 114
성 암브로시우스(Saint Ambrosius) 35, 86, 91, 105, 106, 108, 111, 119, 155, 161, 223
성 에우랄리아(Saint Euralia) 198
성 율리아누스(Saint Julianus) 199, 230, 253, 261, 278
성 크리스피나(Saint Crispina) 52
성 키프리아누스(Saint Cyprianus of Carthage) 99, 119
성 파울리누스(Saint Paulinus) 35, 52, 87, 88, 102, 104, 109, 113, 137~139, 141~145, 148~150, 152, 156~158, 165, 183, 187, 194, 195, 214, 223, 226, 227, 285
성 파트로클루스(Saint Patroclus) 196
성 페트로닐라(the martyr saint Petronilla) 148
성 펠릭스(Saint Felix) 52, 102, 105, 109, 116, 138, 139, 141, 148~150, 158, 174, 183
성 프로타시우스(Saint Protasius) 105, 223
성 히에로니무스(Saint Hieronymus) 56, 104, 126
성 히폴리투스(Saint Hippolitus) 115
성 힐라리우스(Saint Hilarius) 284
성인 곁에 매장하는 관습(depositio ad sanctos) 88, 97, 101, 102

성인들의 회합(concilium sanctorum, 교회) 226
세베루스(Severus of Antioch, the bishop) 139, 182, 244
소조메노스(Sozomenos) 94, 219
수난(Passio) 193~196, 198, 238, 239
수난집(Passiones) 189, 193, 194, 196
『순교의 영관』 197
『순교자들의 업적』 71
술피키우스 세베루스(Sulpicius Severus) 139, 141, 156, 157, 160, 161, 165, 214
시네시우스(Synesius of Cyrene) 137
시도니우스 아폴리나리스(Sidonius Apollinaris) 224
『신국론』 89, 138, 152, 153, 184
『신성한 자들을 찬양함에 관하여』 227, 231, 239

(ㅇ)
아나스타시우스(Anastasius) 100
아르테미도루스(Artemidorus of Daldis) 45
아리우스(Arius) 224
아스클레피아(Asclepia) 100
아스클레피우스(Asclepius: 치료신) 139, 193
아우소니우스(Ausonius, 시인·웅변가) 138, 149
아일리우스 아리스티데스(Aelius Aristides) 139, 193
아타나시우스(Athanasius) 53

아타울푸스(Athaulus) 269
아틸라(Attila) 178
알보인(Alboin) 248
암미아누스 마르켈리누스(Ammianus Marcellinus) 120, 133
야누아리우스(Januarius) 150
에우나피우스(Eunapius of Sardis) 51
에우리피데스(Euripides) 49
엘리야(Elijah) 39
오르테가 이 가세트, 호세(Ortega Y Gasset, Jose) 221
오리게네스(Oregenes) 134, 136
『오리게네스에 대한 감사와 찬양의 말』 136
옥스토비, 윌(Oxtoby Will) 34
와델, 헬렌(Waddell, Helen) 202
윌리트루타(Willithruta) 235
유니우스 바수스(Junius Bassus) 108
유스티니아누스(Justinianus) 211
인노켄티우스(Pope Innocentius) 226

(ㅈ)
자급자족(autarky) 267, 268
제레미아스, 요아힘(Jeremias, Joachim) 58
제카리야(Zechariah 예언자) 219
조야함(rusticitas) 272, 273, 278, 282
존경(reverentia) 60, 77, 118, 153, 196, 272, 274, 276, 278~281, 284
존즈(A. H. M. Jones) 90
『종교에 대한 자연사적 고찰』 29, 64, 65, 68

『죽은 자들에게 행해야 할 배려에 대하여』 88, 101
지오바니 디 파골로 모렐리(Giovanni di Pagolo Morelli) 80

(ㅊ)
『철학백과사전』 64
『치료에 관하여』 263, 265, 267, 269

(ㅋ)
칼리스투스(Callistus) 95
켄난, 엘리자베스(Kennan, Elizabeth) 33
켄트, 프란시스(Kent, Francis) 93
코에메테리움 마이우스(Coemeterium Maius) 154
콘스탄티누스(Constantinus) 72, 100, 134, 164, 195, 209
콜로우토스(Apa Collouthos) 61
쿠스로 아파르웨즈 2세(Khusro Ⅱ Aparwez) 63
크라판자노, 빈센트(Crapanzano, Vincent) 265
크로마티우스(Chromatius of Aquileia) 230
크리스천, 윌리엄(Christian, William) 115
클라우디우스(Apa Claudius) 61
클로도스빈타(Chlodoswintha) 248
키네기우스(Cynegius) 88
키타가와, 요셉(Kitagawa, Joseph M) 31, 33

(ㅌ)

터너, 빅토르(Turner, Victor)　115
테르툴리아누스(Tertullianus)　162
테오도레투스(Theodoretus of Cyrrhus)　131
테오도루스 만리우스(Theodorus, Manlius)　106
테오도루스(Theodorus: 미노르카 마혼의 유대인 지도자)　242, 243, 245, 275
테오도시우스 2세(Theodosius II)　219
테일러, 에드워드(Taylor, Edward)　179
테클라(Thecla the virgin martyr)　145, 146

(ㅍ)

파울라(Paula)　247, 250, 259
파틀라장, 이블린느(Patlagean, Evelyne)　112, 119
팜마키우스(Pammachius)　104
페트로니우스 프로부스(Petronius Probus the Great)　126
페트루스(Petrus)　166
펠라기우스(Pelagius)　174
펠리키타스(Felicitas)　189
포르퓌리(Porphyry)　90
폼페이아나(Pompeiana)　99
프레이저, 제임스(Frazer, James)　285
프루덴티우스(Prudentius)　39, 40, 115, 182, 183, 197, 198, 240
플로라(Flora)　88, 102

플로렌티나(Julia Florentina)　167
플로렌티우스(Florentius)　240, 241
플루타르코스(Plutarchos)　39, 133
피에트리, 샤를(Pietri, Charles)　103

(ㅎ)

헌트, 데이비드(Hunt, David)　215
헨리, 존(Henry, John)　70
홀룸, 케네스(Holum, Kenneth)　215
『황제열전』　124
『후기 로마 제국사』　90
『휘폴리토스』　49
흄, 데이비드(Hume, David)　29, 64~71, 90

찾아보기　343